HARRY ALIS

A LA

Conquête

du TCHAD

PARIS
Librairie Hachette et Cie
79, BOULEVARD SAINT-GERMAIN, 79

1891

A LA

CONQUÊTE DU TCHAD

PAUL CRAMPEL

HARRY ALIS

A LA
CONQUÊTE DU TCHAD

AVEC 29 GRAVURES ET 4 CARTES

PARIS

LIBRAIRIE HACHETTE ET Cⁱᵉ

79, BOULEVARD SAINT-GERMAIN, 79

1891

Droits de traduction et de reproduction réservés.

A

M. GEORGES PATINOT

DIRECTEUR DU *Journal des Débats*

Qui a toujours été pour moi un ami sûr et bienveillant, je dédie ce livre.

HARRY ALIS.

Bien que faisant partie de plusieurs Sociétés qui s'occupent de questions africaines, je note au début de ce volume qu'il ne contient que l'exposé de mes opinions personnelles. Elles ne sauraient engager nul autre que moi et j'en revendique la pleine et entière responsabilité.

HARRY ALIS.

A LA
CONQUÊTE DU TCHAD

PAUL CRAMPEL

Une tête finement ovale, souvent rieuse, nimbée d'une forêt de cheveux dorés, prolongée en pointe par une barbe blonde ; de grands yeux bleus au regard loyal ; l'aspect à la fois énergique et doux ; une haute taille flexible ; des muscles solides sous des attaches élégantes : tel m'apparut Paul Crampel lorsque je le vis une première fois, en février 1887, à la veille de son départ pour le Congo, où il allait en mission. J'enviais, avec un peu de mélancolie, son bonheur de courir librement à la conquête des pays inconnus, et je me sentais pris de sympathie pour cette nature franche et robuste.

Dieu sait si j'ai connu des explorateurs ! Trop souvent, au lieu des curieuses observations que je pensais recueillir de leur bouche, j'ai été attristé par leur étroitesse de vues, la mesquinerie de leurs ambitions, leur philosophie simple de sous-officiers. Eh quoi ! l'on trouve encore des choses à révéler dans notre vieille société, et tout ce qu'ils rapportent, eux, de leur passage aux régions inconnues, ce sont parfois de sèches notes géographiques, et le banal récit d'aventures toujours pareilles...

Crampel est, lui, un philosophe et un lettré : c'est une pensée patriotique qui l'anime, et sa haute ambition s'élève bien au-dessus des calculs intéressés... Je l'observais, ce jour-là, écoutant d'une oreille un peu distraite les propos de nos compagnons de table : Pierre Giffard et Paul Bourde, et les phrases à sous-entendus, entortillées de M. de Brazza... Je regardais sa tête d'apôtre et je sentais que nous serions intimes pour la vie.

En effet, lorsque deux ans après, abandonné et quasi oublié, il revenait à la côte, la première lettre qu'il trouva fut une lettre de moi; et il était à peine descendu du train à Paris que je le vis arriver au *Journal des Débats* vêtu d'une étrange défroque, boitant bas, jaune, amaigri, traînant par la main une petite négresse au nez orné de poils de queue d'éléphant.

Que s'était-il passé pendant ces deux années d'Afrique?

AU PAYS DES M'FANS

I

Paul Crampel avait été chargé, en novembre 1886, par le ministre de l'instruction publique, d'une « mission scientifique dans l'Afrique équatoriale occidentale ». Il partit en février 1887 avec M. Savorgnan de Brazza, commissaire général du Congo français, qui l'avait choisi pour son secrétaire particulier.

Onze mois plus tard, M. de Brazza était sur le point de revenir en France. Crampel, désireux d'accomplir enfin une œuvre personnelle et de recueillir des renseignements originaux, demanda qu'on lui fournît les moyens d'entreprendre une exploration véritable. M. de Brazza n'y consentit point d'abord, tenant à conserver auprès de lui un secrétaire dont il n'avait qu'à se louer. Mais Crampel insistant, le commissaire général lui dit :

« Allez donc de préférence vers le nord. Je voudrais que vous partiez de Lastourville sur l'Ogooué, pour remonter jusqu'au 2ᵉ degré nord, et que vous reveniez ensuite vers la côte entre les rivières Benito et Campo. »

Ce voyage avait été déjà tenté à diverses reprises : pour vaincre les difficultés qu'il présentait, il fallait que le chef d'expédition fût accompagné de plusieurs auxiliaires bien choisis et bien équipés. Aussi lui promit-on un Européen, un tirailleur algérien, un sergent et deux caporaux sénégalais, et un interprète. Malheureusement ces promesses ne se réalisèrent point. Cela n'étonnera pas les personnes au courant des choses de l'Afrique et spécialement des choses du Congo. Après cinq mois de démarches sans résultats, de retards décevants, le voyageur se trouvait seul Européen, sans interprète, avec deux laptots armés seulement d'un fusil et quelques indigènes loangos de la côte, sans armes, engagés comme porteurs. Il fallait s'aventurer dans ce piètre équipage ou ne jamais partir. Crampel organisa tant bien que mal son convoi, et le 12 août 1888 il quittait Lastourville.

Cette station (jadis Madiville) est située sur la rive gauche de l'Ogooué, par 1° 10' latitude sud et 11°'longitude est; c'est le poste du pays des Adoumas, la résidence la plus agréable de tout le fleuve.

Il avait fallu aux Loangos un mois pour gagner Lastourville; entassés comme des colis dans les pirogues, ils étaient épuisés; mais ils s'étaient refaits rapidement chez les Adoumas, où la nourriture abondait. Les indigènes des environs du poste qui connaissaient Crampel lui proposaient de les emmener avec lui; il en choisit douze parmi les meilleurs pagayeurs, dans la prévision qu'il pourrait avoir à utiliser le cours des rivières.

Les Adoumas n'ont pas une grande réputation de bravoure; en parlant d'eux les indigènes de la région se servent souvent de l'appellation de « chair d'esclave ». Cependant le voyageur devait avoir à se louer beaucoup plus de leurs services que de ceux des Loangos, gâtés au contact des Européens.

La mission emportait en fait de marchandises, du sel, de la poudre, des couteaux, des sonnettes, des perles, de petites glaces, des étoffes rouges et quinze sabres d'abatage pour les grands cadeaux. Ces ballots furent confiés aux Adoumas et les instruments aux Loangos, dont Crampel suspectait davantage l'honnêteté. Quelques flacons de thé représentaient tous les vivres. Un des Sénégalais commandait les Adoumas, un autre les Loangos. Les noirs avaient emmené trois enfants, qui suivirent courageusement.

LA PREMIÈRE MISSION CRAMPEL.
(Dessin de Paule Crampel, d'après une photographie.)

II

Avant de quitter Lastourville on fit un grand tam-tam d'adieu : le soir la petite troupe couchait dans un village de Schakés, le dernier des villages riverains de l'Ogooué. Il fallait déjà se préoccuper de la nourriture, car, au dire des indigènes, quatre jours de marche séparaient l'Ogooué des agglomérations de l'intérieur. La mission dut franchir, en effet, 70 kilomètres sans rencontrer une seule habitation. Les hommes n'étant pas entraînés, cette marche fut très pénible. Crampel vit dès le premier moment combien il pourrait peu compter sur ses auxiliaires de la côte. Tandis que les Adoumas avaient consenti à se surcharger d'un poids suffisant de manioc, les Loangos, comptant sur leurs compagnons de route, n'avaient voulu prendre qu'un peu de poisson fumé. Le second jour déjà, les vivres leur manquèrent.

L'explorateur, sentant la nécessité de faire dès le début un exemple sévère, défendit aux Adoumas de céder aux Loangos quoi que ce fût de leurs provisions et prit les devants avec eux.

Arrivé au premier village, il envoya porter aux retardataires des paniers de manioc. Mais déjà ceux-ci avaient cruellement souffert : ils avaient vécu de baies, de racines, de fruits de la brousse. Lorsqu'ils arrivèrent, au bout de cinq jours, exténués, ils disaient qu'ils avaient eu « faim et peur ». Crampel les admonesta : « Ce sera, dit-il, votre punition à l'avenir. Je ne vous frapperai pas, mais chaque fois que vous refuserez d'obéir, je vous abandonnerai. Vous avez eu faim : c'est votre faute; quant à la peur, pourquoi l'avoir éprouvée là où aucun danger ne vous menaçait? Vos craintes prouvent seulement votre lâcheté. Mais dans quelques jours, quand nous serons chez les M'Fans, le plus brave aurait raison de craindre.

Pour appuyer ce discours et se débarrasser en même temps d'auxiliaires encombrants, le voyageur renvoya cinq hommes déjà couverts d'ulcères. Ils ne couraient aucun danger, car la station de Lastourville était proche; mais la perspective de passer des nuits seuls dans la brousse les terrifiait, et la crainte d'une telle punition faisait trembler les autres.

III

On peut s'étonner de voir une large zone inhabitée dans le voisinage des stations de l'Ogooué et d'apprendre que les agglomérations indigènes deviennent d'autant plus considérables qu'on s'éloigne davantage de ces postes. Voici quelles sont les causes de cet état de choses :

Au début des transactions dans l'Ogooué, le commerce s'effectuait par le système dit « d'avances ». Les négociants, plutôt que d'organiser des caravanes pour l'intérieur, s'adressaient à des indigènes, habitués depuis longtemps au commerce entre blancs et noirs. Ces indigènes recevaient des marchandises à charge par eux de rapporter en échange à leurs patrons de l'ivoire, du caoutchouc, de l'huile de palme, du bois d'ébène, du bois rouge, etc.

Ce système n'allait pas sans inconvénient : les traitants noirs sont d'ordinaire des hommes qui ont pris les défauts des agents européens sans avoir perdu ceux de leurs congénères : ils sont débauchés, voleurs et ivrognes. Aussi de perpétuels conflits surgissaient-ils entre facteurs et traitants, ou entre traitants et indigènes, tous se plaignant, — avec raison, d'être vexés, frustrés et volés.

UN TAM-TAM CHEZ LES ADOUMAS.
(Composition de Paule Crampel, d'après le texte et des photographies.)

L'organisation officielle du Congo français a fait prévaloir un autre système : c'est l'administration elle-même qui s'est faite négociant ou du moins intermédiaire et qui a transporté le négoce dans ses postes de l'intérieur. Les chefs de poste achètent aux indigènes de leur voisinage l'ivoire et le caoutchouc. C'est avec ces produits qu'ils payent les services des pagayeurs qui amènent à intervalles réguliers les convois de pirogues de ravitaillement. Les pagayeurs redescendent ces produits et les échangent dans les factoreries de la côte.

Or l'application de ce système ne suffit pas aux besoins du commerce; le fleuve n'étant pas navigable pendant la saison des basses eaux, il est des périodes durant lesquelles les indigènes de l'intérieur ne peuvent écouler leurs produits. D'autre part, l'administration ne les achète que dans la mesure de ses besoins, pour le payement des transports. La conséquence très regrettable du système officiel, c'est que le courant commercial de cette région du Congo français se dirige vers la factorerie espagnole d'Elobey, à l'embouchure de la rivière Mouni.

Il avait été recommandé à Crampel d'engager les indigènes à se rapprocher des postes de l'Ogooué. Mais ceux-ci répondirent à ses exhortations :

« Si nous nous rapprochons des blancs, nous ne serons plus libres de notre commerce. Maintenant, une défense que nous allons acheter au nord ou à l'est et que nous revendons par colportage aux factoreries de la rivière Mouni, nous rapporte plus en quinze jours que trois mois de pagayage. Puis, si nous allons près de la rivière, les blancs et les hommes des blancs (Sénégalais) seront sans cesse chez nous. Ils nous enrôleront de force pour leurs convois; ils exigeront nos femmes; ils enverront nos enfants dans les jardins des missionnaires. C'est pourquoi nous rentrons dans l'intérieur. »

IV

Les premiers villages traversés par Crampel au sortir de la zone dépeuplée sont habités par un mélange de Schakés, de Bakotas et d'Obombas. Le fond de la population est bakota. Les villages sont grands et assez éloignés les uns des

CASE D'UN CHEF BAKOTA ET FEMME BAKOTA.

autres. Pour les construire, on abat les arbres dans la brousse, sur une largeur de 30 à 40 mètres et sur une longueur qui atteint 2 et même 3 kilomètres. Chaque case est isolée. C'est ainsi que le village de Pendangui, bien que long de 3 kilomètres, ne comprend pas plus de 1500 habitants.

Dans l'intérieur, à huit jours de l'Ogooué, les Bakotas ne connaissent déjà plus que de nom les Européens ; pas un

VILLAGE DAKOTA.

(Dessin de Paule Crampel, d'après des photographies.)

d'eux n'a vu un blanc. Ils sont doux et se marient souvent loin du village natal, ce qui contribue à entretenir la facilité des communications. Les guerres de village à village sont assez rares. Les Bakotas ne sont pas exclusivement préoccupés de négoce : ils ont certains besoins de bien-être et comprennent qu'ils ne peuvent les satisfaire que par le travail. Ils tissent avec habileté des pagnes, tressent des nattes, façonnent des poteries et des paniers de toutes formes; ils traitent le minerai de fer et martèlent des couteaux, des fers de zagaie; ils refondent le cuivre, qui leur arrive sous forme de minces assiettes, et en fabriquent des colliers ou des bracelets, qu'ils cisèlent avec des baguettes de fusil affûtées en burins.

Les Bakotas ne pratiquent pas l'élevage; cependant ils surveillent les poules, cabris et moutons qu'ils possèdent en grand nombre. Ils savent tirer du sol d'autres produits que le manioc et les bananes. Le cuisinier de Crampel pouvait assez fréquemment lui offrir des soupes de courge, de vrais ragoûts aux ignames, des patates rôties dans de l'huile de palme, des pistaches grillées : les porteurs, recevant deux ou trois rations de viande par semaine, reprenaient courage.

« Jusqu'alors, d'ailleurs, écrivait le voyageur, le voyage en forêt, nouveau pour nous, est agréable. Nous nous rappelons la montée de l'Ogooué, si pénible parfois, quand, immobile dans la pirogue, on passe de longs jours brûlé par le soleil d'en haut, aveuglé par le rayon réfléchi d'en bas. Je pense aussi aux marches dans les plaines du Kouilou, où le sentier disparaît sous les hautes herbes qui viennent vous couper le visage. Je revois ces étapes à travers les plateaux batékés où tout est rouge, rabougri, tordu sous la puissante chaleur, où les indigènes vont en sautillant, posant le moins possible leurs pieds sur le sable brûlant. Sans doute, il faut à chaque instant entrer dans une eau croupissante, teintée en jaune rouge par les détritus végétaux; mes Loangos, qui portent leurs charges sur la tête, sont forcés de marcher courbés en deux, car les lianes, comme autant de serpents, s'accrochent aux arêtes des ballots... Cependant tous, malgré les marais, malgré la lourde chaleur humide, nous apprécions la fraîcheur de l'ombre.

La mission traversa une chaîne de collines qui partage les bassins de l'Ogooué et de la petite rivière Dilo, dont les indigènes indiquèrent la source à l'est.

A Yébé, un peu au nord de l'Équateur, Crampel put obtenir quelques renseignements intéressants. Les rares marchandises qui parviennent jusqu'à ce point y arrivent par l'intermédiaire d'Ossyébas, qui connaissent presque tous de nom un chef important, nommé Zabouré. Il paraît que les Ossyébas viennent un peu plus au nord pour acheter l'ivoire, mais qu'ils n'osent pas descendre jusqu'à Yébé. Aussi les chefs du village cherchaient-ils à savoir des Loangos et des Adoumas de l'expédition quelle était plus bas la valeur réelle de l'ivoire. Ils ne soupçonnaient même pas l'exploitation du caoutchouc.

Crampel, désirant s'assurer que cette ignorance commerciale était réelle, proposa au chef Diba de lui acheter une dent. On lui apporta une défense de moyenne taille. Le voyageur donna en échange 500 grammes de sel, 500 grammes de poudre, une sonnette, deux couteaux à manche d'os, une glace et 20 perles. La joie du vendeur était si apparente qu'il eût évidemment conclu un marché encore moins avantageux. Or les marchandises européennes, y compris le prix du transport, ne représentaient pas plus de 8 à 10 francs, tandis que la défense valait au moins 200 francs et n'eût pas coûté plus de 20 à 30 francs de transport en France.

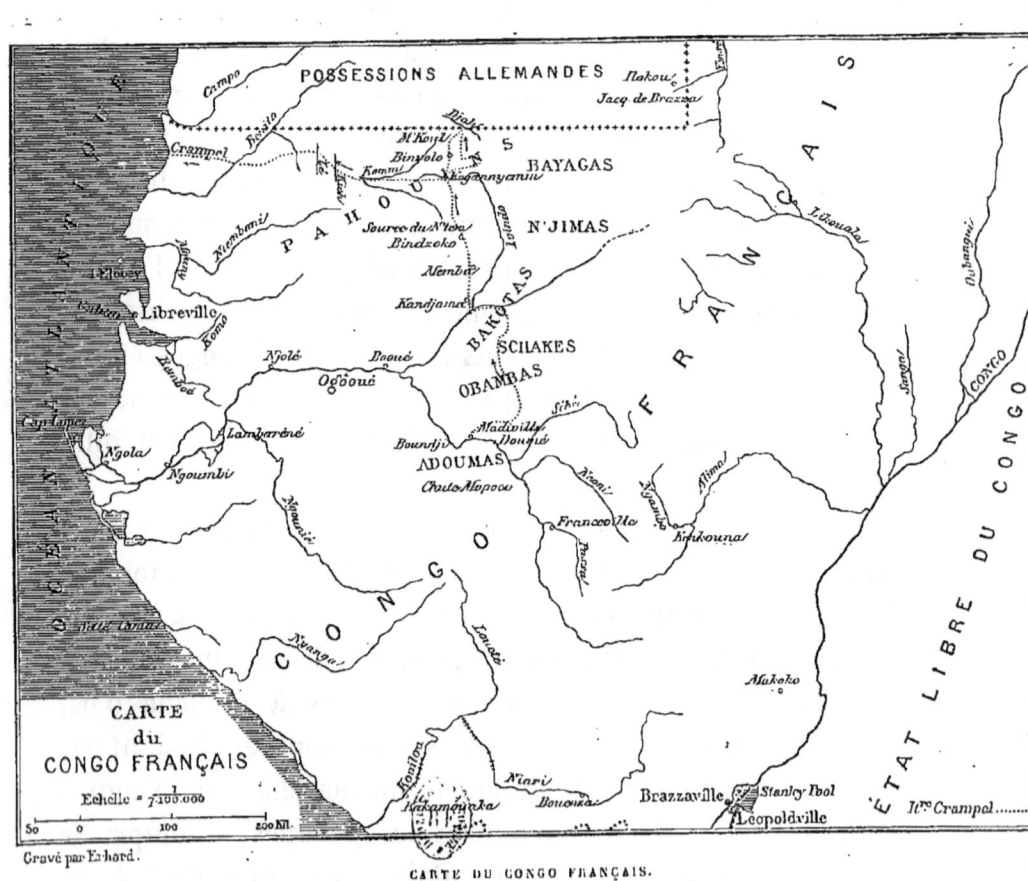

CARTE DU CONGO FRANÇAIS.

V

A partir de Yébé, la mission entendit parler d'une grande rivière coulant de l'est à l'ouest : après avoir traversé deux cours d'eau assez importants, elle atteignit cette rivière, que Crampel reconnut pour l'Ivindo, principal affluent de l'Ogooué, qui n'avait pas été remonté, jusqu'alors, à plus de deux jours de son embouchure. L'Ivindo a encore en ce point, où il reçoit la rivière Liboumbi, environ 300 mètres de large.

Le voyageur, s'apercevant qu'il se trouvait au milieu d'un assez grand nombre de villages, situés sur les deux rives, résolut de séjourner quelque temps auprès du chef le plus puissant, Kandjama. C'est d'ailleurs le point où les Ossyébas passent habituellement la rivière pour aller chercher l'ivoire chez les Bakotas. Pendant huit jours Crampel, naviguant sur l'Ivindo, parcourut les villages des deux races, tenant des palabres avec les chefs. Le 7 octobre, il obtint un premier résultat politique encourageant ; huit chefs qui s'étaient rendus à son appel conclurent un traité avec le représentant du Congo français.

Au moment de quitter l'Ivindo, le chef de la petite mission se demanda s'il continuerait sa route au nord chez les Bakotas et les Djandjamms de la rive droite ou chez les Ossyébas et les M'Fans de la rive gauche. Les Adoumas et les Loangos auraient volontiers pris à gauche : ils étaient sûrs en effet de rencontrer chez les Bakotas un accueil favorable, de n'avoir pas à résister à des tentatives de vol, de trouver partout une nourriture abondante. Mais Crampel se dit qu'il servirait mieux la colonie en passant chez les Ossyébas. En effet, les Bakotas, désireux de vendre directement leurs produits aux blancs, tendront toujours à se rapprocher d'eux, tandis que les Ossyébas, animés d'un vif esprit d'indépendance, les Ossyébas, qui ne travaillent pas et qui vivent seulement de courtages commerciaux, peuvent voir avec malveillance l'installation des Européens. Aussi y avait-il utilité à réunir les chefs, à leur expliquer que notre arrivée ne serait pas pour eux une cause de ruine et de servitude, à tâcher en tout cas de leur laisser une bonne impression du premier blanc qu'ils auraient vu.

Malheureusement le mauvais temps était venu. De mai à fin septembre, période de sécheresse, le sol de la forêt est dur, les marais sont recouverts d'une croûte à demi solide où la mission pouvait sans trop de difficulté, installer le soir un campement et allumer un feu de bois mort au milieu d'un espace vite débroussaillé : un instant après, les bananes cuisaient et les hommes étendus sur le sol se reposaient, tandis que le voyageur, avant de s'envelopper dans sa moustiquaire, écrivait en plein air ses observations du jour et relevait sa route.

Maintenant, au contraire, avec les pluies, après des marches plus fatigantes, il devenait très difficile de trouver le soir un bon campement. Les notes du journal de Crampel perdent toute gaieté à partir de cette date : elles deviennent, comme le pays, uniformément tristes.

Les Ossyébas appartiennent à la famille des M'Fans. Ils diffèrent de ces derniers par le langage et par quelques usages, mais les aptitudes, les tendances, la manière de vivre sont analogues. Beaucoup moins industrieux que les Bakotas, ils savent cependant tisser, mais déjà leurs femmes préfèrent aux pagnes indigènes et même à nos plus belles étoffes le carré de peau de singe qu'elles attachent à leur ceinture.

Les Ossyébas sont, en général, moins riches que leurs voisins : ils possèdent des poules, des cabris, mais fort peu de moutons. Moins enclins à la coquetterie que les Bakotas, ils font surtout cas des marchandises utiles : sel, poudre, cou-

LA FLOTTILLE DE LA MISSION SUR L'IVINDO.
(Composition de Paule Crampel, d'après des photographies.)

teaux, cuivre. Le caractère est très différent. Jusqu'alors, dès son arrivée dans un village, Crampel faisait appeler le chef. Celui-ci arrivait, affectant d'être sans armes, accompagné de ses femmes et de ses enfants, apportant des poules et parfois un mouton; les premiers moments de curiosité craintive une fois passés, il écoutait avec déférence les discours de l'explorateur.

Chez les Ossyébas au contraire, tous les habitants du village se précipitaient en tumulte; chaque homme, chaque enfant portant dans la main, suivant l'habitude m'fan, son fusil chargé et armé; les femmes criaient; et le chef dépourvu de toute espèce de cadeau, l'air peu bienveillant, criait de loin :

« Que viens-tu faire ici? »

Cette question exprimait toute leur défiance. Un jour, au village de Memba, le vieux chef ajoutait :

« Viens-tu pour nous faire la guerre? Viens-tu pour nous prendre notre ivoire? Viens-tu pour faire fétiche? Viens-tu pour te marier? »

VI

Cette dernière phrase fut pour l'explorateur un trait de lumière. Puisque les Ossyébas croyaient cette chose possible, pourquoi n'apaiserait-il pas leurs défiances avec cette explication? A dater de ce jour, Crampel commençait ainsi tous ses palabres :

« Mon père est le chef de tous les blancs : il a beaucoup de marchandises et c'est lui qui est venu le premier donner aux noirs de la brousse les pagnes, les sonnettes et les fusils. Il a vu tous les Bakotas, tous les Djandjamms et les Ossyébas qui ont leurs villages près de la grande rivière. Maintenant il est devenu vieux et ne peut plus quitter le feu. Alors il m'a appelé, moi qui suis celui de ses fils qu'il aime le plus, et il m'a dit : « Va chez les M'Fans, que je n'ai pas eu le temps de voir. « Dis-leur de bonnes paroles. Fais amitié avec eux. Demande- « leur s'ils veulent que j'envoie dans leur pays des blancs qui « empêcheront les guerres, qui leur apprendront le prix de « l'ivoire, qui leur achèteront tout ce qu'ils auront à vendre, « qui leur feront beaucoup de cadeaux. »

« Moi, je suis venu, j'ai vu tous les chefs de l'autre côté de la rivière ; je vais voir ceux d'ici et de plus loin encore. Quand je reviendrai chez mon père, je lui dirai : « Tous ont été « mes camarades », et mon père se lèvera pour commander le grand tam-tam des blancs.

« Mais vous savez combien il y en a chez vous qui mentent. A chaque instant on me trompe pour ma route, pour ma nourriture. Eh bien, il y a aussi chez nous des blancs menteurs. Peut-être, quand je reviendrai, tous les blancs ne voudront-ils pas me croire. Qui dira : « Oui, ce qu'il raconte est vrai ! » puisque j'aurai reconduit mes hommes chez eux et que je serai seul ?

« Il faut que vous me donniez quelqu'un pour me suivre et pour dire lui-même à mon père que tous les M'Fans sont ses amis. Je ne veux pas un garçon, parce que tous mes hommes qui portent des charges seraient jaloux de le voir marcher sans fardeau et manger pourtant comme eux. Je veux une femme ! »

Ici, généralement, l'orateur faisait une pause ; le silence qui s'était établi montrait avec quelle attention on l'écoutait. Alors il reprenait :

« ... Je ne veux pas une vieille, parce que les vieilles ont la tête dure. Une vieille ne pourrait jamais apprendre à parler comme les blancs. Je veux une enfant. Celle-ci, je l'élèverai comme une fille blanche, elle verra tout, elle apprendra tous nos fétiches, et les blancs seront heureux parce qu'ils diront que les M'Fans sont bien leurs amis. »

La stupéfaction première de l'auditoire une fois dissipée, des discussions animées s'engageaient ; on entendait, au milieu du brouhaha, émettre les avis les plus divers, tout le monde parlait... et personne ne songeait aux fusils. En même temps le bruit se propageait au-devant du voyageur qu'un blanc, fils de grand chef, venait chez les M'Fans pour prendre femme.

Les 18, 20, 25 octobre, Crampel fit trois traités avec onze chefs. Le 1ᵉʳ novembre il arrivait enfin à Essénekann, premier village m'fan proprement dit.

VII

Les M'Fans ou Pahouins sont bruyants, loquaces, menteurs, querelleurs, voleurs et pillards. Ils sont courageux et fiers. Leurs villages sont très rapprochés et très petits; parfois ils se composent des membres d'une seule famille. L'expédition en traversait vingt ou vingt-cinq par jour; la petite colonne, arrêtée à chaque instant, coupée, bousculée, se frayait difficilement passage.

Le soir, Crampel choisissait, pour faire halte, un village aussi petit que possible; mais il ne pouvait, comme chez les Bakotas, dresser sa bâche en dehors des cases, pour être plus libre. Il eût craint de mécontenter ses hôtes exigeants et de favoriser les palabres, d'où il sort souvent de mauvaises décisions. Il acceptait donc une case, qui était presque toujours petite, étroite, enfumée, éclairée et aérée seulement par la porte. A peine était-il entré qu'une foule se ruait à sa suite : tous voulaient le toucher, tâter ses vêtements, ses objets ; on criait, on volait. Il ne demeurait guère libre que le carré de la table. On obstruait toute lumière, la chaleur devenait étouffante et pourtant on n'osait chasser ces curieux encombrants, de peur d'une rixe qui aurait certainement provoqué des coups de feu.

Les M'Fans se dirigent peu à peu vers la côte ; ils ont insensiblement refoulé devant eux les tribus dont on parlait il y a vingt ans et qui se réduisent maintenant à quelques familles abâtardies, réfugiées autour de Libreville. Les M'Fans sont évidemment la plus grande race indigène de notre colonie et peut-être de tout l'Ouest équatorial.

Les opinions différaient beaucoup jusqu'ici en ce qui concerne les Pahouins ou M'Fans; certains les représentaient comme merveilleusement propres à nous seconder et prétendaient qu'ils allaient s'offrir en masse comme auxiliaires à nos chefs de postes; d'autres voyageurs affirmaient qu'entre M'Fans et Européens, la haine est naturelle et durera longtemps, sinon toujours. Crampel, qui a pu faire d'eux une étude particulière, affirme que les M'Fans de l'intérieur n'ont aucune idée du travail, même du travail sommaire des Bakotas. Fabriquer un filet pour la pêche, un arc pour la chasse aux singes, une marmite de terre pour la cuisine, construire en quelques heures une misérable case où, seul, le coin occupé par le lit est abrité contre la pluie, défricher juste ce qui suffit à la culture de quelques plants de manioc ; chasser et pêcher : ainsi se résume toute l'industrie des Pahouins. Les deux tiers de leur temps se passent en guerre, un tiers est consacré au commerce.

Le M'Fan va de village en village, tâchant de revendre avec bénéfice l'ivoire et le caoutchouc qu'il a achetés ou volés; chemin faisant, il entretient les divisions, afin qu'on ne sache pas, dans l'intérieur, quels sont les cours de la région maritime. Les Pahouins sont donc surtout des intermédiaires : ils tuent fort peu d'éléphants eux-mêmes. Ils vont chercher l'ivoire chez les Djandjamms et chez les N'Jimas ou bien exploitent les Bayagas.

A Bindzoko, important centre de population, les rumeurs qui accompagnaient chaque fois l'arrivée de la mission aug-

VILLAGE ET TYPES M'FANS.
(Composition de Paule Crampel, d'après des photographies.)

mentèrent et devinrent inquiétantes. Les deux Sénégalais, aigris par les privations, créèrent de sérieuses difficultés avec les indigènes. Crampel s'efforça de les aplanir; puis il se mit à étudier le mouvement commercial qui est assez considérable à Bindzoko. Il essaya d'acheter une défense, mais le prix qu'on lui demanda était presque aussi élevé que si la transaction se fût faite dans la région maritime : les frais de transport, pour un commerçant, auraient dépassé le bénéfice. Les indigènes montrèrent aussi au voyageur des paniers de caoutchouc prêts à être livrés aux colporteurs.

VIII

En quittant Bindzoko, la petite colonne continua sa marche vers le nord. Près de la montagne Agounnah, les indigènes parlaient d'un mont N'Koun situé tout près, à l'ouest, où jaillirait la source d'une rivière N'Temou, qui doit être la rivière N'Tem.

Au début, les Pahouins se moquaient des porteurs adoumas et loangos. Mais Crampel prit l'habitude de demander au chef, dans chaque village, des guides et des porteurs pour l'accompagner jusqu'au village suivant. Il était satisfait d'accoutumer ces noirs batailleurs à travailler pour le blanc. Environ six cents indigènes furent ainsi successivement engagés. Mais à Ollann le chef refusa guides et porteurs. La mission partit en hâte vers le nord pour éviter des hostilités.

Le 25 novembre, à sa grande surprise, Crampel retrouvait devant lui l'Ivindo. Cette rivière, dont on croyait le haut cours beaucoup plus à l'est, coule donc du nord au sud en amont de Kandjama. A ce dernier point, l'Ivindo, situé à une altitude de 460 mètres, a environ 300 mètres de large.

Son lit n'a plus guère qu'une centaine de mètres à Djambah : l'altitude est de 515 mètres ; la rivière n'est plus qu'une série de rapides et de petites chutes.

La mission était arrivée au point où elle devait tourner

SOURCE DE LA KOMM.

vers l'ouest et revenir à la côte : avant de prendre cette direction, Crampel fit venir les chefs du voisinage, et les interrogea. Le plus intelligent, Annundjoko, lui dit :

« En allant vers l'est, tu trouveras d'abord le caillou de M'Fenn. A midi, les bœufs viennent y dormir au soleil, car là il n'y a pas d'arbres. Ce caillou est grand à cacher le ciel. Puis tu rencontreras les Bayagas, tout petits, qui vivent dans la brousse, sans villages, et qui tuent les éléphants à la zagaie. Leurs femmes, avec leurs enfants attachés sur le dos, grimpent aux arbres mieux que des singes. Enfin, si tu montes toujours, là où le soleil se lève, tu fermeras un jour les yeux devant une grande masse d'eau noire qu'on ne boit pas, où sont des bêtes énormes, où l'on retrouve à la même place une feuille jetée la veille. »

Crampel conclut de ces propos qu'il y avait peut-être à l'est un grand lac inconnu qu'il serait intéressant de découvrir ; il tenait aussi à voir ces Bayagas chasseurs, qui devaient être les Akkas nains de Schweinfurth. Il résolut donc de continuer son voyage. Malheureusement il ne pouvait plus compter sur ses porteurs : épuisés par la longue marche en forêt et par le manque de nourriture, ils étaient complètement découragés. Ils chargèrent l'un d'entre eux de le signifier au voyageur. Celui-ci, ayant absolument besoin d'eux pour le retour, n'osa les contraindre. Résolu à mettre quand même son projet à exécution, il s'arrêta à un plan assez aventureux. Le village d'Annundjoko semblait animé d'intentions bienveillantes : Crampel y organisa sur le bord de la rivière un campement où furent laissés, sous la garde des deux Sénégalais, les bagages et les hommes les plus fatigués. Ils pouvaient d'ailleurs confectionner un radeau et, en cas d'attaque, fuir par la rivière. Lui-même partit pour continuer l'exploration, avec les hommes les plus déterminés.

Le 1$^{er.}$ décembre, Crampel quitta Kogennyemm, village d'Annundjoko, avec dix Adoumas, profitant de la petite saison sèche pour accomplir sa pénible excursion. Le rocher de M'Fenn, qu'il rencontra d'abord, peut provoquer d'autres admirations que celle d'un Pahouin : c'est un bloc isolé dont le sommet, émergeant de 300 mètres au-dessus des arbres, atteint 700 mètres d'altitude ; il a seulement 500 mètres de longueur sur 200 de largeur environ. Sur la roche dépourvue de mousses, des bœufs sauvages viennent, en effet, dormir au soleil. Les abords sont des marais, fréquentés par les éléphants. En quittant M'Fenn, la petite caravane marcha deux jours dans la vase, n'ayant plus heureusement à se préserver de la pluie.

IX

Dans cette région, Crampel parvint enfin à trouver un campement de nains bayagas. Voici ce que beaucoup plus tard, — alors qu'il naviguait sur le Congo et se dirigeait vers le Tchad, — Paul Crampel m'écrivait au sujet de ces étranges pygmées, dont il avait oublié de me laisser la description (1).

« Congo, 16 août 1890.

« Dans sa belle description de la forêt du Congo, M. Stanley consacre, paraît-il, plusieurs chapitres aux Ouambouttis, échantillons de la petite race d'hommes répandue dans toute l'Afrique.

« J'ai passé moi-même deux cent vingt jours dans la grande forêt africaine, où je vais me retrouver encore et les petits Bayagas que j'ai vus, auxquels je me suis tant intéressé, sont évidemment proches parents des Ouambouttis de M. Stanley qui tiennent aux Tikki-Tikki de l'Ouellé, qu'on appelle encore selon les régions, Okoas, Akkas, Babongos, Akoulas, etc.

« Lorsque j'aurai complété, au cours de cette exploration, les observations très imparfaites de mon premier voyage, je pourrai donner peut-être d'intéressants détails. En tous cas,

---

(1) La note qui suit a été publiée dans le *Compte rendu des séances de la commission centrale de la Société de géographie*, nos 16 et 17, 1890.

UN PALABRE.

voici ce que, très simplement aujourd'hui, pendant notre halte du soir, je relève sur un vieux cahier de notes et que je peux garantir exact.

« Par environ 11 degrés de longitude est de Paris et 2 degrés de latitude nord, vivent, mélangées aux M'Fans, des familles de cette fameuse race demi-légendaire. Les villages m'fans se placent sur tous les renflements de terrains, car la sombre forêt est marécageuse dans toute la zone et l'on doit faire souvent une longue marche en pleine vase avant de trouver quelque endroit sec. Ces marais immenses, endroits préférés des éléphants, attirent les Bayagas.

« Le Bayaga est, au M'Fan, ce que, chez nous, l'homme à gages est au patron.

« Lorsqu'un chef m'fan est assez puissant, il tâche de s'entendre avec un groupe de ces Bohémiens de la forêt; il les emmène dans les brousses voisines de son village; ceux-ci deviennent ses chasseurs et ses chercheurs d'ivoire. Partout ils vivent ainsi en demi-servitude, n'ayant avec ceux qui les font travailler que d'assez rares entrevues, complètement invisibles d'ordinaire à la curiosité des étrangers. Bien que leur infériorité soit réelle et que tous les autres indigènes les considèrent comme des sauvages (!), ils jouissent partout d'une véritable réputation mystérieuse. « On voit les Bayagas quand ils le veulent, » me disait le chef m'fan que j'avais séduit par mes cadeaux et qui me menait à travers marais au campement des « nains ». De fait, ils ne construisent jamais de cases et n'ont pas de demeure fixe. Tous les quatre ou cinq jours ils changent de place.

« Une hutte basse et ronde où l'armature de baguette en quadrillage est recouverte de larges feuilles retenues par une encoche à la tige, voilà le gîte : pour meubles, une jonchée de feuilles qui forme le lit. Bien peu d'instruments : la masse de fer, marteau commun à tous les indigènes de l'Ouest africain; une petite défense d'éléphant qui sert de pilon pour battre et aplatir les écorces fibreuses d'où proviennent les tissus végétaux seuls en usage; quelquefois un roseau-flûte à quatre trous; plus rarement encore un petit tambourin; quelques zagaies; un arc et des flèches : voilà toute la richesse d'un Bayaga. Devant la petite ouverture qui sert de porte à chaque terrier, une claie de branchages, suspendue au-dessus du feu, forme le séchoir à viande.

« Les hommes (généralement une quinzaine par famille, c'est-à-dire par agglomération de huttes) vont à la chasse à tour de rôle, moitié par moitié. Aussitôt qu'un éléphant est tué, le chef m'fan est prévenu; il envoie ses femmes chargées de manioc et de bananes, à la place où est la bête : séance tenante, le troc se fait. Les Bayagas, qui n'ont jamais de plantations, qui, par conséquent, ne peuvent se procurer de nourriture végétale que par les M'Fans, sont heureux de céder leur ivoire et une partie de la viande abattue pour du manioc. Des lambeaux déchirés d'étoffe, des fusils cassés, quelques fers usés de haches, voilà tous les cadeaux que font, en cas de grand succès, les M'Fans à leurs chasseurs. De loin en loin, en échange de quelque défense énorme, ils donnent un fusil pas trop détraqué au plus vieux de la famille.

« Pendant que j'étais au campement des Bayagas, j'ai pu assister à un marché de ce genre. Quelques chasseurs revenant de la brousse apportaient de petites pointes d'ivoire : la viande était restée, car les bêtes avaient été abattues trop loin. Si je n'eusse eu mon opinion déjà faite sur l'avidité des M'Fans, le spectacle dont j'étais témoin aurait suffi à me les rendre à tout jamais peu sympathiques. On accueille les arrivants avec de véritables hurlements; ils sont bousculés, presque frappés; on leur arrache les pointes, on leur jette quelques perles écaillées, un fusil hors d'usage; l'achat est fait.

« Devant l'étonnement indigné que je ne cherchais point à dissimuler, le chef m'fan, prenant la parole, me dit : « Ce « que tu vois est juste. Il y a longtemps, longtemps, quand les

« Bayagas n'avaient point encore de zagaies, ils étaient
« réduits à manger le miel des abeilles et les petits fruits
« de la brousse. Or, un jour que leur père avait faim, il
« leur commanda d'aller à la chasse ; ils y allèrent et les élé-
« phants furent les plus forts. Alors le père des M'Fans
« eut pitié des Bayagas ; il leur fit donner le fer de tous les
« vieux fusils m'fans ; depuis ce jour, les Bayagas peuvent
« faire leurs zagaies ; ils peuvent tuer des éléphants ; c'est
« à cause de nous qu'ils chassent ; c'est donc pour nous qu'ils
« tuent. »

« Comme cette légende était accueillie silencieusement par tous et que les chasseurs gardaient la tête basse, je n'eus garde d'insister.

« Par l'intermédiaire de l'un des Bayagas parlant la langue m'fan, j'ai pu avoir quelques détails sur leurs chasses.

« Les enfants prennent à des pièges divers tous les petits quadrupèdes de la forêt ; les femmes ont plus spécialement charge de rechercher les arbres à essaims d'abeilles, c'est-à-dire à miel ; les jeunes gens et les hommes tuent avec l'arc singes et antilopes : mais la vraie chasse des Bayagas est la chasse à l'éléphant. Ils ont alors pour arme unique une lance haute de 1^m,60 environ, faite justement avec de vieux canons de fusil, lance très pointue et à deux tranchants très aiguisés. Malgré cette lance plus haute qu'eux, ils se faufilent dans la forêt, ne suivant jamais de sentiers frayés, se glissant à travers les lianes pour surprendre les animaux qu'ils chassent, tordant de distance en distance quelques branches pour marquer leur route.

« Ils tâchent de surprendre l'éléphant pendant son sommeil, ou quand, en train de patauger en plein marais, il fait un bruit qui trompe sa finesse d'ouïe. Ils se mettent alors deux pour une bête, les jeunes gens plus faibles choisissant les plus petits adversaires. Tandis que les M'Fans, qui quelquefois les accompagnent, montent sur des arbres, ils vont vers l'éléphant, à droite et à gauche, et, simultanément, lui portent à deux bras un coup de lance au pli de l'aine. La blessure faite, ils s'enfuient, toujours avec leurs armes, dépistent l'éléphant qui souvent les charge, le laissent épuiser sa rage et le suivent ensuite, souvent très loin, jusqu'à ce qu'il tombe.

« La famille de Bayagas que j'ai vue se composait de neuf hommes, quatre jeunes et quelques enfants. Elle était depuis quinze mois sur les lieux. « Pendant huit mois, » m'a dit le vieux, « nous sommes restés dans la brousse, ayant peur des « M'Fans; depuis six mois, nous chassons. J'ai eu six de « mes fils tués, mais nous avons ici vingt-six queues d'élé- « phant. »

« Pour causer un peu librement avec les Bayagas, j'étais obligé de chasser les M'Fans des environs de ma tente; ceux-ci ne voulaient pas en effet de conversations particulières, car ils avaient grand'peur que je n'apprisse aux chasseurs le prix de l'ivoire. Les pauvres petits hommes, assis près de moi, ne cessaient de trembler : j'avais peine à les voir adresser aux M'Fans des sourires suppliants comme pour affirmer qu'ils n'étaient pas cause de ce manque absolu et si inusité d'égards.

« Malgré l'infériorité des Bayagas et leur état de quasi dépendance, il ne faut pas croire qu'ils aliènent complètement leur liberté. C'est volontairement qu'ils acceptent l'obligation de chasser pour tel chef, et, quand ce chef les a trompés trop souvent ou leur a causé quelque forte vexation, ils quittent le pays : nul ne les voit, on n'en entend même plus parler, car ils vont très loin, sous la discrète forêt, s'entendre avec une famille de leur race qui leur fait faire la connaissance de nouveaux protecteurs. En temps ordinaire, ils vivent en assez bonne intelligence avec les M'Fans. Lorsqu'ils sont fatigués d'une période de chasse, ils sortent de leurs marais et vont s'installer pour quelques jours près du village qui les entretient. Ils passent alors leurs journées à forger de nouvelles lances; ils mangent tant et plus de manioc et de bananes, — et cette nourriture végétale à laquelle ils sont si peu habitués leur semble délicieuse.

« Ils ont d'ailleurs un sentiment très marqué de cohésion entre eux; ils ne manifestent aucun désir d'entrer bien avant dans la vie privée des M'Fans.

« Le père de ma petite Niarinzhe, qui occupe une famille de ces chasseurs, voulut un jour ajouter une femme à ses femmes et, par caprice extraordinaire, prendre une jeune Bayaga; il s'attira cette réponse du chef de famille : « Jamais « une femme Bayaga ne se mariera qu'avec un Bayaga. »

« Au physique, il y a opposition complète entre les Bayagas et les M'Fans.

« Les Bayagas sont des nains, comparés aux M'Fans dont la taille est souvent de 1^m,75 à 1^m,80 ; ce sont de petits hommes si l'on regarde simplement leur moyenne, que j'ai trouvée de 1^m,40. Ils sont gros, trapus, bien proportionnés, musculeux. La couleur de leur peau est dans les bruns jaunes ; leur pilosité est développée sur tout le corps. A première vue, les détails physiques qui, chez eux, frappent le plus sont : la proéminence des arcades sourcilières, la grande épaisseur des sourcils sans intervalles, la saillie des pommettes. Vu de profil, le nez est généralement plutôt busqué et forme une ligne coudée; vu de face, il paraît large et descend bas vers la bouche. Le cou est très court; la tête rentrée dans les épaules ; la poitrine large, bombée; le bras fort, le poignet gros; les jambes sont cagneuses. La saillie du talon est assez marquée; l'attache du pied très grosse. A l'état de repos, les Bayagas ont généralement les pieds en dedans, et le genou a l'air de se continuer par le mollet et le pied tout d'une pièce.

« Un caractère physionomique domine tous les autres : c'est une expression habituelle de peur, d'effroi même, qui fait que, lorsqu'on les examine, les Bayagas gardent toujours la tête basse et semblent trembler. Néanmoins leur curiosité doit être très grande, car, lorsque, en causant avec eux, je détournais la tête pour les fixer ensuite brusquement, je voyais tous les yeux rivés sur moi.

« Des femmes je dirai peu de chose, car leur crainte farouche les a toujours éloignées de moi. Je n'ai pu les attirer que très rarement, en leur montrant ma provision de sel. Le détail extérieur qui surprend surtout chez elles est la mutilation de l'oreille. Elles se mettent, en effet, des morceaux de bois ou d'ivoire de plus en plus gros, jusqu'à ce que le rond extrêmement tendu et mince du lobe troué leur touche l'épaule.

« Toute observation ethnographique est difficile. D'abord on ne peut nullement se fier aux renseignements des M'Fans : ceux-ci, toujours très menteurs, ne savent ou ne veulent raconter à ce sujet que des légendes invraisemblables. Quant aux Bayagas, leur langue spéciale est incompréhensible à l'étranger, même aux M'Fans. C'est à peine si dans chaque famille un ou deux hommes parlent la langue m'fan; mais alors leur timidité les empêche de répondre. Grâce à mille précautions, j'ai pu cependant noter quelques usages et coutumes.

« Les Bayagas, quoique polygames, ne peuvent imiter leurs voisins et maîtres pour lesquels le grand nombre de femmes est le premier signe de la richesse. Chez les Bayagas, si peu nombreux, il y a manque de femmes; puis l'organisation même de la famille empêche, comme on va le voir, la fréquence des unions. Un homme n'a souvent qu'une seule femme; le chef en a deux ou trois. La famille est « patriarcale ». Le chef, le patriarche, vit avec ses enfants et ses petits-enfants; quelquefois, mais rarement, un de ses frères se joint à la communauté, qui ne contient ainsi jamais que des proches unis par le sang. Cette petite communauté forme une agglomération, fermée à l'étranger, et qui vit à part.

« Lorsqu'un jeune Bayaga veut se marier, il part dans la famille de celle qu'il désire. On l'adopte provisoirement et il chasse pour ses futurs parents; il tue cinq à six éléphants qu'il leur abandonne, cherche le miel, s'ingénie à apporter le plus qu'il peut et distribue ce qu'il s'est procuré. Après un long temps de ce travail, il peut se marier; mais alors il reste dans la famille de sa femme. Il n'a le droit de retourner à sa première et vraie communauté et d'y emmener sa femme que s'il a un fils, et lorsque ce fils a tué un éléphant. Le fils reste toujours au groupe de sa mère pour remplacer dans la petite famille le membre qui part : et c'est seulement alors que la famille du père s'enrichit des nouveaux enfants issus du mariage.

« Voilà ce qu'aujourd'hui je puis dire des « Pygmées » auxquels maintenant on s'intéresse. J'apprends que M. Stanley a trouvé dans les Ouambouttis des ennemis réels, qu'il a subi des attaques et a eu plusieurs de ses hommes tués par eux. Je ne crois pas que les Bayagas, même en nombre, osent attaquer. Tout au plus, pour se défendre, et par représailles, zagaieraient-ils quelque traînard de caravane.

« Je pense encore souvent, et avec émotion, à ces frères déshérités qui vivent isolés, entre eux, plus en rapport avec la bête qu'avec l'homme; heureux cependant, puisqu'ils ne veulent rien faire pour changer leur condition. J'en avais trois avec moi qui suivaient ma troupe; un jour, un chef m'fan les détourna et les força à s'enfuir; ce fut pour moi une déception et une tristesse. Je parle d'eux quelquefois avec la petite Niarinzhe qui me reste si fidèle. Tout à l'heure elle me rappelait le soir où, dans leur campement, comme j'avais distribué à chaque femme une poignée de sel, à chaque homme un couteau et au chef deux brasses d'étoffes, celui-ci me dit gravement : « Nous n'avons rien à te donner en échange, car nous sommes pauvres; mais quand nous resterons seuls, quand les M'Fans qui t'ont conduit seront partis, nous ferons tam-tam pour toi comme pour un de nos fétiches! »

X

Le 24 décembre, Crampel arrivait à M'Koul, point extrême de nos possessions vers le nord. Il rencontrait là, non un lac, comme les indigènes l'avaient indiqué, mais une grande rivière à courant presque insensible, le Djah, qui, par la nature de ses poissons, paraît appartenir au bassin du Congo. Le voyageur croit que le Djah se jette dans le Lekoli, qui, d'après Jacques de Brazza, est tributaire de la Likoala, affluent du Congo.

Crampel savait qu'il se trouvait à la limite nord qui nous a été assignée par notre convention avec l'Allemagne; à son grand regret, il devait donc retourner vers l'ouest. D'abord, il convoqua tous les chefs du pays, dans la case de Linvogo, grand chef de M'Koul. Ce personnage peut être considéré comme un type du caractère m'fan. De nombreux frères et fils assurent son autorité, qu'il pourrait conserver en récompensant leur dévouement; mais sa tactique est entièrement différente : il excite tour à tour les uns contre les autres, afin de soulever des difficultés, lesquelles nécessitent des palabres, qui, dans l'opinion de Linvogo, affermissent son pouvoir. Aussi les excite-t-il le plus souvent qu'il peut. Cependant ce système n'est pas infaillible, et, au moment de l'arrivée de la petite mission française, Linvogo avait beaucoup perdu de son ancien crédit et songeait aux moyens de relever son prestige par quelque coup d'éclat.

Linvogo fit tout ce qu'il put pour favoriser les desseins de Crampel et amener les chefs voisins dans sa case. Le 28 décembre, un traité général fut signé. Quelle ne fut pas la surprise du voyageur lorsque, à la fin de cette séance solennelle, Linvogo, devant tous, lui amena une de ses filles en disant :

CASE ET FAMILLE D'AYEGUEH.
(Dessin de Paule Crampel, d'après des photographies.)

« Voilà la femme que tous les Pahouins te donnent ! »

Crampel, tout en paraissant très flatté, demanda à réfléchir. Une visite inattendue vint changer du tout au tout ses dispositions. C'était celle de la première femme de Linvogo. Contrairement à ce qu'on a toujours dit de la misérable condition des femmes dans cette partie de l'Afrique, Crampel a rencontré chez les femmes m'fans une liberté d'esprit et d'allures, une intelligence remarquables. Elles mentent beaucoup moins que les hommes et font souvent preuve d'une réelle bonté. La femme de Linvogo, qui avait déjà donné au voyageur des preuves d'intérêt et de véracité, vint, la nuit, lui confier que le chef voulait le tromper.

« Il a l'intention, dit-elle, de te faire montrer les richesses que tu dois offrir en cadeau à celui qui te donnera une femme. Il profitera de l'occasion pour exciter l'envie de tous les chefs réunis ici. Comme il y a beaucoup d'hommes, on te fera la guerre, on te volera. Linvogo partagera tes marchandises avec tout le monde, et, son idée ayant enrichi tout le monde, il redeviendra le grand chef des M'Fans. »

Le voyageur remercia du mieux qu'il put cette femme qui lui sauvait peut-être la vie, et, le lendemain matin, la mission partait précipitamment sans attendre l'heure de la réunion des chefs pahouins. Mais tous les indigènes de la région connaissaient maintenant la fable contée par Crampel et son désir de prendre femme dans le pays. Le 30 décembre, comme il arrivait à Binvolo, village d'un autre chef important, Eyegueh, celui-ci lui fit le discours de réception :

« On m'a dit que tu avais vu tous les Djandjamms, tous les Ossyébas, tous les M'Fans de l'autre côté de l'Ivindo. Tous ceux-là ont été mauvais puisqu'ils ont voulu que tu retournes seul chez les blancs. Un chef doit avoir des femmes de toutes les nations où il a passé. Moi, je suis bon, je veux faire amitié avec les blancs qui t'ont envoyé. Linvogo t'a trompé, moi je te donnerai une femme. En attendant que tes frères ou tes hommes viennent construire un village près du mien, tous les blancs et tous les M'Fans diront qu'Eyegueh est un grand chef. »

Vainement Crampel chercha des échappatoires. Eyegueh tenait à son idée. Il fallut construire un campement, pour que le fiancé eût — tout comme chez nous — un domicile légal. Durant cinq jours le tam-tam retentit et les cérémonies officielles se succédèrent. Le sixième, le traité habituel fut conclu. Enfin, le 7, à la suite d'un dernier palabre, le vieux chef prit par la main la petite Niarinzhe, âgée de neuf ans environ, en criant à la foule des Pahouins dont la curiosité était étrangement surexcitée : « J'ordonne à mon cœur de partir. » Puis il ajoutait, en parlant à la petite : « Maintenant, tu n'as plus de père, tu n'as plus de mère, ni de frères ni de sœurs. Tu n'as plus que le blanc. »

XI

Le lendemain, Crampel repartait avec Niarinzhe, et, quelques jours plus tard, il rejoignait son campement au village d'Annundjoko. Son absence avait duré quarante jours. Le bruit de sa mort ayant couru, les Pahouins manifestèrent un certain étonnement de le revoir et un véritable enthousiasme à la nouvelle que Niarinzhe l'accompagnait. Il était d'ailleurs temps de quitter le village : les Adoumas et les Loangos, ayant épuisé tout le manioc du pays, ne pouvaient plus s'en procurer à aucun prix et souffraient de la faim; de plus ils étaient couverts de plaies. Mais le difficile était de se mettre d'accord sur la voie à adopter pour le retour : le chef des porteurs et les Sénégalais redoutaient d'autant plus les marches pénibles à travers la brousse, les marais et la forêt, que le retour de la saison des pluies était imminent.

Ils eussent préféré redescendre à l'Ogooué par l'Ivindo. Il fallut, pour les décider à adopter la voie de terre, leur assurer qu'on rencontrerait bientôt, à l'ouest, une autre rivière coulant vers la mer.

Le chef Annundjoko demeurait dans les mêmes dispositions bienveillantes; la présence de Niarinzhe l'avait, lui aussi, fortement impressionné. Puisqu'un chef avait donné sa fille au blanc, pourquoi serait-il, lui, moins généreux ? Et voilà qu'Annundjoko, le jour du départ, présente à son tour, au voyageur une jeune Pahouine. Crampel était très fier de ce résultat, car les M'Fans sont jaloux de leurs femmes, qu'ils ne donnent pas à tout venant, comme les noirs de la côte. Mais il ne tenait pas à compliquer son retour. Aussi s'efforça-t-il d'expliquer à Annundjoko que les blancs n'éparpillent pas leurs affections sur des objets de même nature.

NIARINZHE.

« Tu vois, disait-il, je ne mets qu'une balle dans mon fusil. De même je ne veux qu'une femme. »

Et pour mettre fin à son insistance, il ajoutait :

« Si je reviens, c'est que je serai devenu Pahouin moi-même; je pourrai alors me marier plusieurs fois et nous recauserons. »

La petite était d'ailleurs très gentille. Annundjoko reprit : « Elle t'attendra jusqu'à ce que sa poitrine tombe. »

Ce n'est pas là, pour les Pahouines, une constance à long terme.

LES MARAIS.
(Composition de Paule Crampel.)

Le 14 janvier, Crampel découvrit les sources de l'Ivindo, situées à 570 mètres d'altitude ; le 16, enfin, après avoir marché trois jours dans les marais, sans interruption, la mission atteignait la source de la rivière Komm, qui se dirige vers l'ouest. Les hommes, transportés de joie, jettent leurs charges à terre, chantent, dansent et se couchent; aucun argument ne pourrait vaincre leur force d'inertie.

« Voici, disent-ils, une rivière, fille de la grande rivière des blancs. Tu nous as dit qu'ici le voyage serait fini. Descendons avec des pirogues que tu achèteras ou des radeaux que nous fabriquerons. Nos jambes ne peuvent plus nous porter. »

Vainement le voyageur leur explique que la rivière, coupée de rapides, ne devait pas être navigable; qu'il était dangereux de descendre ainsi par eau en pays inconnu, sans palabrer dans les villages de la route, sans connaître l'esprit des populations; que, dans une rivière étroite, les embuscades sont faciles. Rien n'y fit.

« Nous ne voulons pas te désobéir, répondaient les noirs. Tue ceux qui sont fatigués et tu partiras avec les autres. »

Les deux Sénégalais eux-mêmes restaient couchés à terre. De guerre lasse, Crampel ordonne la construction de radeaux.

Le 20 janvier, hommes et bagages partaient au fil de l'eau, sur huit radeaux. Durant cinq jours ils descendirent sans incident. La rivière s'écoule par une série d'étages plans que séparent des gradins assez raides. Aussi bien dans les grands biefs presque dépourvus de pente que dans les petits rapides, la navigation était lente et difficile; la mission ne dépassa guère une douzaine de kilomètres par jour.

Bientôt le voyage devient particulièrement émouvant. Lorsque les rives ne sont pas marécageuses, les radeaux défilent entre deux rangées de Pahouins plantés sur les berges, immobiles, silencieux et, indice grave, toujours armés de leurs fusils. On leur parle le plus souvent possible, en s'efforçant de leur ôter toute idée d'hostilité ou de pillage.

XII

Le cinquième jour, une voix, partie de la rive, pose une étrange question :

« A quelle nation appartiens-tu ? »

Le blanc n'est donc plus ici un être légendaire, puisqu'on sait qu'il en existe de plusieurs sortes.

« Mes craintes redoublent, dit Crampel, car je sais que la zone intermédiaire entre la région maritime et l'intérieur est presque toujours la plus dangereuse. Nous sommes alors à environ 250 kilomètres de la côte. Le sixième jour, à midi, un coup de feu part à l'arrière du convoi, suivi de plusieurs détonations plus stridentes et de cris de souffrances : un Pahouin a tiré de la rive ; les Sénégalais ripostent ; j'aperçois du même coup d'œil mon cuisinier qui se tord de douleur et tous mes braves qui se jettent à l'eau pour gagner la rive opposée.

« Je passe sur les tristes détails de la journée. Le soir, au bruit de guerre, tous les Pahouins du voisinage se sont rassemblés.

« De l'espèce de camp retranché que j'ai organisé à la hâte, je parviens à échanger, en criant très fort, une conversation avec un vieux chef.

« — Ceux qui ont tiré sur tes hommes sont jeunes, » me dit-il, « mais moi, je sais que tu as tous les fétiches. Tu vas
« guérir d'abord les deux hommes que les enfants ont
« presque tués, puis mes enfants te conduiront à la grande
« rivière. »

« Après de longs pourparlers, les lamentations, de l'autre côté de la rivière, diminuent, chose qui prouve bien que notre renommée dans le pays est bonne et avant tout paci-

CRAMPEL BLESSÉ.
(Composition de Paule Crampel d'après le texte.)

fique ; une pirogue chargée de monde se dirige vers nous. On m'apporte les deux hommes blessés à mort par mes Sénégalais. Je les mets presque côte à côte avec mon cuisinier et je donne également mes soins aux trois moribonds. Mon cuisinier, un Loango, avait reçu deux blessures. Lui ayant extrait par succion l'un des projectiles, quelle n'est pas ma stupéfaction de reconnaître une balle de revolver en plomb. Je demande aux Pahouins d'où vient ce projectile et ils me montrent le nord-ouest. Je devais comprendre plus tard (1).

« Mes hommes ne veulent toujours pas marcher, et d'ailleurs le cuisinier agonisant ne saurait être transporté autrement qu'en radeau. Nous continuons la descente du fleuve, les autres radeaux suivant de près le mien. Dans les passage difficiles je m'arrête pour surveiller le défilé ; puis je reprends la tête.

« A neuf heures, nous venions de franchir ainsi une passe dangereuse, quand un nouveau coup de fusil part et je vois mes hommes à la nage, affolés, criant : « Tout est fini ! » Le radeau dirigé par mon meilleur Sénégalais s'approche : le pauvre Manuel est étendu, la tête littéralement ouverte par une décharge envoyée presque à bout portant.

« Nous ne sommes plus que deux hommes sérieusement armés !

« En plein rapide, j'aborde un îlot, j'y installe mes gens, terrifiés, et nous passons là une journée anxieuse. D'après les cris partis de la rive, je comprends que tous les hommes du pays sont là, armés en guerre contre nous. S'il se trouve encore des chefs bienveillants pour l'étranger, leur voix ne doit plus être écoutée. Je laisse cependant aborder dans l'île sept ou huit des plus âgés et, tâchant de dissimuler notre défaite, je leur dis :

« — Au lieu de nous battre, faisons un marché. Con-
« duisez-moi dans les routes par terre et je vous donnerai

---

(1) Le lieutenant allemand Kund avait récemment dirigé au sud de Cameroun une expédition qui eut à livrer de véritables combats.

« la plus grande partie de mes marchandises. Mais vous
« marcherez avec moi, et s'il arrive le moindre accident
« c'est vous qui serez tués d'abord. »

« Ils acceptent et nous passons une nuit dont je garderai longtemps le souvenir, mes hommes murmurant leurs tams-tams de mort sur les cadavres de Manuel et du cuisinier, et le chant de guerre des Pahouins éclatant autour de nous dans la forêt.

« Le lendemain, de bonne heure, nous remontons en radeau : il faut encore passer un rapide avant de sortir des îles et de gagner une route. Je fais monter les Pahouins sur mon radeau; leur présence me rassure presque.

« Tout à coup les berges se hérissent de noirs. Je lance un coup d'œil interrogateur aux Pahouins, qui me disent :

« — Prends garde ! ceux-ci sont d'une autre tribu que
« nous. Tous les Pahouins viennent pour faire la guerre aux
« blancs, ils vont tirer. »

« Et nos compagnons se précipitent à l'eau, pas assez tôt cependant pour éviter que la décharge des assaillants ne tue l'un d'eux, ce qui me prouve qu'ils n'étaient pas complices.

« La fusillade recommence. Mes hommes abandonnent leurs radeaux et gagnent un point de la rive d'où l'on ne tire pas. Péniblement, à tâtons, nous accrochant aux rochers, mon dernier Sénégalais et moi fermons la retraite, nous retournant par instants pour répondre aux nombreuses détonations des fusils à pierre.

« Nous allions enfin gagner la rive. En me retournant, je pouvais suivre des yeux nos bagages abandonnés, qui, descendant au fil de l'eau, allaient se perdre dans les récifs; tout à coup j'aperçois mon radeau échoué sur les rochers au milieu du rapide, et à son bord la caisse qui renferme mes cahiers de notes. Il y a là tous les fruits de mon voyage, mes clichés, mes travaux topographiques. Mon cœur se serre : ces papiers, c'est le résultat de toute l'expédition, de tant de fatigues et de périls. Si je les perds, il ne restera plus rien,

rien, pas même une preuve matérielle de la véracité de mon récit....

« Alors, en proie à une rage muette, je reprends, sous la fusillade qui redouble, mon chemin dans le lit de la rivière, pour atteindre le radeau. Je vois luire sur le rivage les yeux des Pahouins, furieux à la pensée qu'une partie des « marchandises » pourra leur échapper. Ce qui me préoccupe surtout, c'est que je ne sais pas nager; tout en m'accrochant aux pointes des rochers, je songe que le moindre faux pas peut me noyer là subitement, sans que mes compagnons atterrés fassent le plus petit effort pour me sauver. Quant au feu des Pahouins, je m'en inquiète peu, les sachant mauvais tireurs. Cependant leurs projectiles ricochent sur l'eau, autour de moi. Tout à coup je sens une douleur au flanc : une balle m'a atteint, et la surprise plus que la douleur me fait chanceler. Mais l'idée fixe me domine, et, jointe à la colère, décuple mes forces. Arrivé auprès du radeau, j'enlève ma caisse de papiers et je reprends le périlleux chemin du rivage. J'allais le joindre lorsqu'une seconde balle me transperce la cuisse, avec un choc si violent qu'elle me renverse dans l'eau. Heureusement, mes hommes ne sont plus qu'à quelques pas; sentant que leur sûreté dépend de ma propre vie, ils se décident à venir à mon aide et me ramènent au bord, derrière l'abri de verdure qui les protège.

« Maintenant, entourés d'un cercle de féroces ennemis qui nous guettent, nous n'avons qu'une bien mince chance de salut : c'est de reprendre la voie de terre et de marcher droit vers l'ouest, à travers la forêt et le marais, comme des bêtes poursuivies par une meute. Il me faut, malgré mes blessures et la fièvre qui me gagne, user de menaces pour déterminer mes hommes, démoralisés, épouvantés, à se mettre en route. Je fais des efforts inouïs pour me tenir debout, afin de remonter leur courage. Nous parvenons heureusement à rompre le cercle des Pahouins, qui ne s'attendaient pas à une décision aussi rapide.

XIII

« Alors commence cette effroyable retraite, que je n'oublierai de ma vie. Afin de dérouter nos implacables ennemis, nous nous sommes, dès le début, engagés dans des marais qu'eux-mêmes jugent impraticables. Ils nous y suivent cepen-

LA FUITE DANS LES MARAIS.

dant, et, de temps à autre, un coup de feu nous apprend qu'ils n'ont pas perdu la piste de leur gibier humain. Sans doute, ils cherchent à nous rabattre vers quelque endroit découvert où ils pourront aisément venir à bout de notre résistance, où ils espèrent que la faim nous contraindra à nous livrer.

« Notre situation est terrible : sans vivres, sans ressources, presque sans armes, depuis la perte de nos bagages, avec un chef grièvement blessé et qui ne se soutient qu'à force d'énergie, l'expédition semble perdue. Plus les fondrières sont dangereuses et plus nous les recherchons, espérant qu'elles barreront derrière nous la route aux Pahouins. Nous enfonçons dans des vases mouvantes qui nous montent jusqu'à mi-cuisse. Nous fuyons les sentiers et la terre ferme, qui recèlent des ennemis. C'est à peine si le soir, tandis que nous couchons sans feu, sur des îlots, les plus hardis parmi mes hommes osent s'aventurer jusqu'aux plantations pour déterrer quelques racines de manioc. Mais le manioc n'est rendu comestible que par des préparations assez longues, qui ont pour but de le débarrasser des éléments vénéneux qu'il renferme. Consommé ainsi, il nous cause des vertiges, des faiblesses, des maux de tête violents, tous les symptômes de l'empoisonnement.... Et cela s'ajoute aux pestilentielles exhalaisons du marais.

« Ah! ce marais sur lequel nous vivons et qui peut-être sera notre tombeau! quel inextricable fouillis de rotins, de bambous, de lianes épineuses, barricadant de leur enchevêtrement un sol presque consolidé par ce fouillis! La primitive hachette des sauvages a peine à frayer un couloir où nous passons un à un, faisant péniblement 5 ou 6 kilomètres par jour de labeur acharné. Tantôt les troncs énormes, les arbres de haute futaie ou les racines tordues des palétuviers s'élancent, parmi les broussailles, d'une boue vaseuse et liquide où, comme dans les forêts des temps géologiques, pourrissent des couches successives de végétaux; tantôt l'eau s'étend en larges nappes noires où la perche enfoncée ne rencontre qu'un fond mou et fuyant....

« La vie de mes pauvres compagnons repose tout entière sur moi. Ils me suivent passivement, convaincus qu'ils sont perdus si je viens à disparaître. Et combien peu je me crois moi-même de chances de salut! La marche, la fièvre, les privations aggravent ma blessure et me causent des souffrances intolérables. Combien de fois j'ai la tentation de m'étendre là, sur le premier coin de terre ferme, et d'attendre la fin! Mais non, tant que persistera un reste de force, il faut marcher, toujours marcher....

« Au début j'ai vainement tenté de retirer, à l'aide d'un canif, le projectile entré dans ma cuisse. Rapidement, la plaie s'est enflammée, envenimée et l'enflure a gagné toute la jambe. A certains signes il me semble que je vais avoir la gangrène. J'ai alors recours aux connaissances rudimentaires de mes compagnons : « Que fait-on chez vous en pareil cas ? » Les noirs me répondent que la coutume est de pratiquer des incisions dans le membre malade, afin de provoquer une abondante saignée qui, selon eux, doit entraîner le sang corrompu. Je remets mes deux derniers couteaux à deux de ces chirurgiens improvisés, qui ont vite fait de taillader la plaie en tous sens. Il se produit une perte de sang considérable; puis, soit coïncidence, soit efficacité réelle, les symptômes alarmants s'atténuent, l'enflure diminue; d'aiguë, la douleur devient sourde, la jambe s'engourdit, est pesante et comme paralysée. Les doigts des pieds seront pour toujours immobiles.

« On comprend ce que peut être la marche dans de telles conditions. Tout le jour je me traîne péniblement, enfonçant dans le marécage, dont les émanations malsaines entretiennent ma fièvre; l'hémorragie m'épuise. Je n'ose me faire trop porter, de peur de démoraliser mes hommes en leur révélant mon état réel. Par moments même, il me faut prendre dans mes bras la petite Niarinzhe, qui, effrayée, ne veut plus marcher. Nous n'osons ni allumer du feu, ni tirer des coups de fusil. J'ai même été forcé de sacrifier le petit chien qui nous a suivis depuis le commencement du voyage et dont les aboiements nous trahissaient. J'ai appelé le pauvre animal et, le cœur serré, tout en le caressant d'une main, je l'ai abattu de l'autre, avec la crosse de mon revolver.

« Si les journées sont pénibles, les nuits sont encore bien plus cruelles. Nous tâchons, sur la terre molle, de trouver un coin un peu moins détrempé. Nous le déblayons tant bien que mal, et, bravant le froid nocturne et l'humidité, il faut s'étendre à terre, comme une grappe humaine, les plus faibles dessous, les plus robustes par-dessus, les couvrant et les réchauffant avec la chaleur de leur corps.

Combien ai-je passé ainsi de nuits de torture! L'effort que je m'impose pendant le jour tient mes sens en éveil et préserve ma lucidité d'esprit. Mais, chaque soir, l'arrêt du mouvement, la détente, amènent le même phénomène : le délire s'empare de moi et je perds complètement connaissance. Et chaque soir, à la même heure, avec une sensation d'angoisse affreuse, je sens venir la crise. Je sais que je vais être livré à l'inconscience, que ma volonté sombrera tout à l'heure sans réaction possible et que je serai livré pieds et poings liés à mes compagnons, à la merci de leurs trahisons, de leurs terreurs, de leurs paniques, au hasard de la moindre attaque nocturne! Chaque fois, en m'abandonnant, j'ai la pensée que je ne me réveillerai plus.

UNE NUIT DANS LA FORÊT.

« Mais pourquoi s'appesantir sur ces misères? A la fin, nous avons dépisté nos cruels ennemis. Les rivières Bouà,

Lobo et N'Tem ont été franchies à l'aide de lianes tendues à la hâte.

« ... Enfin, un jour, au sortir des arbres, nous apercevons, une étoffe qui flotte dans le ciel. C'est un poste français, c'est le drapeau!... Quel battement de cœur! Jamais je n'ai senti comme ce jour-là que ce lambeau tricolore peut être la personnification du pays. Il me semblait que c'était la France même qui était là. Tous nos maux étaient finis. »

XIV

Les nouvelles que le voyageur apprit, en arrivant à Bata, étaient assez mauvaises : au sud-ouest, l'expédition sur la rivière Mouni, la défaite des Espagnols, le pillage des factoreries de la rivière, la mort de plusieurs Européens; au nord-ouest, l'expédition du lieutenant allemand Kund, ses guerres, la perte encore de plusieurs blancs.

Crampel comprit seulement alors l'importance de la question qui lui avait été posée sur la rivière Komm : « De quelle nation es-tu? » A cet endroit, des bruits de guerre ayant pénétré, les M'Fans avaient vu dans la mission de nouveaux ennemis qui venaient les prendre à revers. La balle de revolver qui avait tué le cuisinier et qui, au dire des Pahouins, venait du nord-ouest, était sans doute une balle déjà tirée par les officiers allemands.

Les résultats du voyage de Paul Crampel sont considérables (1). Au point de vue géographique, ils se résument

(1) On les trouvera consignés dans le *Bulletin de la Société de géographie*, 7ᵉ série, t. X, 4ᵉ trim. 1890 : *Voyage de Paul Crampel au nord du Congo français*, par L. Mizon, lieutenant de vaisseau. — Itinéraire au nord de l'Ogooué dans les bassins de l'Ivindo, du Djah et du N'Tem (3 cartes).

ainsi : relèvement d'une grande partie du cours de l'Ivindo, avec trois de ses affluents de gauche, cinq de ses affluents de droite et de ses sources. Découverte de la rivière Djah ; relèvement d'une partie de la rivière Komm et de plusieurs de ses affluents; étude de la ligne de faîte entre l'Ivindo et Djah; relèvement des principaux sentiers de commerce par lesquels les Pahouins vont chercher l'ivoire ; rectification des cartes espagnoles de la rivière Benito; étude de la grande zone marécageuse; enfin et surtout, découverte des sources de N'Tem, qui paraissent être celles de la rivière Campo.

Les résultats politiques et économiques sont :

Quatorze traités passés avec les quarante-quatre chefs principaux visités au cours du voyage. Six de ces traités sont particulièrement importants, car ils affirment les droits de la France aux confins des possessions allemandes.

Les palabres de l'explorateur ont eu surtout pour tendance de préparer le détournement des deux grandes routes commerciales actuelles, car elles vont de l'intérieur à des points de la côte où le commerce est entre des mains étrangères. Par l'une, les produits du moyen Ivindo s'écoulent vers Mouni ; par l'autre se dirigent vers Batenga les produits du haut Ivindo et des territoires situés entre les bassins de l'Ogooué et du Congo. Il serait relativement facile de substituer à ces deux routes, la voie unique et toute française de l'Ivindo.

Pour détourner la première, il suffirait d'établir un poste assurant la sécurité des communications sur le moyen et le bas Ivindo. Les traités, signés par Crampel, ont tout préparé pour cela.

Pour changer la seconde, il fallait avant tout que les M'Fans de la région des affluents du Congo, les seuls qui possèdent beaucoup d'ivoire, connussent cet Ivindo, qui peut les mettre en rapport direct avec le commerce de l'Ogooué. En revenant de Djah, Crampel a emmené dans ce but plusieurs chefs auxquels il a fait connaître l'Ivindo, en leur décrivant son cours. Ils ont promis de faire tous leurs efforts pour favoriser l'installation d'un établissement français dans la région.

Voici quelles sont, au point de vue commercial, les conclusions de Crampel :

« Il faut d'abord installer une station au confluent de l'Ivindo et de l'Ogooué et laisser les succursales des factoreries de la région maritime créer plus haut des établissements sous la protection du poste. Il faudrait ensuite établir d'autres agents sur le moyen Ivindo, en pays bakota, à l'endroit où débouchent les grands affluents de gauche et où commence, à droite, la route de Mouni ; créer enfin une station par environ 10° longitude Est et 1°50′ latitude Nord, non loin de l'endroit où passent les produits de Djah et d'où part la route de Batenga.

« Les commerçants européens n'ont aucune raison de pénétrer plus loin à l'intérieur à grands frais et non sans courir de grands dangers. Le climat est malsain, les indigènes sont hostiles, le M'Fan demeurera incurablement pauvre. Ce n'est pas en effet un stock d'ivoire emmagasiné de génération en génération qui saurait constituer une richesse réelle, ni même le caoutchouc, en admettant que la liane existe partout, ce qui est contestable.

« Il ne faut pas oublier que les idées du Pahouin sont essentiellement tournées vers les voyages de commerce ; qu'il est revendeur et colporteur, et qu'il fait volontiers d'assez longues marches, sans grand bénéfice final, pourvu qu'il puisse, au moyen de vols et de rapines, bien vivre pendant la route. Les factoreries ont donc intérêt à attendre les caravanes indigènes sur l'Ivindo. Encore faudrait-il qu'elles fussent installées là et qu'on ne les confinât point dans la zone maritime. »

NOUVEAUX PROJETS

J'étais sans nouvelles de Crampel, lorsqu'un soir d'avril 1889, je le vis entrer dans mon cabinet du *Journal des Débats*. Il avait l'air minable : une vaste houppelande, produit bizarre des « magasins de nouveautés » de Libreville, couvrait son corps émacié, laissant passer un pantalon trop court. Le visage, amaigri par la souffrance, paraissait plus hâve sous un grand chapeau de feutre mou. Quand il descendit de fiacre, traînant la jambe, tirant par la main la petite Niarinzhe, les passants s'arrêtèrent étonnés. Engoncée dans une robe gros vert, ses cheveux crépus surmontés d'un bizarre chapeau de paille, elle avait, piqués de chaque côté dans le cartilage du nez, des poils de queue d'éléphant qui la faisaient ressembler à un matou.

C'est alors que Crampel me conta ce que je viens de résumer. Il avait encore dans la jambe la balle pahouine avec laquelle il avait parcouru 300 kilomètres. Il allait la faire extraire au Val-de-Grâce, et, s'il survivait, il prendrait une belle revanche. La tranquillité avec laquelle il disait : « Si j'en réchappe » faisait passer un frisson dans le dos. Avant d'entrer à l'hôpital, il désirait visiter l'Exposition. L'inauguration avait lieu quelques jours plus tard. Nous y allâmes : Niarinzhe, avec ses moustaches, obtint un beau succès de curiosité.

Crampel demeura deux mois au Val-de-Grâce, où M. Chauvel parvint à extraire le projectile, à la suite d'une remarquable opération qui fit l'objet d'une communication à l'Académie de médecine. Le morceau de fer, cheminant par l'effort de la marche forcée, avait remonté du milieu de la cuisse jusque dans l'aine.

A peine convalescent, Crampel partit pour le Bordelais, où il se maria. Ce mariage était la conclusion d'un charmant roman et le but de longs rêves. Il y mit une bonne part de son cœur. Pourtant, l'idée fixe qui s'était révélée dès le lendemain de son retour, le tenait. Quand je l'engageais à se créer une situation à Paris, ce que sa belle intelligence eût rendu facile, il s'écriait :

« Non!... je veux prendre ma revanche et montrer ce que j'aurais pu faire, si l'on m'avait aidé.... Il reste, au nord-est du Congo français, une belle et patriotique besogne à accomplir.... Je sacrifierai, s'il le faut, tout ce que je possède, mais je repartirai.... Si, comme cela est probable, l'on me suscite des obstacles, je passerai par l'État indépendant. »

Lorsqu'il m'eut répété dix fois cette phrase, je lui dis un jour :

« Vous venez de vous marier. Pour rien au monde, je ne voudrais prendre la responsabilité de votre départ... et peut-être de votre mort. Mais si vous êtes décidé à partir quand même, je ferai tout ce que je pourrai pour vous seconder. »

Nous étudiâmes alors son projet. Le dessein de Crampel était de traverser et de conquérir à la France et à la science toute la région encore absolument inconnue qui s'étend entre l'Oubanghi et le lac Tchad, où, seul, un récit de Nachtigal nous montre les païens cannibales, retranchés dans les arbres gigantesques qu'ils habitent, défendant le dernier territoire mystérieux de l'Afrique centrale contre les expéditions des musulmans chasseurs d'esclaves. Je venais justement de lire la plupart des auteurs qui ont écrit sur l'Afrique septentrionale, occidentale et centrale. J'avais étudié les campagnes du Haut-Fleuve, les essais de pénétration par le sud de l'Algérie. De tout cela et du plan de Crampel me paraissait se dégager une idée maîtresse : *Unir à travers le Soudan central nos possessions de l'Algérie-Tunisie, du Sénégal et du Congo, et fonder ainsi en Afrique le plus grand empire colonial du monde.*

Longtemps nous discutâmes en commun ce plan gran-

COMBAT ENTRE CANNIBALES ET CHASSEURS D'ESCLAVES.

diose. Plus nous y songions, plus notre conviction s'augmentait. La principale objection contre le Tonkin — son éloignement — ne saurait être opposée à l'Afrique française, reliée à l'Algérie qui est une sorte de prolongement de la France, plutôt qu'une colonie.

Quel mince effort à faire lorsqu'on y réfléchissait : d'une part l'occupation facile des oasis du Touat nous assurerait la suprématie sur le Sahara, où d'ailleurs aucune compétition prochaine n'était à craindre; d'autre part, nous avions déjà prolongé le Congo français jusqu'au coude nord de l'Oubanghi; le Barghirmi, le Bornou, qui étaient à prendre, nous donneraient le lac Tchad sur les rives duquel s'opérerait la jonction.

Oui, il y avait là un bien minime effort à faire, puisqu'il s'agissait simplement de traités à signer. Mais qui prendrait de telles initiatives? Le gouvernement de l'Algérie? Il a jusqu'ici différé même la simple occupation du Touat, au risque d'y laisser établir, sur les conseils de l'Allemagne, un sérieux protectorat marocain. Le gouvernement du Gabon-Congo? Durant des années, il s'est montré hostile à toute tentative commerciale dans l'intérieur. Le commandant supérieur du Soudan français? Il a déjà fort à faire dans la boucle du Niger. Seule, une grande expédition créerait une sorte de démonstration saisissante, et, tout en donnant des droits à la France, serait capable d'enflammer l'opinion pour une idée à la fois juste, simple, patriotique.

Le plan de Crampel prit alors complètement corps : partant du coude nord de l'Oubanghi, où se trouve situé le dernier poste français, il atteindrait le lac Tchad en traversant le Baghirmi; il se rendrait ensuite à Kouka, capitale du Bornou, la ville musulmane, illustrée par les relations de Barth et de Nachtigal. S'il parvenait à signer des conventions dans ces deux pays, le problème serait résolu et une barrière de traités empêcherait les Allemands de Cameroun et les Anglais de la Bénoué de s'étendre vers l'intérieur et de nous couper la route. De Kouka, la mission s'efforcerait ensuite de revenir par une des routes de caravanes du Nord à travers le Sahara.

Déjà Crampel ne parlait plus guère au futur : du matin au soir il se livrait à des calculs, faisait des préparatifs, résolu à partir le plus tôt possible pour n'être pas devancé par les Anglais ou les Allemands de Yola. J'étais pour ma part fort préoccupé de cette aventureuse traversée du Sahara qui venait s'ajouter aux dangers du Baghirmi. Je songeai alors aux Touareg prisonniers à Alger, dont les curieuses études de M. Masqueray ont fait connaître l'origine et le caractère.

LE TARGUI ISCHEKKAD AG RHALI

Le commandant Bissuel a publié, chez Adolphe Jourdan à Alger, une étude intitulée *les Touareg de l'Ouest*, où sont consignés, avec une probité scrupuleuse, tous les renseignements qu'on a pu tirer d'eux. C'est de ce travail que sont extraites les notes qui suivent :

Depuis 1885, époque à laquelle une trêve avait été conclue entre eux, les Touareg et les Arabes Chaambâ, qui nous sont soumis, vivaient à peu près en paix.

Durant l'été de 1887, les Chaambâ el Mouadhi (d'El Goléa) avaient, suivant leur coutume, envoyé leurs chameaux au pâturage à Daïet el Drissa, au nord-est d'El Goléa, près de A'lrig R'anem.

LE TARGUI ISCHEKKAD, GUIDE ET INTERPRÈTE DE L'EXPÉDITION CRAMPEL.

Se fiant à l'instinct de ces animaux, qui les ramène d'eux-mêmes au puits de leur maître, quand ils éprouvent le besoin de se désaltérer, ils les y avaient laissés sans gardien, comme ils le font lorsqu'ils ne redoutent aucun coup de main.

Si grande que fut leur quiétude, les Mouadhi n'en avaient pas moins eu la précaution d'entretenir, dans le Sahara, quelques émissaires chargés de les renseigner en cas d'événement.

Un de ces émissaires, Bou Hafs ben Lakhal, résidant depuis quelque temps à In Salah, arriva à El Goléa, le 7 août 1887, après une marche forcée de soixante-douze heures, et prévint le caïd des Mouadhi qu'un razzou, fort d'une quarantaine de mehara et venant de la direction du Hoggar, marchait sur sa tribu.

Le caïd Kaddour ben Belkheir réunit aussitôt tout son monde et se porta sur Mechgarden, où il supposait que devait passer l'ennemi.. Des *chouafa* (vedettes) furent postés dans toutes les directions et on fit bonne garde. Mais ces précautions furent déjouées par les Touareg.

C'est ici le moment de conter comment ceux-ci avaient organisé leur entreprise : il ne s'agissait, au début, que d'un coup de main isolé, comme il s'en produit à chaque instant dans le Sahara et c'est dans une famille d'imrad (serfs) des Kel Ahnet, celle des Ouled R'alem, que le projet en fut arrêté. Le chef de cette famille, Hammani ag R'alem s'était assuré le concours d'un excellent guide, Abd es Sellam ould El Hadj R'adi, âgé de dix-huit ans. Il n'eut pas de peine à décider ses parents à le suivre et les réunit à Ouahaïen; c'étaient : Baba ag Hammani, son fils, et ses frères Keddada, Bou Kar'ma, Bassi, Mohammed et Khenmettal. Quelques coureurs d'aventures vinrent bientôt les y rejoindre, attirés par l'appât d'un butin qui semblait d'autant plus assuré que, en raison de la trêve conclue en 1885, les Mouadhi — on le croyait du moins, — ne devaient pas être sur leurs gardes.

Hammani ag R'alem prit le commandement de la petite troupe. Il fut décidé que, pour ménager les mehara tout en leur faisant franchir, aussi rapidement que possible, l'énorme distance (plus de 850 kilomètres) qui séparait le razzou du but à atteindre, on marcherait depuis la pointe du jour jusqu'au moment de la forte chaleur, qu'on ferait alors une grande halte, pour se remettre en route vers quatre heures du soir et ne s'arrêter qu'à la nuit close.

Le razzou quitta Ouahaïen le 22 juillet 1887 et, pendant les premiers jours, son effectif s'accrut par l'arrivée successive de gens avides de sortir de leur longue inaction.

Lorsqu'on arriva, après dix jours de marche, à l'Oued Irès Mallen, sans qu'aucun accident se fût produit, on se compta : il y avait, au bivouac, quarante-cinq mehara, tous montés par des hommes vigoureux et déterminés. Les têtes s'échauffèrent : avec une pareille force, on ne pouvait se contenter d'enlever les troupeaux de quelques tentes isolées : le gros des chameaux des Mouadhi devait, selon la coutume, se trouver sans gardien, aux environs des Gour Ouargla : c'était là une capture assez importante pour satisfaire à la fois l'amour-propre et la cupidité des Touareg. Il fut décidé par acclamation qu'on la tenterait.

Le 2 août, comme le razzou arrivait à In Sokki, un mehari s'abattit accidentellement et l'homme qui le montait, Aberkouch ag bou Hanba, des Kel Ahnet, se cassa la jambe. Cet homme reprit, dès le lendemain, le chemin de sa tente, accompagné de deux amis.

Le razzou n'avait plus de temps à perdre ; la région d'In Sokki est relativement fréquentée et, bien que les gens qu'on aurait pu rencontrer ne se fussent pas montrés, la marche des Touareg ne tarderait pas à être connue, si elle ne l'était déjà. Il fallait donc se hâter, pour arriver au but avant que les Mouadhi fussent avertis du danger qui les menaçait. Le razzou, qui ne comptait plus alors que quarante et un méhara, se remit en route dès le 3 août.

C'était d'autant plus sage qu'il venait d'être signalé à In Salah par un homme des Zoua, nommé Abd er Rhaman ben Belkassem, qui l'avait aperçu dans les derniers jours de juillet et qui avait cru prudent de revenir sur ses pas.

Il y avait, comme je l'ai dit, à In Salah un Mouadhi, Bou Hafs ben Lakhal, qui avait quitté irrégulièrement sa tribu en 1884 et qui, désireux de rentrer en grâce, servait d'espion au caïd d'El Goléa. Abd er Rhaman, qui le connaissait, alla lui faire part de ce qu'il avait vu, mais il ne put lui dire si les Touareg avaient pour objectif El Goléa et ses dépendances, ou seulement les tentes des Chaambâ dissidents qui campent habituellement en assez grand nombre dans la vallée de l'Oued Sidi Moussa.

Bou Hafs partit aussitôt dans la direction de l'est, pour relever les traces du razzou et constata, dans l'Oued Irès Mallen le passage de quarante-cinq méhara se dirigeant vers le nord-est. Le doute n'était plus possible c'était sur la région d'El Goléa que marchaient les Touareg; mais déjà, ils avaient une avance considérable sur Bou Hafs et de plus, celui-ci allait avoir à faire un détour fort long pour les éviter. Néanmoins il n'hésita pas, partit à toute vitesse, arriva le 6 août à El Goléa, après avoir franchi en trois jours et trois nuits une distance d'environ 300 kilomètres. Il donna l'alarme.

Réunis en toute hâte, les Mouadhi se portèrent immédiatement, au nombre de cent trente, sur Mechgarden, s'y installèrent vers le soir et détachèrent quelques *chouafa* au Hassi el Malha.

Cependant, le razzou, après avoir fait boire au Hassi In Ifel le 5 août, s'était engagé, pendant la journée du 6, dans l'Enteg el Malha, long défilé où il ne pouvait être aperçu des *chouafa* postés au Hassi el Malha. Après avoir franchi une distance de 63 kilomètres, il prit quelque repos et se remit en marche, à neuf heures du soir, pour arriver, au point du jour, au débouché de l'Enteg. La ligne d'observation des

Mouadhi était dépassée ; Bou Hafs était arrivé trop tard pour que ses compatriotes pussent empêcher la razzia, mais assez tôt pour leur permettre de prendre, sur les Touareg, une revanche immédiate.

Le 7 août, le razzou sortit de l'Enteg el Malha au point du jour et, à sept heures du matin, après avoir fourni en vingt-sept heures une course de 125 kilomètres, il trouva, au pâturage de Daïet el Drina, 130 chameaux sans gardiens qui furent aussitôt enlevés. Enhardis par ce facile succès, mais un peu désappointés parce qu'ils avaient compté sur un butin plus considérable, les Touareg se partagèrent en deux groupes : l'un, de vingt-cinq hommes, sous la conduite du chef de l'expédition, Hammani ag R'alem, emmenant le butin avec toute la rapidité possible ; l'autre de seize hommes, commandé par Abd es Salam ould El Hadj R'adi, continuant à battre l'estrade, en quête de nouvelles captures.

Le premier de ces groupes fut aperçu par les *chouafa* des Mouadhi en observation au Hassi el Malha ; ceux-ci avertirent aussitôt leur caïd Kaddour ben Bel Kheir, resté à Mechgarden avec le gros de ses forces. Jugeant la poursuite inutile, le caïd se porta rapidement, avec tout son monde, au Hassi In Ifel, y arriva avant l'ennemi et occupa le puits, le 8 au point du jour.

Les Touareg, commandés par Hammani, y arrivèrent à leur tour, vers sept heures du matin, exténués par une course de 250 kilomètres fournie en cinquante et une heures.

Les Mouadhi, qui n'étaient pas encore entraînés comme leurs adversaires, n'étaient guère en meilleur état, mais ils étaient plus nombreux. Les Touareg avaient espéré qu'Abd es Salam et ses quinze hommes les auraient rejoints pendant la nuit. Il n'en avait rien été et, pressés par la soif, ils se décidèrent, malgré leur infériorité numérique, à essayer de s'emparer du puits. Le caïd Kaddour ben Bel Kheir ne les attendit pas ; il ordonna une attaque à pied. Lui-même et Ahmed ben Lakhal, frère de Bou Hafs, dont les chevaux résistaient encore, restèrent en selle.

Les Touareg, sentant la partie perdue, abandonnèrent les chameaux razziés et s'enfuirent en désordre, poursuivis seulement par les deux cavaliers. Ceux-ci furent bientôt séparés de leurs gens, ce que voyant, les Touareg tentèrent de leur couper la retraite par un retour offensif. D'un coup de fusil, Ahmed ben Lakhal tua Hammani ag R'alem, chef de l'expédition et, coupant lui-même la retraite à deux hommes : le targui Mohammed ag R'alem et le nègre Bou Setta, il les chassa devant lui.

De son côté le caïd Kaddour ben Bel Kheir, poursuivant un autre groupe de fuyards, avait déchargé sur eux six coups de fusil, lorsque sa jument, à bout de forces, ralentit l'allure. Cinq mehara fondirent sur lui; il avait déjà reçu deux zagaies, dont l'une était restée accroché à ses vêtements et les Touareg cherchaient à couper les jarrets de sa monture, lorsqu'il fut dégagé par Ahmed ben Lakhal que venaient de rejoindre deux Mouadhi montés sur des mehara abandonnés par l'ennemi.

Les Touareg ne songèrent plus qu'à fuir; le caïd et ses compagnons revinrent au Hassi In Ifel; ramenant leurs deux prisonniers et dix mehara que l'ennemi avait dû successivement abandonner. Alors seulement les Mouadhi apprirent qu'Abd es Sellam et sa troupe étaient encore en arrière ; ils restèrent donc en position au Hassi In Ifel.

Abd es Sellam, en effet, avait cherché, mais inutilement, des chameaux à enlever. Entendant des coups de feu, il s'était douté qu'Hammani était aux prises avec les Mouadhi et il avait jugé prudent de se retirer vers l'Oued Djedari où il passa la nuit. Mais la soif devenait intolérable et, pensant que les Mouadhi avaient abandonné le puits, il reprit, le 9 au point du jour la marche sur le Hassi In Ifel, où il arriva vers midi.

Les Mouadhi se mirent aussitôt en mouvement mais, abandonnant leurs mehara, les Touareg se jetèrent dans la koubba de Sidi Abd el Hakem où ils pensaient, avec raison, que leurs ennemis hésiteraient à venir les attaquer. Cette koubba, située à un kilomètre environ du puits, sur la rive gauche de l'Oued In Ifel, est en effet une sorte de lieu de refuge. Elle a été fondée par un marabout des Zoua des Ouled Sidi Cheikh, Sidi Abd el Hakem qui y est mort au commencement de ce siècle et a voulu y être enterré. Pour se conformer aux dernières volontés du saint personnage, tous les voyageurs abondamment pourvus de vivres y déposent des offrandes en nature qui sont à la disposition des passants moins fortunés. La porte de la koubba est toujours ouverte; chacun a le droit absolu de s'y reposer et d'user des vivres et de l'eau qui s'y trouvent, mais personne ne peut rien emporter, sous peine d'être frappé de mort par Sidi Abd el Hakem qui, du haut du ciel, surveille attentivement ses hôtes.

Les provisions de la koubba devaient être bientôt épuisées et la lutte était impossible. Abd es Sellam le comprit et vint, de lui-même, se constituer prisonnier. Ses compagnons, espérant s'échapper à la faveur de la nuit, ne voulurent pas l'imiter encore, mais leur énergie dut céder devant la soif : un à un ils sortirent et tous furent successivement faits prisonniers. L'un de ceux-ci réussit à s'enfuir et à regagner son pays.

Le 11 pendant la marche entreprise pour rejoindre les campements des Mouadhi, ceux-ci, excités par leur succès, irrités par une agression que la paix jurée rendait injustifiable, se rappelèrent les uns aux autres que jadis des Ouled Moulet, à qui ils avaient fait grâce de la vie dans des circonstances analogues, avaient peu de temps après organisé contre eux une nouvelle expédition. La mort des prisonniers fut résolue : huit d'entre eux furent fusillés séance tenante. Les autres, parmi lesquels deux étaient blessés, se placèrent sous la protection d'Ahmed ben Lakhal et de son frère Mansour, qui, les entraînant en avant du gros des Mouadhi, parvinrent à leur sauver la vie.

Les huit prisonniers Touareg survivants étaient :

 Abd es Sellam Ould el Hadj R'adi, d'In Salah, guide du razzou;
 Kenan ag Tissi, targui, de la tribu noble des Taïtoq, neveu et par conséquent successeur désigné du chef de la Confédération;
 Mastan ag Serada, des Taïtoq, et
 Tachcha ag Serada, son frère;
 Amoumen ag Rebelli, des Taïtoq;
 Ischekkad ag Rhali, de la tribu imrad des Kel Ahnet;
 Aggour ag Ischekkad, de la tribu imrad des Kel Ahnet;
 Bou Setta, nègre, offrant cette curieuse particularité d'avoir six doigts à chaque main et au pied gauche.

Le commandant Bissuel et M. Masqueray ont tiré de ces prisonniers une foule de renseignements intéressants qui s'ajoutent à ceux qu'avait déjà publiés sur les Touareg M. Duveyrier. Cependant on ne sait pas encore bien au juste quelles sont les situations respectives des tribus nobles et des *imrad*. Il faut remarquer par exemple que le razzou, qui comprenait plusieurs nobles, dont le futur chef de la Confédération, était commandé par l'imrad Hammani. Parmi les prisonniers, le plus intelligent et le plus instruit était sans contredit l'imrad Ischekkad, le seul avec le guide Abd es Sellam, qui parlât arabe.

Livrés au chef de bataillon Deporter, commandant supérieur du cercle de Ghardaïa, les Touareg prisonniers furent conduits à Alger et internés au fort Bab-Azoun. Le gouvernement d'Algérie avait d'abord espéré qu'il pourrait, par leur entremise, entrer en communication avec les Touareg, avec qui toute relation était interrompue depuis le massacre de la mission Flatters (1). Mais les premières avances qui furent faites au chef de la Confédération, Sidi Mohammed Ould Guerradji ben Biska, furent assez mal reçues. Il répondit qu'il considérait ses enfants comme morts et que c'était un motif de haine de plus qu'il aurait contre les chrétiens.

Voici, d'autre part, le texte d'une lettre écrite par Sidi Mohammed Ould Guerradji à Ahmed ben Lakhal :

    Louanges à Dieu seul !

Que Dieu répande ses bénédictions sur notre Seigneur Mohammed et sur sa famille !

De la part de l'objet de la bénédiction divine, Sidi ben Mohammed, dit ben Guerradji, à notre plus grand ennemi, Ahmed ben Lakhal et à son frère Mansour.

Que Dieu te récompense de ce que tu as fait à mes enfants : Tu les as vendus aux chrétiens comme des esclaves. Les nobles meurent par la poudre ; depuis leurs ancêtres, les Arabes s'entre-tuent, mais on n'a jamais vu vendre des hommes comme des noirs.

Aujourd'hui, j'en fais le serment, répété au nom de Dieu à quelque époque que ce soit, de même que tu as reçu, des mains des chrétiens, le prix de mes enfants, de même je toucherai ton prix et celui de tes frères et de tes enfants. Tu as vendu les miens aux chrétiens ; moi je te vendrai aux nègres du Soudan.

Je n'ai qu'une chose à te dire : cherche un pays où tu puisses échapper aux Hoggar.

Je suis de noble race et je n'agis en traître ni envers toi, ni envers d'autres.

Quant aux chrétiens, nous ne leur devons que des remerciements. Nous les avons massacrés et ils peuvent nous reprocher le mal que nous leur avons fait. Cependant, ils ne nous l'ont pas rendu et, comme nous l'avons appris, ils n'ont fait que du bien aux nôtres.

Enfin, Ahmed ben Lakhal, il te faut être homme. Tu sais que le prix d'une blessure se poursuit pendant quarante ans. Trouveras-tu un pays où tu puisses habiter et te dérober à ma vengeance ?

L'argent que tu as reçu des chrétiens t'interdit, désormais, l'accès de la région d'In Salah, l'Aouguerout, le Touat, El Henna, et le séjour de ton pays, El Goléa.

Aujourd'hui, prends courage. Tu t'es attiré cette affaire en vendant des nobles aux chrétiens.

    Salut !

(1) Les Taïtoq ne paraissent avoir pris aucune part à cet attentat commis par les Hoggar. En tout cas, Kenan et Ischekkad, à qui, seuls, leur âge aurait permis de se trouver à Amguid, étaient le premier dans l'Ayr et le second au Soudan, à l'époque où l'événement s'est passé.

Telle était donc la situation lorsque je conseillai à Crampel de partir pour Alger et de demander là qu'on lui confiât un Targui qui pourrait à la fois lui servir de guide et d'interprète pour la traversée du Sahara.

L'idée plut à Crampel : le surlendemain, il se mettait en route pour Alger, muni de lettres de recommandations. Il eut à vaincre beaucoup de difficultés : depuis le massacre de la mission Flatters, les assassinats du lieutenant Palat et de Camille Douls, les officiers d'Algérie pensent qu'un essai isolé de pénétration aboutirait à une mort certaine. Aussi avaient-ils répondu par un refus formel aux voyageurs aventureux qui offraient de repartir avec les Touareg. Toutefois l'ardente et communicative conviction de Crampel, la chaleur de son langage levèrent tous les obstacles. D'ailleurs la traversée du Sahara du sud au nord paraissait présenter plus de chance de succès que la pénétration par le sud algérien : Le gouverneur général, M. Tirman, le général Poizat, le commandant Bissuel firent preuve du même bon vouloir. Huit jours après son arrivée, Crampel recevait à bord du paquebot Ischekkad dont il faisait tomber les fers.

« A partir de ce moment, tu es libre », lui disait-il et, patiemment, il lui expliquait son projet, dont le Targui s'éprenait aussitôt.

Aussi lorsque Ischekkad arriva à Paris, avait-il les yeux luisants de joie. Il y était pourtant venu, déjà, avec Kenan, au temps de l'Exposition universelle, conduit par M. Masqueray; mais il était alors en proie à une vague crainte, préoccupé aussi de ne pas laisser paraître une surprise humiliante. Il marchait vers l'inconnu, non vers la liberté. Maintenant, au contraire, il savait qu'après un immense voyage, dont on lui montrait l'itinéraire sur les cartes, il reviendrait à l'Ahenet par le Tchad (1). Et c'était lui alors

---

(1) Les Touareg ont un remarquable instinct topographique. Sur les seules indications des prisonniers, contrôlées les unes par les autres le commandant Bissuel a pu dresser une curieuse carte de la région de l'Ahenet et de

qui nous parlait de Kouka, dont la renommée seule était venue jusqu'à lui, et d'Agadez ou il était allé ! A l'entendre, rien n'était plus facile, une fois au Tchad, que de revenir par le Sahara. Il n'y avait même pas de danger sérieux.

« Quand nous serons à Kouka, dit-il à Crampel, nous organiserons une caravane pour Agadez. Une fois là, tu enverras un messager à Sidi Mohammed Ould Guerradji. S'il vient nous chercher lui-même, ou s'il envoie une grosse escorte, tu peux passer, personne ne touchera à un cheveu de ta tête. Mais s'il n'envoie qu'un homme, tu me laisseras aller d'abord. Là-bas, il ne faut jamais pénétrer sur un territoire sans l'agrément du chef, formel et garanti par une escorte ou par sa présence. C'est pour n'avoir pas eu la patience d'attendre cette permission, que Flatters a été tué. »

Ischekkad parlait bien l'arabe; c'est surtout pour cette raison que Crampel l'avait choisi : aussi mon ami ne sortait-il plus sans son dictionnaire de poche et ils avaient entre eux de difficiles mais interminables conversations.

Le surlendemain de son arrivée, Crampel amena Ischekkad chez moi. Jusqu'alors, il n'avait point voulu manger à table. Cette fois, non seulement il y consentit, mais il le demanda. Que de fois, à partir de ce moment, devions-nous l'avoir pour convive, sans que jamais il se soit découvert le visage. Il mangeait presque uniquement de la viande d'animaux saignés d'une certaine manière, et du riz. Il goûtait assez volontiers de nos plats, mais n'y semblait point prendre goût. Il ne buvait guère que du lait : il avait une manière à lui de passer les aliments sous son voile noir; quand il voulait boire, il rabattait en plus le grand voile qui lui cachait la tête. Découvrir son visage lui eût semblé une indécence, et nous ne le lui demandions pas. Il savait quelques mots de français mais ne s'en servait pas volontiers. Au

l'itinéraire suivi par le razzou. En ce qui concerne les hauteurs de l'Ahenet, les prisonniers avaient demandé du sable et de l'eau, et, avec ces matériaux, ils avaient dressé un véritable plan en relief.

contraire il parlait sans cesse arabe. Il avait une telle dignité naturelle qu'il ne commettait jamais de fautes de goût : le premier provincial venu serait assurément plus gauche et plus mal élevé. Je ne connais pas assez les Arabes pour juger s'ils possèdent dans le cœur la même noblesse que décèlent leurs attitudes; à ce point de vue le caractère du targui Ischekkad était assurément des plus remarquables. Nul de ceux qui dînaient chez moi ce soir-là n'oublieront ses yeux brillants d'allégresse guerrière, lorsqu'au dessert, saisissant un poignard dans une panoplie, il nous mima un combat au désert : le coup ramené, traître, disait-il, des Arabes, et l'estoc, franc, loyal, des Touareg ! D'autres fois, il parlait des mœurs de sa Confédération, de sa femme, de ses deux enfants. Que de notes intéressantes nous aurions pu prendre si nous n'avions en un but d'action plus immédiat! De tous ses propos, j'ai gardé l'impression que la femme occupe dans la société targuie une situation morale au moins égale à celle qu'elle a chez nous. Vis-à-vis de ses voisines de table, Ischekkad se montrait toujours particulièrement aimable et gai.

Nous l'étudiions, Crampel et moi, attentivement et sans prévention, cherchant à découvrir le fonds mauvais, la nature irrémédiablement traîtresse que beaucoup nous avaient dépeint : « Il vous trahira. Vous serez certainement tué dans le Sahara. » Combien de fois mon ami n'a-t-il pas entendu à ses oreilles ces prédictions décourageantes et d'autant plus inutiles qu'elles ne modifiaient en rien sa résolution. Eh bien, doivent les docteurs en science saharienne me taxer d'ignorance et de crédulité, je ne crois pas à la mauvaise nature d'Ischekkad, j'ai au contraire une foi profonde en son dévouement, en sa loyauté. Non qu'il se soit montré d'une nature toujours parfaitement calme et égale; je lui ai connu parfois au contraire des moments d'irritation. Mais c'était toujours un emportement instinctif, point dissimulé et dont il expliquait ensuite lui-même l'absurdité. A côté de cela, que de petites notes révélant une réelle délicatesse de sentiments.

Une dame, pour qui il manifestait une amitié spéciale, lui avait fait divers présents afin qu'il les emportât, notamment des écheveaux de soie. Ischekkad en les recevant, se montra fort ému. Il passa dans une autre pièce et en revint avec un burnous orné de galons qu'il avait lui-même mystérieusement coupé et cousu, avec le dessein de le rapporter à son petit garçon. Il l'offrit à Mme A... pour son fils, comme l'objet auquel il tenait le plus de tout ce qu'il possédait.

Tandis que les futurs compagnons de voyage de Crampel menaient cette existence, nous nous occupions, sans relâche, de préparer l'expédition. La première question à résoudre avait été celle des ressources matérielles. M. Étienne et ses deux principaux collaborateurs, MM. Haussmann et J.-L. Deloncle, mis au courant des desseins de Crampel, avaient levé pour lui toutes les difficultés, lui avaient fait délivrer des armes, des munitions, des instruments, etc. Mais ce n'était pas tout : il fallait de l'argent et ni Crampel ni moi n'en pouvions fournir assez pour couvrir les frais de l'expédition. Je sollicitai alors M. Patinot, directeur du *Journal des Débats*, et il consentit, en plus de sa coopération personnelle, à faire une série de démarches auprès de quelques personnes, qui nous vinrent en aide. Il est bon de publier les noms de ceux qui eurent foi, dès les premiers mois de 1890 dans le projet de Paul Crampel et qui, par patriotisme, lui prêtèrent un concours généreux et désintéressé : ce furent MM. le prince d'Arenberg, Aynard, le comte Greffülhe, le marquis de Moustier, Edmond de Rothschild, Armand Templier.

Je note ici, parce que cela est la vérité, que nous eûmes à vaincre l'hostilité sourde de M. de Brazza, qui a le travers, hélas ! trop commun, de souffrir malaisément une autre gloire à côté de la sienne. Sans l'intervention énergique du sous-secrétaire d'État des Colonies, M. Étienne, elle eut tout empêché (1).

(1) Depuis lors, ayant lu ces lignes parues dans le *Figaro*, M. de Brazza m'a écrit du Gabon qu'il avait là-bas, pris sur les fonds de la colonie pour

Le matériel de l'expédition devait partir le 5 mars du Havre et le personnel, le 10, de Bordeaux. Nous avions maintenant à peu près le strict nécessaire : le premier lieutenant de Crampel, M. D***-V***, était parti en avant du Sénégal, pour recruter des laptots ; deux autres, MM. D*** et R*** à Loango pour retenir des porteurs. L'état d'extrême fatigue où était sans cesse Crampel nous donnait quelque inquiétude : à la suite de l'opération effroyable qu'il avait subie, deux doigts du pied gauche étaient devenus paralysés et il traînait un peu la jambe : les accès de fièvre revenaient.

« Bah ! disait-il, je me reposerai sur le bateau. »

Et il expliquait en riant qu'il allait se composer une manière de boiter élégante.

Un soir, nous menâmes au bal de l'Opéra les deux Africains : on remarqua Niarinzhe, bien qu'elle n'eut plus dans le nez ses poils de queue d'éléphant ; mais qui aurait pu se douter que ce grand domino noir était le vêtement naturel et dissimulait la personne d'un vrai fils des Kel-Ahnet ?

Dans ma pensée première, Crampel devait revenir du Tchad par Mourzouk et Tripoli, la route à peu près sûre de Barth et de Nachtigal. Mais depuis qu'il était certain que Ischekkad l'accompagnerait, Crampel avait décidé de revenir par Agadez l'Ahenet et le Sud-Algérien. De cette façon son itinéraire serait encore plus hardi et plus remarquable : après le « blanc » du pays des cannibales, il explorerait le « blanc » du Sahara central ; après le problème de la pénétration du Tchad par le Sud, il résoudrait le problème de la pénétration chez les Touareg. Ce fut dès lors le plan dont il ne s'écarta plus.

Paul Crampel, désireux de faire produire tous ses résultats à son magnifique voyage, comptait emmener des auxiliaires

---

payer les porteurs de l'expédition Crampel. Cela est possible et il faut, dans ce cas, l'en féliciter. Mais cela ne change pas ce qui s'est passé à Paris. D'ailleurs, cette participation de la colonie à l'expédition Crampel, en exécution des ordres généraux venus de Paris, était largement compensée par la mission de pacification autour du poste de Bangui, dont Crampel acceptait la charge.

blancs de deux sortes : des lieutenants pour commander l'escorte et les porteurs ; puis, des collaborateurs scientifiques. Une trentaine de laptots sénégalais bien armés, formeraient l'escorte ; une centaine de porteurs, — Pahouins de préfé-

NJABINZHE AU BAL DE L'OPÉRA.

rence, — seraient nécessaires pour le transport des vivres, des marchandises d'échange et des munitions.

Le 6 mars, Crampel vint m'apporter une sinistre nouvelle : Musy, le chef de notre poste de l'extrême nord, près du coude de l'Oubanghi, venait d'être tué, avec ses laptots, et mangé par les cannibales de la région. Déjà ces peuplades belliqueuses avaient jadis blessé M. Dolisie. Crampel n'était nullement intimidé, mais il redoutait l'effet que produirait la nouvelle sur sa famille et sur les souscripteurs qui l'avaient aidé.

Le 18 au matin, je l'accompagnai à la gare d'Orléans : ces derniers jours d'extrême fatigue l'avaient exténué et ses yeux brillaient de fièvre. Mais il avait toujours le même enthousiasme, la même foi dans le succès....

Quelques jours avant de partir, le 12 mars, Crampel adressait la lettre suivante à l'une des personnes qui lui avaient prêté l'appui le plus efficace :

« Mon intention est d'aller du Congo français à l'Algérie en passant par le lac Tchad et l'Ayr. Je désire partir du coude nord de l'Oubanghi. Pour cela, j'irai de Loango au Stanley-Pool en suivant la route française des caravanes de Brazzaville. Du Stanley-Pool, on peut monter au coude nord de l'Oubanghi, soit par bateau à vapeur, soit par pirogue. J'ai demandé à M. de Brazza de vouloir bien mettre à ma disposition deux chaloupes, M. de Brazza m'a posé ses conditions : pour prix de mon transport, il me charge d'emmener deux de ses agents et de les installer en station entre le 4e degré de latitude Nord et les premiers affluents du Chari. J'ai cru pouvoir accepter.

« Si mon transport par les bateaux de l'administration est rendu, sur les lieux, impossible, j'essaierai de prendre les bateaux de commerce. Si j'échoue encore de ce côté, je me résoudrai à employer des pirogues. Ce sera, pour mon expédition, la cause d'un retard de trois mois, mais je ne me laisserai point arrêter.

» A partir du coude nord de l'Oubanghi, j'entrerai dans la région inconnue. Je compte monter entre 16° et 19° longitude Est jusqu'aux affluents du Chari, descendre un de ces affluents jusqu'à environ 13° ou 14° longitude Est et 11° ou 12° latitude Nord. A ce moment, si je ne prévois aucun obstacle insurmontable j'irai à Kouka traiter avec le sultan du Bornou. Dans le cas contraire, je me dirigerais vers le Baghirmi et le Kanem. Toutes les routes, d'ailleurs, me ramèneront vers Kouka. Je tâcherai de n'y arriver qu'après avoir étudié la zone marécageuse du Tchad.

« De Kouka, je désirerais pouvoir renvoyer à la côte une partie de ma troupe. Je ne garderai que le minimum d'escorte nécessaire pour la traversée du pays des Touareg. Guidé par Ischekkad, je partirai vers Agadez, puis l'Ahenet.

« Le personnel européen qui doit m'accompagner se compose de :

MM. P. R., capitaine au long cours ;
Lauzière, ingénieur des arts et manufactures ;
Orsi ;
Mohammed ben Saïd, Kabyle, étudiant en médecine.

« J'emmène de plus MM. D..., V... et L..., détachés du Congo français, le Targui Ischekkad ag Rhali et la petite Pahouine Niarinzhe.

« Comme personnel indigène, je compte prendre une trentaine de laptots sénégalais et cent à cent vingt porteurs m'fans ou adoumas. J'aurais voulu pouvoir recruter ces porteurs en montant l'Ogooué et trouver sur le haut Alima les chaloupes du Congo français. J'aurais ainsi gagné deux mois au moins ; mais cela est impossible, m'a dit M. de Brazza, en raison du défaut de mécaniciens et de commandants de bateaux : aucun ne connaît le cours de l'Alima. Je renonce donc à mon premier dessein ; je monterai l'Ogooué pour recruter des porteurs, puis je redescendrai à Libreville et de là j'irai à Loango pour prendre enfin la route du Pool.

« Les résultats à obtenir sont de deux sortes : géographiques, politiques.

« Au point de vue géographique, nous avons à étudier la grande zone inconnue qui s'étend au nord de l'Oubanghi. C'est le dernier « blanc » important à remplir. On peut considérer cette région comme le centre orographique de l'Afrique.

« Vers le Tchad, nous couperons les itinéraires de Barth, de Nachtigal et de quelques autres voyageurs. Cela permettra vérification et mutuel contrôle. Du Tchad à Agadez, nouvelle région inconnue. Enfin, nous n'avons que des données « par renseignements » sur le pays des Touareg de l'Ouest.

« Au point de vue scientifique, je me suis assuré le concours de M. R... capitaine au long cours, qui sait relever les latitudes et les longitudes et de M. l'ingénieur Lauzière, capable de faire toutes constatations géographiques et géologiques.

« J'arrive aux résultats politiques, qui sont pour moi les plus importants. Je m'efforcerai de jalonner ma route de traités, de les échelonner à tous les degrés de latitude, de manière à établir une ligne française continue entre les possessions françaises du Congo, du Soudan et de l'Algérie. Je me donnerai tout entier à cette entreprise, mais aussi avec la plus entière loyauté, sans chercher à me prévaloir de résultats que je n'aurais pas réellement obtenus, en sauvegardant à tout prix le renom de loyauté et de bonne foi que, jusqu'ici, les Français ont su garder en Afrique comme partout. Vous me connaissez assez pour savoir que je n'userai qu'à la dernière extrémité et seulement pour des mesures de salut, de l'armement que j'emporte. »

Je ne puis résister au plaisir de citer encore ce passage d'une lettre où Crampel résumait la philosophie de sa grandiose conception :

« La France, disait-il, a de grands devoirs envers elle-même à remplir en Afrique. Elle doit aux générations futures de ménager un champ d'action à leur expansion.

« Elle doit enfin se hâter de réclamer sa part dans le partage du continent noir. Or, quelle doit être cette part? Nous avons laissé les autres nations à peu près libres d'agir — quels que fussent nos droits antérieurs — à l'est et au sud de l'Afrique. Nous avons concentré notre action sur l'ouest, le centre et le nord-ouest. Nous avons là déjà trois possessions importantes, l'Algérie-Tunisie, le Sénégal et le Congo, qui toutes les trois tendent à s'agrandir vers le lac Tchad, devenu pour ainsi dire le point géométrique de leur union.

DESSIN TOUAREG.

Notre devoir est de réaliser cette union. Il n'y a pour cela qu'un assez mince effort à faire : au Nord, établir par l'occupation du Touat notre domination sur le Sahara ; à l'Ouest, continuer notre pénétration dans la boucle du Niger et vers Tombouctou ; au Sud, développer notre ligne de postes, de l'Oubanghi jusqu'au lac Tchad. Les deux premiers actes de pénétration peuvent être le fait de l'action directe du gouvernement ; mais il en est autrement au Sud, où, si nous n'agissons pas avec rapidité, les Allemands de Cameroun ou les Anglais de la Bénoué, avançant vers l'Est, nous couperont la route. Il faut donc agir et agir sans tarder....

« En dehors des résultats directs qu'il peut avoir, mon voyage sera — que je réussisse ou que je meure, — le symbole de ce que la France doit exécuter dans l'avenir. En France, on ne se passionne point pour des théories compliquées : il faut une formule simple et un fait qui la synthétise, la concrétise pour ainsi dire. Eh bien, la réunion sur les bords du Tchad de nos possessions de l'Algérie-Tunisie, du Soudan français et du Congo, sera cette formule et mon voyage sera le fait symbolique. »

Crampel avait un gros souci : il craignait surtout que la presse, aujourd'hui si avide d'histoires curieuses à conter, ne parlât de sa « ménagerie » et de ses projets. Il faisait tout ce qu'il pouvait pour l'éviter. Que d'autres, à sa place, auraient fait une belle mise en scène de sa précédente exploration, de sa blessure, de la Pahouine Niarinzhe et du Targui Ischekkad ! Or, durant les deux mois environ qu'Ischekkad demeura à Paris, pas un journal ne signala sa présence. Et pourtant, des journalistes, M. Théodore Avonde, de l'*Agence Havas*, M. Paul Bluysen, de la *République française*, d'autres encore, avaient dîné chez moi avec les deux compagnons de Crampel. Mais ils m'avaient promis la discrétion et ils l'ont observée. Qu'on aille encore médire des reporters !

Ischekkad et Niarinzhe faisaient assez bon ménage. La petite Pahouine, mise à l'école, se développait avec une rapidité extraordinaire. Elle était assurément beaucoup plus compréhensive qu'un petit blanc de son âge. Personne n'eut reconnu dans la fillette coquette, tapotant des airs sur le piano, faisant des remarques à mourir de rire, le petit animal sauvage qui, huit mois auparavant, débarquait avec des poils de queue d'éléphant dans le nez, demandant en pahouin à Crampel où se trouvaient les femmes qu'un grand chef tel que lui ne pouvait manquer de posséder. Elle aussi était au courant du grand projet, mais elle l'envisageait avec moins d'enthousiasme que Ischekkad : sa famille, dont elle ne parlait que dans de rares moments d'expansion, ne lui avait pas laissé de très bons souvenirs.

Ischekkad, pour se distraire, pendant l'après-midi, dessinait et coloriait sur du papier blanc, des scènes de la vie targuie et inscrivait au-dessus des dédicaces ou des explications en caràctères *tifinar*. Je donne, page 91, un spécimen de ces productions artistiques, dont Mme Paule Crampel possède une belle collection.

DE BORDEAUX A BRAZZAVILLE

A partir de ce moment commencèrent une série de nouvelles difficultés : l'agent que Crampel avait envoyé à l'avance au Sénégal pour recruter des laptots, n'avait rien fait. Il fallait s'arrêter au Sénégal du 28 mars au 22 avril pour attendre le paquebot suivant, c'est-à-dire perdre un mois. Pour comble de malchance, Niarinzhe, mal vaccinée, contracta la variole.

A Dakar, Crampel eut pourtant la chance de faire une nouvelle et excellente recrue. Il engagea, comme chef de caravane, M. Gabriel Biscarrat, ancien sous-officier de spahis, médaillé militaire, comptant dans ses états de service, douze années de Sénégal et huit campagnes. Enthousiasmé par les projets de Crampel, M. Biscarrat donna, pour le suivre, sa démission des fonctions de commissaire de police, qu'il exerçait là-bas.

Bientôt une dépêche de Loango annonça à Crampel la défection de deux des agents qu'il avait envoyés en avant. Il engagea encore pour les remplacer, MM. Nebout, ancien sergent d'infanterie de marine, chef de gare à Rufisque (huit ans de Sénégal) et P... d'H..., agent des ponts et chaussées à Saint-Louis.

Le 4 avril, Crampel m'écrivait de Saint-Louis :

« J'ai pu recruter déjà vingt-sept Sénégalais, tous anciens spahis, tirailleurs ou laptots (trois médaillés) ayant fait colonne et sachant se débrouiller.

«... J'avais conduit Ischekkad à Saint-Louis, mais j'ai dû le faire repartir hier pour Dakar. Ici, en effet, l'influence des Maures devenait mauvaise. Son arrivée a causé un grand mouvement dans les rues. Toutes les femmes se jetaient aux pieds du « marabout inconnu », lui demandant de les bénir. On l'appelait des noms de « chef des chérifs », « O toi, unique parmi les musulmans, » etc.... Je lui ai procuré un costume de son goût et un cheval. La population suivait en tam-tam. (Il faut dire que notre ami est un véritable centaure et qu'il m'effraie avec ses acrobaties.) Les hommes lui disaient : « Pourquoi conduis-tu les Français chez ceux des croyants qui ont toujours su rester libres? Les Français prendront tes casbahs. Ne peux-tu partir seul puisque tu n'es ici qu'à quarante jours de Timbouctou par nos routes?.... etc. »

Du Congo français où il arriva le 6 mai, Crampel m'a écrit un certain nombre de lettres curieuses : mais celle qui eût été la plus intéressante pour le public, parce qu'elle contenait des renseignements exacts et impartiaux sur la situation au Congo français, ne m'est jamais parvenue. Elle a été mise à la poste à Loango entre le 7 et le 25 juin. Elle se retrouvera quelque jour, car le double a été gardé.

De Dakar à Libreville, Crampel avait voyagé avec M. de Brazza, qui rejoignait son poste. Le gouverneur du Congo se montra aussi aimable qu'il avait été hostile. De son côté, la maison Daumas fit à la mission les dernières avances qui lui étaient nécessaires. Crampel demeura à Libreville jusqu'au 29.

A Loango, où il parvint le 2 juin, Crampel eut encore à subir de graves contre-temps. Sur quatre agents qu'il avait envoyés en avant, deux, MM. R*** et L*** firent défection. Les autres ne s'étaient aucunement occupés de leur mission; les bagages gisaient pêle-mêle, aucun porteur n'était retenu.

La disparition de la lettre que Crampel avait mise à la poste à mon adresse, au Congo, ne me permet pas de savoir au juste pourquoi et comment Paul Crampel avait accepté par surcroît la mission de rétablir le calme dans la région du Haut-Oubanghi, fort troublée depuis la mort de Musy. Il y avait là, dès le début, à prendre des mesures de répression et de rigueur qui devaient répugner à ses tendances. Mais, sans doute, il aura sacrifié ses goûts et son propre intérêt à l'avenir de la colonie.

La caravane quitta la côte le 10 juillet : Crampel, qui marchait le dernier, arrivait le 15 août à Brazzaville, sur le Pool.

Durant cette longue et pénible marche à pied, qui éprouva beaucoup les voyageurs, se produisit un petit incident que j'ai connu non par Crampel, mais par un des témoins oculaires et qui témoigne de la persistance des bonnes dispositions d'Ischekkad. L'engagement de trois nouveaux Européens au Sénégal avait diminué le nombre des couchettes : le Targui devait reposer sur de simples couvertures, à terre. L'un des blancs qui, depuis, ont reculé devant l'Oubanghi, s'efforçait d'exciter son mécontentement et sa colère.

« Comment toi, disait-il, un Targui, on te fait coucher par terre, tandis qu'on donne un lit à cette petite guenon (1) ! »

Et Ischekkad répondit : « Crampel est mon chef : je couche à terre, parce qu'il m'a dit de coucher à terre et je coucherais la tête en bas, s'il me disait de coucher la tête en bas. »

Le pauvre Targui fut d'ailleurs fort éprouvé par cette longue étape : les Touareg, toujours à cheval ou à mehari, ne sont pas bons marcheurs.

Voici, à partir de moment, les passages que je puis publier des lettres qui m'ont été adressées par Paul Crampel.

« Station de Brazzaville, 10 août.

« Je viens d'arriver sur le Congo ; comme j'étais le dernier de la caravane, j'ai poussé tout le monde. Mon matériel

(1) Niarinzhe.

est rendu intact. Malgré l'état d'hostilités ouvertes de la région de l'Oubanghi, et bien que la dernière reconnaissance de la Sangha m'offre une route possible vers le Nord, je n'hésite pas à maintenir mon premier projet, estimant qu'il y a intérêt supérieur à pacifier le Haut-Oubanghi, résultat que, seul, je suis en état d'obtenir en ce moment.

« Je m'étais résigné à passer par la voie de terre Loango-Brazzaville, sur la promesse formelle que le « matériel flottant » du Congo français serait mis à ma disposition à Brazzaville. Or, en arrivant à cette station, je trouve un des vapeurs français en réparation, un second hors de service qu'on est en train de remonter sur le chantier et qui ne pourra être lancé que dans un mois au plus tôt. Les autres sont, paraît-il, à la disposition d'un inspecteur des postes et stations, — cela par suite d'ordres donnés par M. de Brazza, antérieurement à ceux qui me concernent.

« Voici deux autres nouvelles fâcheuses, quoique de moindre importance :

« 1° L'agent de l'administration du Gabon-Congo détaché à ma mission, témoigne une peur insurmontable d'un retour effectué seul avec une escorte indigène sur Bangui après la reconnaissance de 200 ou 300 kilomètres que je devais lui faire faire dans l'inconnu. Forcé de l'abandonner ici, je vais, de concert avec l'administrateur de Brazzaville, tâcher de le remplacer par un agent plus sûr.

« 2° Un autre de mes chefs d'escorte très fatigué de la marche à pied de Loango à Brazzaville, assez souffrant, redoutant surtout l'Oubanghi, vient de me donner sa démission que j'accepte, car je ne puis emmener que des hommes à volonté très décidée.

« Ces pertes de temps et d'argent qui me contrarient, ne me découragent nullement. Le vapeur *Oubanghi* sera, je pense, réparé sous peu. Grâce à M. Gaillard, administrateur par intérim de Brazzaville, je vais pouvoir me procurer des pirogues, et, me servant du vapeur comme remorqueur, je partirai avec un train de ces pirogues. Nous irons bien lentement, mais nous marcherons, et j'aurai le mérite de triompher d'une difficulté nouvelle. »

« Sur le Congo, 18 août.

« Ainsi que je vous l'ai dit, j'ai eu l'idée d'appliquer au Congo mon expérience de l'Ogooué. Je me suis procuré des pirogues; j'ai fait un remorqueur du seul vapeur disponible... et vogue le train flottant! Nous avançons, personnel et matériel. Stupéfaction des blancs et des noirs.

« Me voici donc en route : je n'ai plus que l'Afrique centrale inconnue et le Sahara à traverser. Mais le plus fort est fait, puisque j'ai vaincu les difficultés du départ.... Je puis maintenant fixer des dates : du 15 au 20 septembre, j'arriverai au poste de Bangui. Du 20 au 30, je m'occuperai à chercher la route. Du 1er au 15 octobre, nous serons définitivement partis....

« Voici en dernier lieu l'état de mon personnel :

« *Lauzière*, ingénieur, élève de l'École centrale;

« *Albert Nebout*, chef de caravane;

« *Gabriel Biscarrat*, chef d'escorte;

« *Orsi*, sous-chef de caravane;

« *Mohammed ben Saïd*, étudiant en médecine, interprète arabe;

« *Ischekkad ag Rhali*, guide et interprète targui;

« *Niarinzhe*, interprète m'fan.

« Trente Sénégalais pourvus d'armes de guerre, formant l'escorte; 128 porteurs noirs; 25 Bassas, 25 M'Fans, 19 Gabonais, 26 Loangos. »

SUR L'OUBANGHI

Contrairement à ce qu'il avait espéré, depuis son départ de Paris jusqu'à son arrivée à l'Oubanghi, Paul Crampel n'avait pas eu une minute de repos : sans cesse, il lui avait fallu vaincre des difficultés nouvelles, faire face à tout, suppléer à l'insuffisance de tous. Aussi, loin de s'améliorer, son état de santé était-il devenu de plus en plus grave. La fièvre ne le quittait plus. Il fut bientôt pris par la fièvre bilieuse, la plus redoutable affection qui sévisse là-bas. Rien n'abattait son courage, son indomptable volonté (1).

Je résume, à partir d'ici, un paquet de documents envoyés du poste de Bangui et accompagnant la carte incluse.

Bien que tous les renseignements que je publie ci-dessous soient puisés dans les notes de Crampel, je m'abstiens de les donner sous forme de citations, aimant mieux garder à mon compte les erreurs d'interprétation que je pourrais commettre.

---

(1) Extrait d'une lettre datée du Haut-Oubanghi : « Je suis touché par cette fièvre maudite. Depuis cinquante jours, je ne puis avaler que des liquides. Le sommeil m'est inconnu et j'ai à peine la force de me traîner. Nous ne sommes pas en pays de lait; je n'ai pas de conserves d'Europe.... Pour vous donner une idée du délabrement de mon estomac, je vous dirai que, de temps en temps, je parviens à faire traire quelque verre de lait à une chèvre nourricière. Régulièrement, je vomis à l'état de bâton de caséine ce lait, bu avec tant de plaisir.... »

* * *

La carte sommaire que je publie ci-incluse, telle exactement qu'elle m'a été transmise par Paul Crampel, est un document fort important au double point de vue scientifique et politique : non seulement les rives de l'Oubanghi, entre le poste de Bangui et la rivière Kouango, sur une longueur de plus de 200 kilomètres, sont relevées avec une grande abondance de détails inconnus, mais le cours tout entier de la rivière se trouve reporté de près d'un degré au Nord. En effet, jusqu'ici, toutes les cartes françaises, allemandes et anglaises plaçaient, — d'après Van Gèle, — le coude de l'Oubanghi à peu près à moitié distance entre le 4° et le 5° degré. Les huit positions géographiques prises par M. l'ingénieur Lauzière, de la mission, indiquent l'Oubanghi comme atteignant 5° 11'.

* * *

Après ce court préliminaire, j'arrive au récit du voyage.
On se souvient que Crampel pensait trouver au Stanley-Pool les vapeurs de la colonie et pouvoir se mettre immédiatement en route. Malheureusement, les seuls qui fussent en bon état étaient partis en tournée par suite d'ordres préalablement donnés par le commissaire général; ceux qui se trouvaient à Brazzaville avaient besoin de sérieuses réparations. Dès que l'un d'eux fut en état de marcher, Crampel loua des pirogues qu'il prit à la remorque et partit le 16 août sur ce train flottant avec la moitié de son personnel et de son matériel.
Pendant le voyage sur le Congo, puis sur l'Oubanghi, de graves avaries forcèrent plusieurs fois le patron à s'arrêter. La rive française étant, sur ce parcours, presque partout déserte, on dut relâcher sur la rive belge (gauche). La mission

catholique belge du Kassaï, puis la mission protestante anglaise de Bolobo, prêtèrent successivement au convoi une aide généreuse et désintéressée.

La mission arrivait à Bangui le 25 septembre.

* *
*

Bangui, — ou Banghi, — poste extrême français vers le Nord, est situé, d'après les observations de M. Lauzière, par 4° 21' latitude Nord et 16° 21' longitude Est. C'est un établissement tout à fait précaire : une seule baraque couverte en paille, entourée de forêts.

Il y a un an, à peu près, — juste la veille du départ de Crampel, ce qui n'était guère encourageant, — on apprenait, en France, que le chef de ce poste, nommé Musy, venait d'être surpris, tué et mangé par les indigènes. Depuis lors, ceux-ci n'ont pas cessé de garder une attitude hostile vis-à-vis du poste, défendu par quelques laptots sénégalais, à peine accoutumés à la manœuvre des armes. Pour aller aux provisions, il fallait redescendre ou remonter la rivière assez loin. Au moment de l'arrivée de Crampel, la situation n'était pas d'ailleurs meilleure sur la rive belge, où se trouve le poste de Zongo.

Entre les deux postes, en pleine rivière, mais plus près de la rive gauche, est un îlot sur lequel les officiers de l'État indépendant ont installé trois hommes, gardant un pavillon. Dans la nuit du 30 septembre au 1er octobre, des indigènes, se disant amis, apportaient au caporal zanzibarite quelques vivres : celui-ci, contrairement à sa consigne, recevait sept hommes en armes. Un instant après il était massacré, et les assaillants enlevaient son corps. Les deux autres gardiens, blessés seulement, purent se jeter dans les fourrés et s'échapper. Le petit poste fut entièrement pillé.

Le premier soin de Crampel, eu égard à la situation du

poste de Bangui, à portée de la forêt et, pour cette raison, mal gardé contre les attaques nocturnes, fut de le faire entourer d'une haute palissade. Le 1ᵉʳ octobre, un des porteurs noirs était attaqué à 150 mètres du poste par quatre indigènes. Le soir, le poste belge, réinstallé dans l'îlot, tirait par représailles sur un convoi qui descendait le fleuve et coulait une pirogue.

Il faut signaler ici une prétention des Belges qui est très nuisible à la pacification : les agents de l'État indépendant non seulement se livrent au commerce, mais ils s'efforcent même de s'assurer le monopole des achats d'ivoire. Sur l'Oubanghi, ils ont trouvé pour cela un moyen fort simple : la traversée des rapides de Zongo force les pirogues à aborder l'îlot. Le poste belge qui s'en est emparé est donc maître de la passe et il empêche les riverains indigènes, jadis commerçants, de descendre le fleuve. C'est sans doute là la cause principale de l'effervescence qui règne parmi ces populations et qui a de si déplorables conséquences.

Le 3 octobre, la chaloupe qui avait amené la première moitié du matériel repartait pour Brazzaville. La veille, un nouvel incident, plus grave encore que les précédents, s'était produit. A deux heures, une pirogue, montée par huit hommes armés, accostait l'îlot. Était-ce dans le but d'attaquer le poste? Les Zanzibarites le crurent et commencèrent le feu. Cinq hommes furent tués et les trois autres faits prisonniers, puis remis à Crampel, parce qu'ils venaient de la rive droite.

En quittant Libreville, Paul Crampel avait accepté, ainsi que je l'ai dit, la mission de rétablir, s'il se pouvait, une meilleure situation dans cette région troublée depuis la mort de Musy.

Le 1ᵉʳ octobre, le sous-officier commandant Zongo lui adressait une demande analogue. La besogne n'était point aisée, après les derniers incidents qui venaient de se produire. Crampel l'entreprit néanmoins, en attendant la seconde partie de son convoi; une enquête rapide lui permit de connaître les villages auxquels appartenaient les assaillants. En quelques jours, il furent sévèrement châtiés : les cases furent brûlées et les plantations détruites. En même temps, Crampel faisait savoir aux habitants des autres villages qu'il se tenait à la disposition de tous ceux qui voudraient faire du commerce; que les transactions seraient protégées, les pillages ou les meurtres sévèrement punis.

*
* *

Ces premières opérations étaient terminées, lorsqu'une seconde chaloupe à vapeur, l'*Alima*, conduite par le patron Denis, amena la seconde fraction du personnel et du matériel de l'expédition.

Crampel conçut aussitôt le hardi dessein de profiter de sa présence pour pousser une reconnaissance dans le Haut-Oubanghi, créer ainsi un camp d'attente et chercher un point de pénétration vers le Nord. Mais jamais jusqu'ici une chaloupe française n'avait franchi les rapides. On les considérait même comme un obstacle dangereux pour ces petites embarcations. L'entreprise réussit pourtant, et c'est au cours de cette reconnaissance que la mission put relever les indications portées sur la carte que je reproduis.

Voici, d'après la carte et les lettres jointes, le résumé des constatations faites au cours de la reconnaissance.

*
* *

A partir de Bangui, la rivière est encaissée entre deux séries de hauteurs variant entre la cote 350 et la cote 570. Les peuplades qui entourent le poste de Bangui portent le nom de Bouzerous. Sur le plateau la population est dense; elle possède de nombreuses plantations.

Au-dessus des rapides, les rives immédiates de la rivière sont désertes; plus loin, deux villages se font face de part et d'autre : Bo-Gani et Li N'Keko, à droite; Bala (marché de fer indigène) et Nangou, à gauche. Ils sont tous habités, ainsi que les suivants, par les Boboyas. Sur le plateau de droite, derrière, sont les N'Drys, et, sur le plateau de gauche, moins élevé, les Bou N'Dourous habitent un pays de plaines herbeuses vallonnées, couvert de nombreuses forêts où abonde le gibier : antilopes, éléphants, etc.

Arrivé, le 5 octobre, à Biri N'Goma (rive droite) où il installa le campement de l'arrière-garde de la mission en face de Kembé (rive gauche), Crampel résolut de pousser une reconnaissance sur la rive française. Après avoir coupé, à Gowadja, la vallée d'un petit affluent de l'Oubanghi, il gravit le plateau presque inhabité et s'avança jusqu'au village de Gapanon où prend naissance un autre petit affluent.

Ce court itinéraire est à peu près parallèle à la rivière. En face, sont situés, sur la rive droite, Zinguélé, Guinou, Longo; sur la rive gauche, Bousouaka, Téa, Bonga. Entre ces deux derniers se trouvent les rapides de Longou.

Un peu plus haut (après les villages, — rive droite, de Kero, Nauka, Komogo, Bouko, D'Zimogo, habitée par des Bwa-Palas, et — rive gauche — de M'Bafi, Belti, habités par des Bou-Massaï), le cours de la rivière, semé d'îles, devient encore plus accidenté. Il faut successivement franchir les rapides de Belli, les rapides et le seuil de Boumindi, le rapide de Bwagba. Les rives de l'Oubanghi sont, à partir de là, occupées, à droite, par les Bou-Bogos (villages de Boumindi, Boudjika, Koua), confinant au Sa-Bangas, et, à gauche, par les Bo-Bakas, dont le grand village de Mokangoué, où l'État indépendant a établi un poste, sert de point de stationnement aux vapeurs du haut Fleuve.

Crampel a noté qu'à partir de ce point les palmiers élais deviennent fort rares. La rivière est moins encaissée. D'immenses plaines herbeuses sont habitées sur la rive droite par les Ouaddah, sur la rive gauche par les Gobous (village de Mongoua), chez lesquels la carte signale de grandes quantités d'ivoire.

Un peu au-dessous de 5° Nord, l'Oubanghi reçoit, à droite, la rivière Ombela, qui s'enfonce dans les plaines herbeuses vallonnées où paissent des éléphants, des antilopes, des bœufs sauvages.

Le 20 octobre, juste au 5° degré, Crampel signait un premier traité avec les Ouaddah. Deux jours après, il campait dans leur village de Sina, situé un peu avant la rivière Kemo, large de 70 mètres.

Au-dessus de 5° Nord, les populations semblent encore plus denses et possèdent de grandes quantités d'ivoire et de caoutchouc. Sur la rive droite, sont les villages langouassis (grosse peuplade) de Kramotou et de Linga. Sur la rive gauche, les Monos sont établis sur un petit plateau au village de Yamgata. Puis, jusqu'au delà de l'importante rivière Kouango (130 mètres), les deux rives sont occupées par les Ban-Ziris (villages de Bey, à gauche; de Dioukoua-Mossoua, Manguiso, Kembé, à droite).

Le 25 octobre, la reconnaissance atteignait le point extrême de Bamanga, où l'Oubanghi recoupe le 5° degré pour redescendre au-dessous. Crampel concluait là un deuxième traité, et, revenant sur ses pas, remontait la rivière Kouango qui traverse d'autres populations de Gobous. Il campait, le 26 octobre, par 5° 03′ 40‴ latitude, 17° 41′ 20‴ longitude ; le 28 octobre, par 5° 11′ 10‴ latitude (point extrême atteint au Nord), 17° 45′ longitude ; enfin, le 29 octobre à Comba (5° 10′ 10‴ latitude, 17° 54′ longitude).

Crampel redescendit aussitôt la rivière Kouango, et arrivé à un marché indigène d'ivoire, laissant la chaloupe descendre le courant jusqu'à Dioukoua, il entreprit de regagner ce village par la voie de terre. Il reconnut ainsi le village de Makando, traversa la petite rivière Kandjia, large de 30 mètres, puis des plantations, et arriva le 31 octobre à

Dioukoua, où il signa un troisième traité, et établit son camp d'avant-garde.

Pendant ce temps, le personnel demeuré dans la chaloupe campait, le 30, à l'embouchure de la rivière Kouango par 5° 01′ 30″ latitude, 17° 40′ longitude.

La reconnaissance était terminée, et il fallait revenir à Bangui pour prendre la seconde moitié de la mission (1).

*
* *

La politique de Crampel, dans cette région, a considérablement modifié les relations entre blancs et indigènes. Les pillards et les assassins une fois punis, le poste de Bangui, dégagé de ces ennemis, pourra gagner les villages paisibles et se les attacher d'une façon solide.

Pendant le premier mois du séjour de la mission, on n'avait pas vu un seul indigène au poste : à son retour de la rivière Kouango, Crampel trouva à Bangui deux chefs venus pour lui apporter des cadeaux : les noirs commençaient à

---

(1) *Les renseignements ci-dessus, publiés par* le Journal des Débats *du 16 février 1891, ont fait le même jour l'objet d'une communication à l'Académie des sciences. Voici en quels termes le* Journal officiel, *du 23 février, annonce cette communication :*

« M. le secrétaire perpétuel entretient ensuite l'Académie des résultats déjà obtenus par la mission Crampel au Congo français, et dépose sur le bureau, au nom du *Journal des Débats*, une carte de la mission avec les positions géographiques des points explorés prises par M. Lauzière et différents détails relevés par M. Ponel.

« M. Paul Crampel, dit M. Bertrand, avec le concours de MM. Lauzière, ingénieur, et Ponel, a relevé le cours et les rives de la rivière Oubanghi, entre le dernier poste français de Bangui, et la rivière Kouango, affluent de l'Oubanghi.

« La mission a pris sur ce parcours huit positions géographiques. Le résultat de ce travail est assez frappant : le cours de l'Oubanghi serait, en effet, d'après M. Crampel, de près de 1 degré plus au nord que ne l'avait indiqué le voyageur belge Van Gèle. Cela mérite d'autant plus l'attention que le cours de l'Oubanghi sert de limite, d'après des conventions diplomatiques, entre les possessions françaises et l'État indépendant du Congo.

vendre des vivres, tandis qu'auparavant, pour s'en procurer, il fallait envoyer à un jour et demi en amont ou trois jours en aval.

***

Extrait d'une lettre de Crampel :

« Haut-Oubanghi, 15 novembre.

« ...Je suis content du personnel noir, qui me semble assez courageux. Mes approvisionnements restent presque intacts, car j'ai peu de cadeaux à faire.

« ...Me saura-t-on gré du travail ingrat que je viens de faire pour la colonie? Il a été pénible particulièrement pour moi et je m'estimerais moi-même peu « malin » d'avoir consenti à m'en charger si je ne préférais la conscience du devoir accompli....

« ...Ischekkad est, après moi, le plus fatigué de nous tous. Il souffre de l'estomac et a souvent la fièvre. Néanmoins, rien de grave. Il manifeste toujours la meilleure volonté ; il me parle souvent de Paris et me répète que si nous avons le bonheur d'arriver à Agadez, le succès du voyage sera assuré et grand. Je ramènerai de l'Ahenet en France, me dit-il, autant de Touareg que j'en voudrai accepter. Sa confiance dans l'accueil de ses compatriotes est absolue.

« Je crois lui avoir inspiré un attachement réel. Quand j'ai déclaré, au début, que je vivais seul, il a paru vexé de ne pas être admis librement en ma compagnie et à ma table ; j'ai craint un instant quelque sérieuse blessure d'amour-propre. Mais il a bientôt compris la nécessité de ma décision et m'a dit un jour : « Tu as raison. Le chef des têtes ne peut être le camarade des bras, des jambes et des ventres ».

« Autre indice de ses sentiments personnels : l'autre jour, à mon retour de la reconnaissance au Nord, je le revoyais après une séparation de trois semaines. Il s'est précipité vers moi et sa première phrase a été :

« — Ischekkad est aussi heureux de te retrouver bien portant qu'il sera heureux de rentrer dans l'Ahenet. »

Les dernières nouvelles importantes qui me sont parvenues de Paul Crampel sont datées de Dioukoua, le 30 novembre. Dans ce camp d'avant-garde, étaient, dès ce moment, massés les bagages et les porteurs. Le départ pour l'inconnu était imminent.

« Dans trois ou quatre mois, m'écrivait-il, je serai certainement dans le Baghirmi. A Dioukoua et dans la rivière Kouango, j'ai recueilli des nouvelles certaines du voisinage des musulmans. Au milieu de récits invraisemblables, les indigènes me donnaient des détails qu'ils ne pouvaient avoir inventés. Je crois, en somme, qu'à une quinzaine de jours au Nord, c'est-à-dire vers le 6ᵉ degré de latitude, est un marché où, deux ou trois fois l'an, viennent des caravanes de musulmans. Il y a des animaux porteurs de charges : bœufs et ânes. Les « étrangers » qui viennent du Nord à ce marché sont armés de fusils (le fusil est inconnu ici). Ils installent une sorte de camp fortifié d'où ils envoient des détachements acheter, dans toute la région, ivoire et esclaves. Le pays n'est, paraît-il, pas bouleversé, et il semble que la bonne entente ne se trouble guère entre marchands et indigènes.

« Le jour où je trouverais une cinquantaine de bêtes de charge à acheter, je serais dans une situation tout autre qu'aujourd'hui. J'ai, en effet, en ce moment, beaucoup plus de ballots que de porteurs ; je suis obligé d'engager des volontaires de village en village, ce qui diminue au moins de moitié la rapidité de notre marche. Malgré cette cause de retard, en admettant même que je doive rester réduit à mes seuls moyens actuels, *je n'estime pas à plus de trois mois le temps nécessaire pour me rendre d'ici à la frontière baghirmienne.* Je juge cela d'après les expériences déjà faites en colonne par notre petite troupe. »

Voici quelle était, au 30 novembre 1890, la composition de la mission :

Cinq Français : MM. *Paul Crampel*, chef de la mission ; *Lauzière*, ingénieur, élève de l'Ecole centrale ; *Albert Nebout*, chef de caravane ; *Gabriel Biscarrat*, chef d'escorte ; *Orsi*, sous-chef de caravane ; un Arabe, *Mohammed ben Saïd*, étudiant en médecine, interprète ; un Targui, *Ischekkad-ag-Rhali*, guide et interprète ;

Vingt-neuf Sénégalais ;

Vingt-cinq Bassas ;

Vingt-cinq M'Fans ;

Dix-sept Gabonais ;

Vingt-quatre Loangos ;

Soit, en tout, 127 hommes et la petite Pahouine Niarinzhe. A la date du 30 novembre, les approvisionnements, à peine entamés, étaient suffisants. L'état général des esprits et des santés était assez bon, sauf, en ce qui concerne Crampel lui-même, fort éprouvé par un violent accès de fièvre bilieuse.

On peut juger, par ce qui précède, de l'importance des premiers résultats obtenus. Jusqu'ici, bien que Crampel ait risqué des retards en consentant à assumer la charge de rétablir le calme dans la région de Bangui, il a exécuté de point en point le programme qu'il s'était tracé dès le début.

On est donc en droit de conclure que, si aucun accident fâcheux n'est survenu, il doit approcher, à l'heure actuelle (juin 1891), du lac Tchad, premier et principal but de son magnifique voyage.

*
* *

Ainsi que cela a été annoncé, une mission anglaise, partie d'Akassa, sur le Niger, est en route pour le Bornou. A supposer, — ce qui, heureusement, demeure douteux, — que le cheick de ce puissant pays accepte le protectorat de l'Angleterre, nous n'aurions guère chance d'obtenir qu'un abaissement de la ligne qui limite actuellement notre zone d'influence à Barroua.

Si nous voulons réaliser l'union, si désirable, entre nos possessions du Nord et le Congo, il faut donc que nous atteignions le lac Tchad par le Sud et que nous étendions notre influence aux territoires du Baghirmi, qui comptent parmi les plus fertiles du monde.

Nous n'avons là, pour le moment, qu'un concurrent sérieux à craindre : ce sont les Allemands de Cameroun. Ils ont si bien compris l'importance de cette question que M. de Caprivi déclarait dernièrement au Reichstag que la colonie n'aurait pas grande valeur si l'on ne pouvait espérer son agrandissement vers l'intérieur (1).

Diverses missions allemandes ont travaillé à cette œuvre importante. Nous pourrions voir avec indifférence et même avec sympathie leurs entreprises, si elles ne visaient que l'Adamaoua, qui doit, tôt ou tard, devenir un domaine allemand. Mais si, ce qui paraît probable, elles projettent de nous couper la route vers le Nord, il devient particulièrement important de les devancer.

Crampel n'avait plus à franchir, à la date de ses dernières lettres, que le seuil, probablement peu élevé, qui sépare le bassin de l'Oubanghi de celui du Chari. Sur l'autre versant,

---

(1) Plus récemment, le Reichstag a voté un crédit de deux millions pour mettre la colonie en valeur... et poursuivre les tentatives de pénétration.

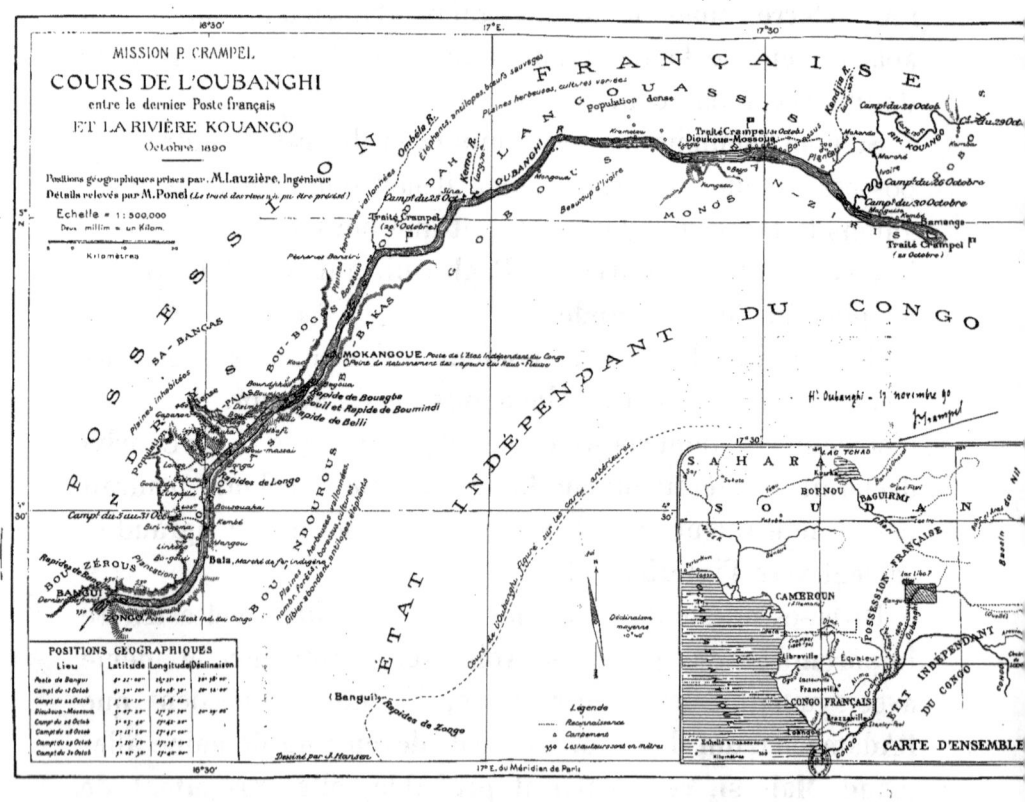

il a dû trouver bientôt soit ce dernier fleuve, soit un de ses affluents, et, par cette voie commode, il arrivera vraisemblablement au sud du Tchad avec une avance considérable sur les missions allemandes. Toutefois, nous n'obtiendrons de résultats durables, dans cette région, que si cette expédition d'avant-garde est suivie d'autres entreprises françaises qui lui servent de renfort et de soutien.

Voici le texte d'une lettre que j'ai reçue de Paul Crampel et qui a été publiée par le journal le *Temps*, du 22 février 1891 :

« 5 décembre 1890,
« Haut-Oubanghi, 5°7'20" latitude Nord, 17°30'10" longitude Est.

« On n'avait aucun renseignement certain sur l'agglomération de Salanga, où se trouvent les villages ennemis. Le rapport de M. le lieutenant belge Hanolet, qui avait fait une pointe dans l'intérieur immédiatement après la mort de M. Musy, les enquêtes de M. le chef de station E. Ponel, permettaient seulement d'estimer — sur renseignements — la distance de Salanga au fleuve, le nombre de guerriers, leurs dispositions hostiles : on savait que les restes de l'expédition et surtout la tête de M. Musy, servaient de trophées aux chefs.

« Laissant à la garde de Bangui son faible personnel, j'ai envoyé sur Salanga M. le chef de station A. Fondère, avec un détachement de mes meilleurs Sénégalais et porteurs, commandé par trois Européens de la mission (MM. Nebout, Orsi et Lauzière).

« Mes instructions étant, avant tout, de recouvrer les restes de l'expédition Musy, j'avais donné l'ordre formel de ne point engager les hostilités.

« Le détachement a rencontré derrière la ligne des villages voisins, c'est-à-dire, à faible distance du fleuve — moins de 20 kilomètres — une agglomération de *huit* grands villages formant une tribu d'environ 1500 guerriers. Grâce au sang-froid de nos hommes (tenue vraiment remarquable pour des indigènes formés en si peu de temps) les *palabres* de restitution ont pu être tenus d'abord et ont réussi. Le détachement a acquis et rapporté la tête de M. Musy et nombre d'objets (fusils rayés, cartouches, habits, etc.), provenant de son expédition.

« Nos Européens n'ont songé, toutefois, au retour qu'après avoir longuement entretenu les chefs. Ceux-ci expliquaient ainsi le massacre : les blancs, disaient-ils, leur étaient inconnus ; M. Musy, prenant fait et cause pour d'autres indigènes, leurs ennemis, venait un jour avec treize de ses hommes et environ deux cents alliés, leur déclarer la guerre, les tuer et brûler leurs villages ; ils s'étaient seulement défendus et avaient été les plus forts. Maintenant qu'ils voyaient mieux ce qu'étaient les blancs, ils promettaient, ajoutaient-ils, amitié définitive.

« Ces promesses n'étaient faites que pour endormir la méfiance du détachement. Revenus de leur première frayeur, les Salangas ont, en effet, voulu faire tomber au retour toute la troupe dans une embuscade : c'est le moyen qui leur avait servi pour M. Musy. La petite colonne surprise a eu son homme de tête (un Bassa interprète, le seul milicien emmené de la station) tué par le guide d'un coup de lance. Nos soldats d'occasion ont gardé bonne contenance et même, le moment critique passé, ont fait un retour offensif sur les villages. L'épreuve de leur courage et de leur sang-froid a été ainsi décisive : le détachement a campé sur place et n'a plus été inquiété.

« Étant donné que l'on avait réussi à se faire rendre les restes de M. Musy, ce succès est un événement des plus heureux pour la sécurité de la station et la pacification générale du pays. L'effet produit est certainement considérable, car, de tous côtés les populations qui, jusqu'alors, s'étaient montrées hostiles ou du moins extrêmement défiantes, se rapprochent de nous : les chefs viennent me proposer des traités et apporter des vivres.

« Les restes du malheureux Musy, recueillis dans une caisse soudée, ont été ensevelis le 25 novembre au soir, dans l'enceinte de la station de Bangui.

» Voici maintenant la version que les chefs de l'expédition ont cru pouvoir établir — au sujet de la mort de Musy — d'après les renseignements obtenus : 1° de l'interprète William Cole, qui, d'ailleurs, ne comprenait que quelques phrases du langage indigène ; 2° du survivant de l'expédition, le Pahouin N'gouna ; 3° des quelques explications des Salangas. Il faut remarquer ici que le journal du poste de Bangui ne porte aucune indication à la date du 2 janvier 1890. M. Musy est parti sans expliquer la cause de son départ.

« Le 2 janvier 1890, des Yacoulis et des Botambis vinrent trouver M. Musy, le suppliant d'aller avec eux faire la guerre contre des gens — les Salangas — qui venaient constamment leur enlever des femmes et dévaster leurs plantations.

« M. Musy, connaissant le bien-fondé de ces plaintes, accepta ; il prit six Sénégalais et neuf Pahouins et, le soir même, il se rendit à Yacouli. Vers dix heures du soir, il quittait ce village, et, à une heure du matin, arrivait à Botambi. Après s'y être reposé deux ou trois heures, M. Musy reprit sa marche sur Salanga, laissant à Botambi le caporal William Cole et le laptot Matar Goye qui avait déclaré ne pouvoir marcher. Il avait donc, à son départ de Botambi, quatre Sénégalais, neuf Pahouins et environ deux cents indigènes, Yacoulis et Botambis, armés de lances ou zagaies.

« M. Musy a dû arriver au village du chef Tongougoua au petit jour. Les Salangas, voyant une colonne nombreuse conduite par un blanc, prirent peur et abandonnèrent leur village, auquel les alliés mirent immédiatement le feu. Puis les Yacoulis et Botambis, ne voyant pas de résistance, se disséminèrent un peu partout pour piller. Bientôt M. Musy ne se trouva plus qu'avec ses hommes.

« Les Salangas prirent alors confiance et vinrent sur la petite troupe, qui repoussa l'attaque. Malheureusement, deux Pahouins venaient d'être tués et six autres prirent la fuite en les voyant tomber. Après avoir traversé la plaine sans accident, les six fuyards pénétrèrent dans les plantations et ne trouvèrent rien de mieux que de se livrer au pillage. Ils furent surpris et cinq d'entre eux furent tués ; seul N'gouna parvint à s'échapper et à gagner Botambi.

« Malgré la défection des M'Fans, M. Musy, avec ses quatre Sénégalais, et le Pahouin qui lui était resté fidèle, continua sa marche en retraite. Toujours est-il que le 3 janvier 1890, vers deux heures de l'après-midi, M. Musy était sur le point d'atteindre Botambi avec ses cinq hommes lorsque, dans la forêt, à côté du marigot situé à mi-chemin entre Salanga et Botambi, il fut frappé d'un coup de lance qui entra du côté gauche, un peu au-dessous du sein. La mort fut instantanée. Les cinq hommes qui l'accompagnaient ont dû être frappés presque en même temps. La tête de M. Musy fut coupée et son corps jeté dans le marigot. On ignore ce que devinrent les cadavres des cinq hommes : ils ont dû être emportés au village, puisqu'on a rendu des fragments de vêtements et un Coran qui devait se trouver dans la poche d'un des Sénégalais. »

Depuis lors Crampel m'a expédié, dans le courant de décembre 1890 — je le sais par une lettre ultérieure — un important courrier. De même que la lettre de Loango, il ne m'est jamais parvenu.

J'ai reçu au contraire un billet de Crampel daté du 1ᵉʳ janvier 1891 et envoyé par un guide, qui plus honnête que certains blancs, l'a fidèlement remis. La mission avait traversé la région des Langouassis et arrivait chez les Dapwas. Les musulmans étaient proches.

Enfin, une lettre datée du 19 janvier, campement de la rivière Zouvanga (?) et adressée par M. Lauzière à son père, contient ce passage : « Nous allons tous bien ; le pays est bon, d'ailleurs, assez élevé et sain ; population agricole un peu pillarde, mais ayant une crainte salutaire du fusil ; nos rapports sont excellents et la route se présente sous le meilleur aspect. »

Je suis heureux, après tant de mauvaises nouvelles, d'en rester sur cet heureux présage que, jusqu'à la fin de juin, rien de sérieux n'est venu démentir.

LE LIEUTENANT MIZON

LE TRAITÉ ANGLO-ALLEMAND

Nous attendions, assez tranquilles, les résultats de l'expédition Crampel, lorsque éclata la nouvelle qu'un traité venait d'être conclu entre l'Allemagne et l'Angleterre, qui se partageaient Zanzibar et les meilleurs territoires de l'Afrique orientale. Une phrase de la convention était inquiétante pour les projets d'union entre l'Algérie, le Sénégal et le Congo : elle visait l'extension de la zone d'influence de l'Angleterre ou de l'Allemagne aux pays situés entre la Bénoué, le Cameroun et le Tchad. C'était désigner assez clairement le Bornou et l'Adamaoua : du même coup, on reconnaissait donc que ces pays étaient encore indépendants et on prévoyait leur occupation.

Heureusement nous avions une raison d'intervenir : le gouvernement français, dont la sollicitude avait été éveillée, demanda des compensations à l'abandon de nos droits sur Zanzibar.

Tandis que les négociations se poursuivaient, j'éprouvais de cruelles inquiétudes à la pensée que le plan de Crampel et les véritables intérêts français pouvaient être sacrifiés. Les diplomates s'intéressent en général si peu aux choses d'Afrique ! La conscience que j'avais de mon impuissance, surtout, me torturait. Et pourtant, j'avais l'ardente conviction de

voir juste et de connaître mieux que personne la question....
Mais à quoi cela servait-il, puisque je n'étais pourvu d'aucun
« mandat »?... Si pourtant l'initiative privée pouvait encore
suppléer à l'indifférence officielle?...

Le 10 juillet 1890, j'adressai à M. Étienne, sous-secrétaire
d'État des colonies, à qui j'avais déjà écrit, à propos de Crampel, mais que je n'avais jamais vu, une lettre contenant le
passage suivant :

« ... J'ai constaté avec regret, qu'à l'arrivée du *Taygète*,
il a paru dans les journaux diverses notes, d'ailleurs généralement inexactes, relatives à l'entreprise de Crampel. Cela
est regrettable, car il est possible que, dans l'état actuel de
la question, les Allemands ou les Anglais, mis en éveil, organisent des Cameroun ou de la Bénoué, des expéditions vers
le Bornou et le Baghirmi....

« ... En présence de l'article V de la convention anglo-allemande, il y aurait, à ce qu'il me semble, deux choses à
faire dans le plus bref délai :

« 1° Organiser derrière Crampel une expédition politique
qui suive ses traces et qui crée des établissements sur le
Chari et dans le Baghirmi. Cela est relativement facile.

« 2° Organiser au Soudan une mission pacifique qui,
soit qu'elle descende le Niger à partir de Bammako, soit
qu'elle le remonte par l'embouchure, se dirigerait vers le
lac Tchad.

« Je sais quelles difficultés rencontrerait le gouvernement,
s'il prenait l'initiative de cette seconde entreprise. Mais ne
pourrait-on créer en France un comité *absolument désintéressé*, qui, par souscription, organiserait des expéditions
semblables dont la France bénéficierait? J'irais volontiers
prendre votre avis sur cette question, si vous vouliez bien
me faire l'honneur de m'accorder un entretien. »

Je fus reçu de la manière la plus bienveillante par
M. Étienne, qui voulut bien approuver le plan que je lui
exposais et m'encourager à en poursuivre la réalisation.

J'étais donc, sans dessein préconçu, de plus en plus pris dans l'engrenage où m'avaient engagé mon affection pour Crampel et l'intérêt jusqu'alors tout théorique que je portais aux problèmes africains.

Que faire cependant?

« Ah! si Crampel était parti plus tôt! » Voilà ce que me répétait un des hommes politiques qui avaient été les moins sympathiques à son entreprise. Il comprenait alors, et bien d'autres avec lui, qu'il ne s'agissait là ni de conquêtes à main armée, ni de chemins de fer, ni d'entreprises hasardeuses. Sous le vocable de « zone d'influence », les États civilisés se partagent l'Afrique d'une manière presque théorique et sans se mettre en peine d'exploitation immédiate. Chacun aura ensuite assez à faire sur le lot qu'il se sera fait concéder, pour laisser ses voisins procéder tranquillement à leur propre développement. De quoi dépendent donc ces extensions de territoire aujourd'hui nominales et qui seront demain effectives? De presque rien, du passage d'un voyageur, d'un papier, où serait apposé le cachet d'un sultan minuscule, de renoncement à d'anciens « droits » presque oubliés! Ne dussent-ils nous servir que de monnaie d'échange, combien il était plus que jamais urgent et nécessaire d'acquérir des « droits » de ce genre et de réaliser le plan d'extension du Congo français jusqu'au Tchad?

Crampel arriverait-il assez tôt? Devancerait-il le docteur Zintgraf et les Anglais de la Bénoué? Penchés sur la grande carte de M. de Lannoy de Bissy, le lieutenant de vaisseau Mizon — un ami de Crampel — et moi, nous ressassions sans cesse cette question, animés des mêmes espoirs et pris des mêmes craintes.

Détaché à ce moment à l'Observatoire de Paris, le lieutenant de vaisseau Mizon, l'un des hardis explorateurs qui ont placé le Congo français sous notre domination, avait pris une part active à la préparation de l'expédition de Paul Crampel, dont il était l'ami.

AU TCHAD PAR LE NIGER ET LA BÉNOUÉ

Mizon avait proposé six mois auparavant de se rendre directement au lac Tchad en quarante jours. Voici comment il expliquait son hardi projet :

« Supposons qu'une Société scientifique ou commerciale — les deux ensemble vaudraient mieux — parce qu'il est certain que le gouvernement lui-même ne peut rien faire, veuille bien me confier une mission dans les régions du Tchad. Je me munis d'un petit canot à vapeur et de canots Berton en toile. J'embarque le tout avec mes marchandises et instruments à bord d'un paquebot des Chargeurs Réunis, à Bordeaux ; je me fais mettre à la mer à l'embouchure du Niger. Je remonte à toute vapeur le Niger, puis son affluent, la Bénoué, deux cours d'eau sur lesquels l'Acte de Berlin assure la libre navigation. La Bénoué est justement en crue à cette époque. Barth raconte que la rivière prend naissance au marais de Toubouri, dont les eaux se déversent, d'autre part, dans le Serbeouel, branche du Chari, qui se jette lui-même dans le Tchad. Si cela était exact, je pourrais aller avec mon canot, directement, jusqu'au grand lac central. Mais on a démenti récemment qu'il y eût cette singulière communication entre les deux bassins ; en tout cas, le seuil à franchir de la Bénoué au Serbeouel est peu considérable. Nous laisserions le canot à vapeur dans la rivière et partirions avec les canots Berton. Une fois au Serbeouel, il n'y aurait plus qu'à se laisser porter. En quelques jours on atteindrait Kouka ou Massenya. J'aurais, moi, le dessein de dresser là-bas un véritable catalogue commercial pour l'importation et l'exportation. Du moins on ne pourrait plus dire que nul Français n'a pénétré au Bornou ni au Baghirmi. »

Je pensai aussitôt aux difficultés qui pouvaient surgir si l'on traversait ainsi des territoires placés sous la protection de la Royal Niger Company.

« Vous oubliez, répliquait Mizon, que l'Acte de Berlin garantit la liberté de navigation sur le Niger et la Bénoué. Est-ce que nous mettons, nous, un obstacle à la libre navigation des Anglais dans la partie du bassin conventionnel du Congo qui nous appartient? Or, il ne s'agit que de commerce et de science, et cela, même, en dehors des territoires de la Royal Niger Company, que je ne fais que traverser. »

Il avait raison, pleinement raison. Certes, des expéditions de cette nature sont toujours aventureuses; mais, en théorie, il n'y avait pas de motif apparent pour qu'un plan tel que celui de Mizon ne réussît pas.

LE LIEUTENANT DE VAISSEAU MIZON.

« Pensez-vous, lui demandai-je, que votre plan soit encore exécutable à l'heure actuelle?

— Certainement.

— Voulez-vous que j'essaye d'en faciliter l'exécution?

— Si je le désire ! Ce serait la première fois que je pourrais faire une chose que j'aurais ardemment souhaitée. »

Mais que de difficultés à vaincre ! Il fallait d'abord que, pour se consacrer à cette entreprise purement scientifique et commerciale, Mizon obtînt d'être mis hors cadres pour être employé à l'industrie. Il lui fallait trouver l'argent nécessaire pour acheter un canot à vapeur, des canots Berton, des marchandises, payer son personnel, etc. Pour tout cela et lever les éternelles difficultés administratives, nous avions devant nous vingt-cinq jours. Nous étions le 15 août et il fallait partir le 10 septembre.

Je recommençai mon métier d'apôtre mendiant : MM. le prince d'Arenberg, R. Bischoffsheim, Edmond Frisch de Fels, J. de Kerjégu, Loreau, de Moustier, Patinot, Henry Péreire, Léon Permezel, Armand Templier voulurent bien s'intéresser à l'entreprise de Mizon.

Le 19 juillet, dans une nouvelle lettre, j'exposais longuement à M. Étienne le plan arrêté de concert avec Mizon :

« Il est hors de doute, disais-je, que la possession ou la non possession des territoires riverains du lac Tchad décidera si nous aurons ou si nous n'aurons pas en Afrique le grand empire auquel nous devons aspirer. Le Baghirmi et le Bornou sont en effet des territoires admirablement fertiles. De plus ils établissent un lien entre le Congo français et l'Afrique française du Nord.

« Si nous n'avons pas la rive du Tchad, à quoi nous servirait de pénétrer dans le Sahara et la région des Touareg ? Ces déserts semés d'oasis ne valent pas grand'chose par eux-mêmes. Ils ne vaudraient pas les sacrifices qu'on ferait pour les occuper.

« Au contraire, la possession du Tchad, établissant un lien entre le Congo, l'Algérie et le Sénégal, faciliterait la création de ce grand empire français d'Afrique, auquel un si bel avenir peut être réservé.

« Or, si nous avons des raisons morales impérieuses de

réclamer la prépondérance sur le Bornou et le Baghirmi. nous n'avons, au contraire, *aucun titre régulier à faire valoir*, pas même le mérite d'y avoir tenté soit des reconnaissances commerciales, soit des explorations scientifiques. C'est bien là le point délicat de la situation actuelle et c'est pourquoi des expéditions dans le genre de celle de Crampel auraient dû être organisées depuis longtemps déjà.

« Faut-il cependant désespérer? est-il réellement trop tard pour tenter un effort décisif? Je ne le crois pas. Ni l'Allemagne ni l'Angleterre n'ont pris pied, soit au Bornou, soit au Baghirmi. On peut donc encore les devancer, sinon par une action politique, du moins par une reconnaissance à la fois scientifique et commerciale qui fixerait les idées que nous avons de cette région, sur la foi de renseignements anciens et insuffisants. Mais il faudrait pour cela agir avec décision et rapidité. Voici le plan que j'ai l'honneur de vous soumettre et qui peut être exécuté par des initiatives particulières, sans engager l'État. Aussi est-ce simplement comme ami et non comme ministre que je vous consulte.

« Le 10 août part de Bordeaux un paquebot des Chargeurs Réunis, à destination de la côte occidentale. Nous embarquerons à bord une petite chaloupe à vapeur et des canots Berton. Ces embarcations, laissées à Kotonou, seront transportées de là à l'entrée de la rivière Forcados, une des bouches du Niger.

« La chaloupe portera : M. Mizon chef de l'expédition, son second, deux mécaniciens et deux interprètes arabe et haoussa; des armes pour la défensive; des instruments scientifiques et une quantité considérable de marchandises pour le commerce et pour les cadeaux.

« L'expédition ayant ainsi un double caractère commercial et scientifique, remontera le Niger, la Bénoué et de là, après avoir reconnu la région du Tchad, redescendra au Congo par la Sangha.

« D'après Barth, il y a communication probable entre le

Mayo Kebbi, affluent de la Bénoué, et l'une des branches du Chari, tributaire du Tchad. En tout cas, il suffirait de très peu de temps pour que l'expédition passât du bassin de la Bénoué dans celui du Chari, en portant au besoin les canots Berton.... »

M. Étienne, tout en déclarant qu'une entreprise de ce genre, par le fait même qu'elle était scientifique et commerciale, ne pouvait avoir aucun caractère officiel, mit un extrême bon vouloir à nous être utile. Grâce à lui et à ses deux principaux et distingués collaborateurs, MM. Haussmann et J.-L. Deloncle, les difficultés administratives n'existèrent pas. Mizon, placé dans la position d'officier « employé à l'industrie », put se mettre au service de l'entreprise privée qu'il avait conçue.

M. Mizon reçut d'un autre côté un concours efficace. Depuis quelque temps, les honorables fondateurs du *Syndicat français du Haut-Laos* avaient formé le projet de créer une entreprise du même genre au Congo, sous le nom de *Syndicat français du Haut-Benito*. Ils avaient, dans ce but, soumis à la ratification des pouvoirs, un projet de concession de charte : en substance, les pétitionnaires — des commerçants et non des spéculateurs — demandent une ferme à court terme, et s'engagent à livrer à l'État, au bout de ce temps, les routes, travaux d'art, etc., construits à leurs frais, les relevés géographiques, etc. Dans quel état de prospérité serait le Congo, si l'on avait appliqué ce système, au lieu de laisser depuis tant d'années la plus belle partie de notre colonie fermée au commerce et occupée uniquement par des fonctionnaires ! Donc le Syndicat, connaissant la haute valeur de M. Mizon, avait compté sur lui pour diriger son entreprise.

Mis au courant des projets d'exploration vers le Tchad, M. Tharel, le président du Syndicat, n'hésita pas à faire passer les intérêts du pays avant ceux de sa Société. Il décida que M. Mizon, au lieu de se diriger immédiatement vers le haut Benito, partirait par le Niger et, après avoir traversé le Baghirmi, reviendrait par la Sangha, explorer autour de cette rivière des territoires sur lesquels le Syndicat étendrait plus tard son action. Pendant ce temps, le second de l'expédition, M. Silvestre, reviendrait par Barroua et la route du Nord.

Mizon était d'une compétence spéciale en matière de travaux scientifiques. M. Tharel et ses amis l'aidèrent à agencer merveilleusement sa mission au point de vue commercial. Il fut pourvu de collections complètes d'échantillons, chargé d'ouvrir une sorte de bazar sur les marchés de Kouka, capitale du Bornou, ou de Massénya, capitale du Baghirmi, d'étudier les besoins, les produits de ces pays.

Sur ces entrefaites (15 août) le texte de la convention anglo-française du 5 août (1) fut publié. Tout le monde a encore présent à l'esprit le texte de cette convention qui réserve à notre action les pays situés au nord d'une ligne allant de Say sur le Niger à Barroua sur le Tchad. En fait, l'Angleterre nous abandonnait le Sahara stérile et réservait à la Royal Niger Company les riches contrées arrosées par le bas Niger et par la Bénoué. Cependant ce traité était un premier pas vers la réalisation de notre plan : il nous donnait la rive nord du Tchad et laissait les autres pays riverains, Bornou, Adamaoua et Baghirmi, hors de cause. Ils seraient au premier occupant. Peut-être même l'Angleterre nous eût-elle concédé le Bornou — elle a tant d'autres domaines en Afrique! — si nos prétentions eussent pu se justifier par la présence passée ou actuelle d'un seul voyageur français dans ces régions....

La publication du texte de la convention ne changea rien à nos projets. Elle rendait seulement plus urgente et plus nécessaire une reconnaissance vers Barroua.

La grosse affaire maintenant, c'était de trouver un canot prêt à prendre la mer. Mizon télégraphia à nos constructeurs ; tous demandèrent des délais. En désespoir de cause, on allait s'adresser aux chantiers de la Clyde qui s'engageaient à livrer

---

(1) Voir aux documents annexes.

sur avis télégraphique, lorsque survint encore une heureuse chance et un concours inespéré. La Compagnie Bordes avait fait construire à Argenteuil un canot de 8 mètres pour le service de ses paquebots de commerce. Elle consentit à le céder au prix coûtant de 15 000 francs ; en quelques jours, il fut paré, armé d'un canon-revolver Hotchkiss à l'avant, et le 28 août nous procédions aux premiers essais entre Argenteuil et Paris. Chauffé au bois, le seul combustible qu'on puisse trouver sur les rives des fleuves africains, le *René Caillié* pou-

LE « RENÉ CAILLIÉ ». — ESSAIS SUR LE BASSIN D'ARGENTEUIL.

vait donner de 6 à 8 nœuds. Ce jour-là il y avait à bord Mizon, le capitaine Silvestre, son second, les deux fils de M. Tharel et moi. Les badauds qui nous virent passer ne se doutèrent pas des espoirs ambitieux qui reposaient sur cette petite embarcation.

En vingt-cinq jours, chose sans précédent, la mission était prête, matériel et personnel, et le 10 septembre, date que Mizon s'était fixée, elle prenait passage à Bordeaux à bord du paquebot la *Ville de Maceio* des Chargeurs Réunis.

Dans une lettre remplie d'espoir, datée de Kotonou le 5 septembre, Mizon me donnait la composition définitive de sa mission :

Louis Mizon, lieutenant de vaisseau de 1re classe, en disponibilité;

Paul Silvestre, capitaine de dragons, breveté d'état-major en disponibilité;

Miloud ben Mohammed ben Abd el Salam, médaillé militaire;

Ahmed ben Mecham, des tirailleurs algériens;

Coché, sergent-fourrier de la flotte;

Poissal, quartier-maître mécanicien;

Tréhot, agent commercial;

Huit hommes de Konakry;

Deux tirailleurs sénégalais;

Deux Haoussa de la milice de Porto-Novo.

En tout, vingt-cinq personnes munies d'un canot à vapeur, de cinq canots en toile, et de deux cent quarante ballots de marchandises.

SUR LE NIGER

Cette fois encore, aussi longtemps que les préparatifs s'étaient faits à Paris, le secret avait été à peu près gardé. Mais le moyen de dissimuler quelque chose sur les paquebots et sur la côte! On vit bien que l'entreprise de Mizon était connue, lorsque, quinze jours plus tard, il tombait une nuit dans l'une des branches du Niger, sous les balles des indigènes, à la porte même des factoreries de la Royal Niger Company.

Voici, d'après les lettres même de Mizon, le récit de cet attentat et des incidents qui suivirent :

« Rivière Noun, le 2 novembre 1890.

« Le dimanche 10 octobre, à sept heures du matin, nous pénétrions dans la rivière Forcados. Un indigène parlant un peu anglais nous servait de pilote et, à trois heures, nous arrivions à Ouaré, qui est un centre commercial pour l'huile de palme. Il y a, à Ouaré, trois factoreries anglaises et deux allemandes. Nous passâmes la nuit dans une de ces dernières. On m'y donna les renseignements suivants : la rivière Ouaré est sous la dépendance de la Royal Niger Company, mais celle-ci n'y a ni établissement ni représentant. Elle a abandonné la rivière Ouaré au libre commerce. J'appris qu'il me fallait aller jusqu'à la crique Assay, qui va de la branche Ouaré à Abo ou Ibo, sur le Grand Niger, ou à Agberi, dans la rivière Noun, à cinq milles au-dessous de Domé. C'est en ce point que réside le commandant de cercle du Delta, tandis qu'Assay Creek est un établissement de commerce et le dépôt des soldats baoussas qui surveillent les peuplades pillardes de la branche Ouaré. Il me fallait cinq jours pour atteindre ces points. Le Niger, au maximum de sa crue, inondait tout le pays et l'eau descendait en lames avec un courant de trois à quatre nœuds.

« Le chef de Ouaré, moyennant cent francs, consentit à me donner un homme pour faciliter mon voyage jusqu'à Essama. dernier village placé sous son autorité ; mais il fut convenu qu'en aucun cas cet homme n'irait au delà d'Essama, à cause du peuple des Patanis, qui ne récolte pas d'huile de palme et ne vit que de rapines, malgré la guerre incessante que lui font les troupes de la Compagnie.

« De fait, je n'eus qu'à me louer du guide que m'avait donné le chef de Ouaré. Deux jours avaient été nécessaires pour atteindre Essama. Le troisième jour se passa sans événement digne d'être signalé. Le quatrième jour, 14 octobre, nous ne fîmes que quelques milles : une avarie survenue au condenseur nécessita une réparation qui occupa presque toute la journée.

« Le cinquième jour, nous passâmes devant de nombreux villages patanis qui armaient leurs pirogues pour venir au-devant de nous. Sur la demande de quelques chefs, je leur donnai deux dames-jeannes de rhum et quelques feuilles de tabac. A six heures, nous dépassions le dernier village patani, et, à sept heures, nous mouillions à deux milles en amont. Notre provision de charbon était épuisée ; d'autre part, la hauteur du fleuve, inondant ses rives, ne nous avait pas permis de faire du bois. Le chef du dernier village me demandant du rhum, je le prévins que je lui achèterais, le lendemain, du bois contre du rhum et du tabac. Il parut satisfait et retourna dans son village.

« Les rives du Niger sont bordées de hauts roseaux, pour le moment à demi submergés. Nous avions jeté l'ancre et nous avions accosté à ces roseaux. La garde fut bonne jusqu'à une heure du matin. A ce moment, le factionnaire laissa tomber à l'eau le fanal qui éclairait les embarcations. Tout à coup, une longue pirogue, longeant les roseaux, arriva avec toute la vitesse de ses pagaies et du courant, et envoya à la chaloupe à vapeur une volée de balles qui, heureusement ne trouèrent que la tente et la cheminée. La pirogue nous aborda aussitôt après ; presque en même temps, neuf autres pirogues fusillèrent les canots Berton qui étaient à la remorque et les abordèrent.

« Je repoussai d'un coup de crosse un noir qui essayait d'entrer dans le canot à vapeur. Son voisin tira sur moi à bout portant ; une balle ronde, analogue aux nôtres, me traversa l'avant-bras gauche ; ma main gauche fut brûlée. Une autre balle pénétra dans ma cuisse gauche, la parcourut du genou à la hanche, contourna celle-ci et vint se loger dans le dos. Notre Arabe Miloud, qui s'efforçait de tirer le hotchkiss, en fut empêché par les noirs qui lui sabrèrent les bras et les mains, le renversèrent au fond du canot et lui firent à la tête et aux membres six blessures graves. Les sabres n'ont été arrêtés que par les os.

« Les noirs poussaient des cris assourdissants. Le chef, voyant deux Européens sur trois hors de combat dans la chaloupe à vapeur, se décida à y entrer pour m'achever avec son sabre. J'eus encore la force d'appuyer le bout du canon de mon fusil contre sa poitrine et de faire feu.

« Tout ce drame avait duré moins de deux minutes. A ce moment, Silvestre, malgré les coups de feu tirés sur lui et qui l'avaient heureusement manqué, et les coups de sabre dont on menaçait ses mains, était parvenu à atteindre les cartouches. Un feu roulant commença ; les indigènes s'enfuirent, emportant sept morts et de nombreux blessés.

« Notre pilote indigène avait le bras cassé par une balle ; plusieurs laptots avaient reçu des blessures insignifiantes provenant de sabres et de lances. Ils s'étaient d'ailleurs admirablement conduits. Surpris dans leur sommeil par une nuit profondément obscure, aucun d'eux n'a songé un instant à sauter à terre. Leur fermeté au feu a été pour moi une grande consolation dans cette circonstance et une garantie pour l'avenir.

« Il fallait, par cette nuit noire, panser les blessés, tout en demeurant sur le qui-vive pour repousser au besoin un retour offensif des indigènes. Par malheur, nous eûmes la pluie.

« 23 octobre.

« Je vous ai conté les détails de l'attaque que nous avons subie. Quand le jour vint, après cette nuit terrible, nous aperçûmes, de l'autre côté du Niger, une case isolée près de laquelle un noir agitait un drapeau blanc. Nous répondîmes par le même signal. Il traversa alors la rivière et vint à nous. Il nous engagea à nous éloigner de quelques milles et nous apporta du bois, dont nous manquions pour faire route : puis il s'offrit à aller porter une lettre au premier établissement européen en amont. M. Silvestre écrivit un billet adressé « à tout Européen établi dans la Rivière », le priant de nous envoyer une pirogue, avec du bois et du charbon.

« Nous fîmes route pendant deux heures avec le bois que le

L'ATTAQUE.

noir nous avait donné, et, trouvant une place favorable pour en couper, nous jetâmes l'ancre. A quatre heures, nous fîmes route de nouveau, à la recherche d'une position favorable en vue de la défense pour la nuit. Nous ne fûmes pas inquiétés. Au jour, une grande pirogue portant le pavillon de la Compagnie nous accosta et nous donna une tonne de bois avec laquelle nous fîmes route immédiatement. Cette pirogue était celle d'un chef allié à la compagnie. A dix heures, nous rencontrâmes le vapeur de la compagnie, *Zaria*, qui, prévenu par les noirs, descendait au-devant de nous, ayant à bord le commandant du cercle de Ouaré. Il prit à bord les blessés et donna la remorque à nos canots. A trois heures du soir, nous arrivions à Agberi. En me prenant à bord du *Zaria*, le commandant m'avait demandé le but de ma mission et une réquisition de passage pour couvrir sa responsabilité.

« Voici le texte de ce document :

« 17 octobre 1890.

« Bedford Esquire Senior, executive Officer.

« Monsieur,

« J'ai l'honneur de vous informer que l'expédition que je commande a pour but de remonter le Niger et la rivière Bénoué pour se rendre par terre au lac Tchad au point appelé Barroua, fixé comme limite entre les possessions anglaises et françaises (1) dans cette partie de l'Afrique, et de là envoyer une expédition à Alger.

« J'ai l'honneur de m'adresser à la Compagnie royale du Niger pour favoriser ma mission et lui donner aide et assistance dans la rivière Ouaré, où je suis sans combustible avec trois hommes blessés. En conséquence, je prie M. Bedford Esquire Senior... de me donner la remorque avec son vapeur *Zaria* jusqu'au premier établissement où je pourrai m'arrêter.

« Je suis, etc. « L. Mizon.

« A Agberi, un employé de la Compagnie, qui avait été étudiant en médecine, refit nos pansements et procéda avec

---

(1) Ici M. Mizon emploie une expression inexacte : Barroua est la limite de la zone actuellement reconnue d'influence française, mais non pas des possessions anglaises, qui, jusqu'ici, ne comprennent pas le Bornou. Cela ressort avec évidence du texte de la convention anglo-française, texte que l'on trouvera aux documents annexes.

plein succès à l'extraction de la balle qui restait dans mon corps. Le 18 au matin le vapeur *Kouka*, venant de la Bénoué, mouilla, à Agberi. J'en profitai pour descendre, avec les blessés, à Akassa à l'entrée de la rivière Noun, où se trouvent la résidence de l'agent général et l'hôpital de la Compagnie.

« Le 19, à trois heures du soir, nous arrivions à Akassa. Depuis cette époque, grâce aux bons soins que nous recevons, notre guérison avance rapidement. Mon bras est complètement guéri et je pense pouvoir un peu marcher dans quelques jours et me retrouver prêt à faire une longue étape dans une quinzaine. Il me restera de tout cela deux doigts de la main gauche paralysés. Miloud en a pour quinze jours ou trois semaines s'il ne survient pas de complication. Notre pilote indigène sera amputé du bras droit. Les autres blessés sont guéris.

« Le lendemain de mon arrivée, j'ai vu M. Flint, agent général de la Compagnie. Je lui ai exposé le but de ma mission : une double expédition remonte le Niger et la Bénoué, profitant d'une voie connue, courte et économique pour se rendre au centre de l'Afrique. A la tête de la Bénoué, elle se divise en deux : la première partie se rend à Barroua et explore la nouvelle zone d'influence française entre la ligne Say-Barroua et l'Algérie, tandis que l'autre descend par la rivière Sangha et le Benito, explorant le nord de nos possessions du Congo.

« M. Flint a immédiatement télégraphié au conseil de la Compagnie et au gouvernement anglais, et, le lendemain, ayant reçu la réponse, il m'assura que je n'avais aucune inquiétude à avoir pendant ma guérison, que la Compagnie se chargeait de l'entretien de mes hommes pendant ma maladie et qu'elle me remonterait à Yola avec un grand vapeur, dès que je serais en état de continuer mon voyage; qu'il suffisait de remplir une formalité nécessaire, tant au point de vue de la responsabilité morale de la Compagnie qu'au point de vue de la garantie pour les dépenses.

« Voici, d'ailleurs, le texte de la lettre officielle qui me fut adressée, le 22, par M. Flint :

« Akassa, le 22 octobre.

« Monsieur,

« J'ai l'honneur de porter à votre connaissance que les instructions reçues du conseil de la Compagnie à Londres portent qu'il serait contraire aux lois et règlements de la Compagnie de vous laisser pénétrer sans son consentement dans les territoires du Niger.

« Je dois aussi vous dire que la navigation de la rivière est libre, mais que, si vous n'êtes pas muni de l'autorisation en question, il me sera impossible de vous laisser toucher terre à aucun endroit dans les territoires. »

La singulière doctrine qui est exposée dans cette lettre ne tendrait à rien moins qu'à détruire, au profit de la Royal Niger Company, les effets de l'Acte de Berlin, qui établit l'absolue liberté de la navigation sur le Niger et sur la Bénoué.

Aussi cette prétention a-t-elle donné lieu à des incidents diplomatiques et parlementaires dont on trouvera le récit aux documents annexes.

« Akassa, le 11 novembre.

« La Compagnie royale du Niger, en acceptant le gouvernement du pays et la charge des dépenses de souveraineté, entendait ne point partager les bénéfices du commerce avec des Compagnies qui n'avaient pas la même part dans les charges. Or, l'Acte de Berlin a établi la liberté de la navigation du Niger et de la Bénoué ; en apparence, des Compagnies rivales auraient donc pu s'établir dans les bassins du Niger. Mais pour cela, deux choses auraient été nécessaires : des terrains pour établir des factoreries et du bois pour chauffer les vapeurs, qui ne peuvent emporter assez de charbon pour faire des voyages assez fructueux.

» La Compagnie royale a racheté les deux Compagnies françaises, et, par conséquent, leurs terrains. Restaient les terres des indigènes. A son arrivée sur le Niger, la Compagnie avait trouvé un traitant noir, originaire de Sierra-Leone, qui, depuis de longues années, était l'intermédiaire commercial entre les Européens et les indigènes du Niger et de la Bénoué, et, par sa connaissance de toutes les langues de ces contrées et ses relations avec les chefs, avait acquis une grande influence. La Compagnie lui a assuré un titre élevé, lui a donné de la considération et 15 000 francs annuellement ; elle en a fait, en quelque sorte, son agent diplomatique. Depuis deux ans, et sans bruit, cet agent a remonté le Bas-Niger, traitant, prétend-on, avec tous les chefs qui ont aliéné leurs terres en faveur de la Compagnie, tout en en gardant la jouissance sous la surveillance de celle-ci. Des traités auraient été ainsi conclus avec les sultans du Sokoto, du Gando, du Nupé, de l'Adamaoua, dont les terres seraient devenues propriétés de la Compagnie. Ainsi, personne ne peut acquérir des terres pour fonder des établissements, et les noirs ne peuvent disposer, sans l'autorisation de la Compagnie, des produits du sol, entre autres du bois.

« Les Allemands et les autres Compagnies anglaises établies aux diverses bouches du Niger ont adressé de vives réclamations à Londres contre cette façon détournée d'annuler l'Acte de Berlin, mais le gouvernement anglais a toujours donné gain de cause à la Royal Niger Company.

« La Compagnie a évidemment des visées sur le Bornou, — le bruit court même qu'elle a envoyé récemment des agents à Kouka pour y obtenir un traité, — mais je ne crois pas qu'elle ait aucune prétention de s'étendre au delà du bassin du Niger et de la Bénoué, qu'elle peut exploiter avec son matériel naval qui, bien que suffisant, ne vaut pas, à mon estimation, plus de 2 millions. Au delà de la Bénoué, il faudrait construire des chemins de fer, dont quelques kilomètres seulement coûteraient aussi cher que son matériel naval et augmenteraient peu son commerce, auquel les 10 millions d'habitants du Niger suffiront pendant longtemps.

« Depuis la chute des royaumes créés dans le Haut-Niger

par El-Hadj-Omar, Sokoto est devenu le centre de la race foulbé, qui domine de Tombouctou au lac Tchad. Les peuples foulbé sont industrieux, agriculteurs et commerçants. Leur civilisation est aussi avancée que celle de la Tunisie avant la conquête. C'est par Sokoto que la Compagnie, et par conséquent l'Angleterre, régneront dans ces contrées. A l'heure actuelle, la Compagnie ne peut suffire au commerce du Niger, quoiqu'elle ait doublé son capital; à peine a-t-elle commencé à exploiter la Bénoué, la rivière de Sokoto; elle n'a fait qu'un voyage dans les affluents sud de la Bénoué. Elle n'a jamais pénétré dans l'intérieur ni quitté les rives du Niger; à peine est-elle en relations directes ou indirectes avec un dixième de la population. Jusqu'ici, elle s'est contenté d'acheter l'huile de palme du Bas-Niger et un peu d'ivoire et de caoutchouc dans la Bénoué. Ce dernier produit, ainsi que l'ivoire, est très abondant dans le Nupé et dans l'Adamaoua. Le Sokoto, le Gando, ont de grandes cultures de coton et d'indigo. Les immenses troupeaux des Foulbés pasteurs donneront des cuirs. A Oualchi, à Outchi et à Lukodja, la Compagnie a des jardins d'essai dans lesquels le café est très prospère, et elle compte sur ce produit pour son commerce futur.

« La Compagnie a établi depuis cinq ans, ou occupé après le rachat des deux Sociétés françaises, 42 stations commerciales et militaires, dont 8 sur le haut Niger et 33 sur le bas Niger, ou la Bénoué. Les trois principales sont Akassa, Assaba et Lukodja.

« Akassa, à l'embouchure de la rivière Noun, est le dépôt de la Compagnie et la résidence de l'agent général qui, le plus souvent, parcourt la rivière avec un yacht qui file 15 nœuds. C'est là que s'arrêtent les vapeurs fluviaux et que relâchent cinq paquebots par mois. Tout le commerce de la Compagnie passe donc par Akassa, qui possède une infirmerie avec un docteur, et les ateliers de réparation des vapeurs de rivière.

« Quelle différence, au point de vue du nombre des fonctionnaires, avec n'importe laquelle de nos colonies! L'agent général avec son second, qui va en Europe en alternant avec lui, et un jeune secrétaire, représentent toute l'administration centrale, politique et commerciale. Ajoutez le docteur, l'ingénieur chargé des ateliers et l'agent commercial chargé des affrétements, avec l'aide de quatre jeunes écrivains noirs de Sierra-Leone, et vous aurez tout le personnel d'Akassa.

« A Agberi, il y a un chef de district, qui commande le delta, et un agent commercial. Sabergueia, Ekolé, Ekoro, qui sont des stations d'huile, ont un noir de Sierra-Leone à leur tête. Assaba, considérée comme la capitale, possède deux officiers de troupe, un médecin, un chef de district, un juge et un agent commercial. Il s'y trouve en outre une mission anglicane et une mission catholique (frères et sœurs). Lukodja a le même personnel, moins le juge. Les autres Européens sont répartis dans les stations et sur les vapeurs de la Compagnie, où ils occupent les postes de capitaine et de mécanicien.

» En tout, pour 10 vapeurs et 42 stations, 71 Européens, y compris l'agent général, son second, 3 médecins, un juge et 6 officiers.

» Après un séjour de deux ans, dont un an dans le Haut-Fleuve et un an dans les marais du Bas-Niger, les agents ont droit à un séjour de six mois en Europe. Le congé est sans solde, bien que la solde soit peu élevée pour le pays : 500 francs par mois pour le médecin et 500 francs par mois pour l'agent commercial d'Akassa, par exemple.

« Ici, où les changements politiques sont sans influence, où le gouverneur de Londres et l'agent général résident sont fixes, on exécute un plan général déterminé. La Compagnie n'est pas seulement préoccupée de son commerce. Elle pense à l'avenir et anglicise le pays. Elle est aidée dans ce travail apr six missions, trois catholiques et trois protestantes; elles n'ont pas de subvention, mais la Compagnie leur donne les transports gratuits à l'intérieur. Deux des missions catholiques comprennent des sœurs. Leurs écoles instruisent un grand nombre d'enfants. Les missions emploient, en outre, au service de leurs maisons ou de leurs jardins, de petits indigènes (40 à Akassa) qui parlent anglais et feront de futurs auxiliaires. Il y a deux observatoires météorologiques à Akassa et Assaba; le premier possède même une lunette méridienne! Et dire que le Sénégal, avec un budget de 9 millions, n'a pas un observatoire! Il est vrai qu'il faudrait un directeur, un second et un commissaire pour l'administrer, tandis que l'ingénieur à Akassa et le juge à Assaba se chargent des observations.

« La Compagnie entretient 500 Haoussa, bons soldats et en même temps bons travailleurs. Le personnel indigène est peu nombreux, les chargements et les déchargements étant faits par les Kroumen des vapeurs.

« Une seule chose semble troubler la confiance des agents de la Compagnie dans l'avenir, c'est notre projet de Transsaharien, qui permettrait au commerce français de pénétrer dans ces régions par le Nord, et nous donnerait une telle influence sur l'esprit des noirs qu'il est probable que les sultans de Sokoto et de Kano respecteraient fort peu les traités qu'ils ont passés, mais dont ils ne comprennent d'ailleurs probablement pas la portée. »

A la suite de ces incidents, le gouvernement français ouvrit des négociations avec le gouvernement anglais à l'effet d'obtenir que la Royal Niger Company respectât les dispositions de l'Acte de Berlin relatives à la navigation du Niger et autorisât M. Mizon à poursuivre sa route.

On trouvera aux documents annexes le texte de l'interpellation dont M. le prince d'Arenberg, député, prit à ce propos l'initiative et la réponse que lui fit M. Ribot, ministre des affaires étrangères.

Le gouvernement anglais donna toutes les assurances qu'on voulut, mais laissa la Royal Niger Company faire tout ce qu'il lui plaisait.

Le document suivant, dont on appréciera l'importance, montre de quelle façon cette Compagnie anglaise se comporte et contient en même temps un récit complet des derniers incidents relatifs au voyage de M. Mizon.

Le procès de la Royal Niger Company.

Le Syndicat de Haut-Benito et de l'Afrique centrale a adressé à M. le Ministre des Affaires Étrangères la lettre suivante :

Monsieur le ministre,

On dit souvent que les négociants français n'ont ni initiative, ni esprit d'entreprise. Le Syndicat du Haut-Benito, uniquement composé de négociants parisiens, avait, dès le mois d'août 1890, fourni une nouvelle preuve du contraire en sollicitant une concession temporaire dans la région à peine connue du Haut-Benito, et prenant en retour divers engagements avantageux pour l'État. L'agent principal que nous avions choisi pour exécuter, le cas échéant, nos desseins, était M. Mizon, lieutetenant de vaisseau, placé dans la position d'officier mis à la disposition de l'industrie.

A ce moment venait d'être signée la convention anglo-française. En attendant l'octroi de la charte, qui paraissait longue à venir, M. Mizon nous proposa de le charger d'une mission qui devait être fort profitable à l'avenir de notre entreprise : il s'agissait (comme l'a fait avec succès le Syndicat du Haut-Laos, composé à peu près des mêmes hommes) d'envoyer une mission commerciale pousser une sorte de reconnaissance aux environs du lac Tchad, dresser un véritable catalogue des objets dont l'importation ou l'exportation peuvent être faites au Bornou, au Baghirmi et dans la région comprise entre le Chari, l'Oubanghi et la Sangha. M. Mizon se proposait d'entrer dans le Niger et la Bénoué, de remonter cette rivière jusqu'à sa source, de passer de là dans le bassin du Chari, puis de descendre vers la Sangha, en traversant des pays inexplorés où nous avions et où nous avons encore l'espoir d'ouvrir au commerce français et européen de larges débouchés.

La proposition de M. Mizon fut acceptée et le Syndicat lui fournit les moyens d'exécuter son dessein. C'est à ce moment que le Syndicat s'est appelé *Syndicat du Haut-Benito et de l'Afrique centrale*. Le 10 septembre, notre agent s'embarquait à Bordeaux, emportant avec lui 240 ballots de marchandises, et notamment la plus belle collection d'échantillons qui ait été jamais envoyée en Afrique. Il s'agissait moins, en effet, nous l'avons dit, d'une opération devant donner un bénéfice, que d'une reconnaissance commerciale, permettant de dresser un catalogue en vue de l'avenir.

Peu de temps après, un télégramme d'Akassa nous apportait la nouvelle d'un attentat dont notre agent avait été la victime de la part des indigènes du Niger. Notre premier mouvement fut de nous étonner qu'il existât si peu de sécurité aux portes des établissements de la Royal Niger Company. L'article 30 de l'Acte de navigation du Niger ne dit-il pas, en effet :

La Grande-Bretagne s'engage à protéger les négociants étrangers de toutes les nations faisant le commerce dans les parties du cours du Niger qui sont ou seront sous sa souveraineté ou son protectorat, comme s'ils étaient ses propres sujets.

Nous vous adressions alors (21 octobre), une lettre contenant le passage suivant :

Sans connaître encore les circonstances dans lesquelles l'attentat a été commis, le Syndicat français du Haut-Benito et de l'Afrique centrale fait, dès maintenant, appel à votre haute intervention, monsieur le ministre, pour qu'il soit indemnisé du préjudice qui lui est causé par les sujets de la Royal Niger Company, et pour que ses agents puissent poursuivre leur mission commerciale jusqu'à Yola; après quoi, entrant dans les pays indépendants, ils auront le devoir d'assurer eux-mêmes leur sécurité.

Nous attendons, d'ailleurs, les renseignements détaillés qu'annonce notre agent pour savoir s'il n'y a pas en jeu d'autres responsabilités que celles des indigènes.

Ces renseignements, il y a huit jours, nous les attendions encore. En dehors d'un premier courrier, apportant le récit de l'attentat, nous n'avons guère reçu, par des voies indirectes, que des demandes successives de fonds pour faire face aux exigences de la Royal Niger Company vis-à-vis de notre agent.

Au premier abord, nous avions naïvement pensé que la Compagnie anglaise, comprenant la responsabilité qui lui incomberait aux yeux de toute société civilisée pour avoir laissé s'accomplir l'attentat contre M. Mizon, s'efforcerait de racheter par sa bonne volonté et son entier concours, la façon défectueuse dont elle assure la sécurité sur le fleuve.

Combien nous étions loin de compte !

A partir du moment où la Royal Niger Company a eu M. Mizon entre ses mains, elle n'a eu qu'une pensée ; empêcher celui-ci de poursuivre sa route, de réussir dans sa mission et d'ouvrir ainsi dans l'Afrique centrale de nouveaux débouchés au commerce français. Cela résulte d'une façon évidente et irrécusable, tant des lettres échangées entre M. Mizon et les représentants de la Royal Niger Company que des correspondances récemment reçues de notre agent.

C'est le 10 octobre que M. Mizon pénétrait dans la rivière Forcados, l'une des embouchures du Niger. Dans la nuit du 15 au 16 il est attaqué et blessé. Il redescend alors à Akassa, où M. Flint, agent de la Compagnie, lui écrit le 22 octobre :

« Monsieur,

« J'ai l'honneur de porter à votre connaissance que les instructions reçues du conseil de la Compagnie à Londres portent qu'il serait contraire aux lois et règlements de la Compagnie de vous laisser pénétrer sans son consentement dans les territoires du Niger.

« Je dois aussi vous dire que la navigation de la rivière est libre, mais que si vous n'êtes pas muni de l'autorisation en question, il me sera impossible de vous laisser toucher terre à aucun endroit dans les territoires. »

Il faut, dès ce moment, rappeler les passages de l'Acte de

Berlin de 1885 (navigation du Niger), dont cette lettre constitue une violation directe.

Art. 26. — La navigation du Niger... est et demeurera entièrement libre pour les navires marchands, en charge ou sur lest, de toutes les nations tant pour le transport des marchandises que pour celui des voyageurs...

... Les sujets et les pavillons de toutes les nations seront traités, sous tous les rapports, sur le pied d'une parfaite égalité, tant pour la navigation directe de la pleine mer vers les ports intérieurs du Niger et vice-versa, que pour le grand et le petit cabotage, ainsi que pour la batellerie sur le parcours de ce fleuve.

... Il ne sera fait aucune distinction entre les sujets des États riverains et il ne sera concédé aucun privilège exclusif de navigation...

Ces dispositions sont reconnues par les puissances signataires comme faisant désormais partie du droit public international.

Art. 27. — La navigation du Niger ne pourra être assujettie à aucune entrave ni redevance basées uniquement sur le fait de la navigation.

Elle ne subira aucune obligation d'échelle, d'étape, de dépôt, de rompre charge ou de relâche forcée...

Art. 28. — Les affluents du Niger seront, à tous égards, soumis au même régime que le fleuve dont ils sont tributaires.

Art. 30. — La Grande-Bretagne s'engage à appliquer les principes de la liberté de navigation énoncés dans les articles 26, 27, 28, 29, en tant que les eaux du Niger, de ses affluents, embranchements et issues sont ou seront sous sa souveraineté ou son protectorat.

Les règlements que la Grande-Bretagne établira pour la sûreté et le contrôle de la navigation seront conçus de manière à faciliter autant que possible la circulation des navires marchands.

... La Grande-Bretagne s'engage à protéger les négociants étrangers de toutes les nations faisant le commerce dans les parties du cours du Niger qui sont ou seront sous sa souveraineté ou sous protectorat, comme s'ils étaient ses propres sujets....

Ces articles sont suffisamment clairs. Ils montrent que la Royal Niger Company a manqué à son devoir et aux engagements pris par le gouvernement anglais en ne protégeant pas plus efficacement les négociants étrangers.

Quant aux règlements particuliers de la Compagnie, nous les ignorons encore à l'heure actuelle. Mais ce que nous savons, c'est qu'ils ne sauraient être contraires à l'Acte de Berlin. Or, la prétention de M. Flint d'obliger les commerçants à demander le consentement de la Compagnie pour pénétrer dans le fleuve est une violation formelle de la lettre et plus encore de l'esprit de l'Acte de Berlin.

Il en est de même de la prétention de la Compagnie d'être personnellement propriétaire de toutes les rives du Niger et de ses affluents et d'empêcher par conséquent les négociants étrangers d'y atterrir. Cela est une façon odieusement hypocrite de violer l'Acte de Berlin. Comment faire du commerce sans toucher les rives? Comment s'approvisionner de combustible? Quand même la Compagnie serait réellement propriétaire des rives sa prétention ne serait encore pas admissible. Mais comment une telle prétention pourrait-elle être prise au sérieux?

*
* *

Nous venons de voir quelles conditions mettait dès le début la Royal Niger Company à laisser notre agent poursuivre sa route.

Dans le but de gagner du temps, M. Flint exige que la permission soit demandée à Londres au conseil de la Compagnie. Avisés de cette exigence, et tout en en faisant nos réserves sur sa légalité nous vous avons prié, monsieur le ministre, de faire les démarches nécessaires.

Or, c'est seulement le 9 décembre, *après un mois et demi* — les eaux de la Bénoué baissaient toujours — que notre agent recevait avis qu'il pouvait continuer sa route. On verra sous quelles conditions. Voici d'ailleurs la correspondance échangée à partir de ce moment entre notre agent et le représentant de la Royal Niger Company :

Akassa, 9 décembre 1890.

« Monsieur,

« J'ai l'honneur de vous informer que le Conseil de la Royal Niger Company vous a autorisé, ainsi que votre personnel, à poursuivre aux conditions suivantes :

« 1° Que vous déclarerez toutes vos armes, munitions, effets, bagages, etc., *en transit*;

« 2° Que vous observerez les lois et règlements des territoires du Niger;

« 3° Que vous vous engagerez à ne pas vous servir de vos armes à feu aussi longtemps que vous n'aurez pas dépassé les territoires de la Compagnie, au delà de Yola sur la rive sud (de la Bénoué), et 100 milles au delà de Ribago sur la rive nord ;

« 4° Que vous ne voyagerez point au travers des terres, sans avoir obtenu au préalable l'assentiment du conseil de la Compagnie à Londres.

« En considération de ce qui précède, la Compagnie vous accorde le droit de passage et vous permettra de toucher aux ports d'entrée dans les territoires du Niger pour vous procurer le combustible et les provisions que vous demanderez.

« Incluse est la liste des ports d'entrée.

« Je vous prie de prendre les engagements ci-dessus dans une lettre signée de vous.

« J'ai l'honneur d'être, monsieur, etc.

« Joseph Flint,
« Agent général des territoires du Niger ».

Tout, dans la lettre qui précède, est une violation du droit des gens. Quels que soient ses règlements particuliers, qui ne sauraient prévaloir contre l'Acte de Berlin, la Royal Niger Company n'a pas le droit d'empêcher le commerce sur le Niger et la Bénoué et de forcer à déclarer les marchandises en transit. Elle n'a pas le droit d' « accorder » un passage qui est de droit commun. Sa prétention même est une entrave à la liberté de navigation.

Quant aux « lois et règlements des territoires du Niger », nous verrons tout à l'heure que, pas plus que nous, M. Mizon n'a pu les connaître. On l'a donc forcé à prendre des engagements « en blanc ». On remarquera que l'agent général, pour toute question, s'en réfère au conseil de Londres. C'est à Londres qu'il faut aller pour obtenir la moindre réponse. Comme cela on perd du temps, on se décourage, on renonce à son entreprise. Mais n'est-ce pas justement ce que veut la Royal Niger Company ?

En fait, M. Mizon n'avait ni le mandat ni le dessein de commercer dans les territoires du Niger. Impuissant, devant la résistance de M. Flint, à continuer son voyage sans accepter les conditions que lui imposait celui-ci, il les a contresignées.

Mais nous tenons à constater ici que ce cas de pression et de force majeure ne saurait légitimer les abus commis par la Royal Niger Company. Ni nous, négociants français, ni, nous l'espérons, notre gouvernement, n'accepteront cette audacieuse violation du droit des gens.

M. Mizon part donc — ses lettres nous diront tout à l'heure dans quelles conditions, — et il atteint Assaba. Là, M. Flint lui remet de la main à la main la lettre suivante :

« Assaba, 15 janvier 1891.

« Monsieur,

« Apprenant que vous avez vendu des armes à feu (1) à Akassa, je présume que cela provient de votre ignorance des règlements de la Compagnie ; j'ai l'honneur de vous aviser que vous contrevenez aux engagements pris vis-à-vis de la Compagnie qui vous a concédé le privilège d'atterrir et d'acheter le combustible et le bois dont vous auriez besoin dans vos stations.

« Je serai heureux d'avoir une entrevue avec vous à ce sujet, qui est des plus importants, et j'espère que l'infraction que je vous signale ne sera pas continuée après notre entrevue.

J'ai l'honneur, etc.

« FLINT. »

« Assaba, 16 janvier 1891.

Le lieutenant de vaisseau Mizon
A Monsieur l'Agent général de la Compagnie royale au Niger.

« Monsieur,

« J'ai l'honneur de vous accuser réception de la lettre que vous m'avez envoyée hier touchant l'achat des vivres avec des fusils. Ayant vu vendre des fusils aux indigènes par le dépôt d'Assaba, je m'étais cru autorisé à me servir de cette marchandise. Vous avez bien voulu m'expliquer que l'exemption de droits qui m'était accordée, en me permettant de donner un prix double pour les vivres, avait pour conséquence de nuire à l'approvisionnement des stations de la Compagnie et d'apporter un trouble dans le commerce avec les indigènes.

« A l'avenir, je ne donnerai plus de fusils aux indigènes, tant que je serai sur les territoires de la Compagnie.

« Comme suite à la lettre que j'ai dû vous écrire le 10 décembre

---

(1) Il s'agit bien entendu d'armes de traite, de commerce, d'une vente courante dans toute l'Afrique.

dernier pour quitter Akassa, je vous prie de m'envoyer les lois et règlements de la Compagnie, que je suis exposé à violer par ignorance, et ceux qui régissent les droits des étrangers à acquérir des propriétés. Je vous serai obligé de me donner un croquis des territoires de la Compagnie, à la date de cette lettre, indiquant les frontières à cette date.

« L. Mizon,
« Lieutenant de vaisseau. »

(Ici une lettre du 17 janvier, où M. Flint déclare que les thalaris de Marie-Thérèse, 1780, ne seront pris en payement dans les stations que pour la somme de trois shillings par pièce.)

« Abutshi, 17 janvier 1891.

« Monsieur,

« J'ai l'honneur de vous accuser réception de votre lettre du 16, urgente, et de la note par laquelle vous réclamez les lois et règlements de la Compagnie, ainsi que ceux qui régissent les droits des étrangers à acquérir des propriétés.

« La permission vous a été donnée par le Conseil de Londres, de passer au lac Tchad en transit, et il est généralement admis que les étrangers qui entrent sur les territoires d'un gouvernement étranger, sont toujours en possession de la connaissance des lois et règlements relatifs à leur entrée. Si vous avez manqué à cela, je me contenterai de vous donner quelques renseignements ou de vous autoriser à lire mes exemplaires à votre convenance, pour y trouver les renseignements que vous pouvez souhaiter, et si vous désirez avoir les lois et règlements de la Compagnie, je dois vous renvoyer au conseil, à Londres, qui les délivre aux personnes désireuses d'entrer sur ses territoires.

« En ce qui concerne les droits des étrangers à acquérir des propriétés, cela est aussi de la compétence du conseil à Londres.

« T. Flint. »

« Assaba, 17 janvier 1891.

« J'ai eu l'honneur de vous adresser trois demandes dans ma lettre du 16 janvier, à laquelle vous avez répondu le 17 : La première concerne les règlements de la Compagnie : tout étranger entrant dans le territoire d'un gouvernement est censé en connaître les lois, mais il est d'usage, quand on entre dans un port, de recevoir communication des règlements particuliers.

« La deuxième demande a trait aux droits des étrangers d'acquérir des propriétés dans les territoires du Niger. Me renvoyer au conseil de Londres, dont la réponse ne peut arriver que dans trois mois, alors que je remonte le fleuve, doit être considéré comme un refus de répondre à ma demande.

« Je me suis engagé à respecter les lois et règlements sur les territoires du Niger. Je regrette profondément que vous refusiez de me fixer les limites de ces territoires, ce refus étant absolument contraire à l'exécution de l'engagement que j'ai pris et me forçant, le cas échéant, à bénéficier du doute.

« J'accepte le change que vous avez bien voulu me fixer pour les thalaris.

« L. Mizon. »

« Abutshi, 17 janvier 1891.

« J'ai l'honneur de vous accuser réception de votre lettre en date de ce jour.

« La permission a été donnée pour une expédition scientifique, d'entrer sur les territoires du Niger, aux conditions énumérées dans ma lettre du 9 décembre dernier et acceptées par vous dans votre lettre du 10. J'ai l'espoir que vous vous conformerez aux différents points de ces conditions.

« Je ne comprends pas ces controverses écrites lorsque vous avez eu le temps de discuter ces points verbalement quand j'étais à Assaba, le 15 courant.

« J. Flint. »

Vous remarquerez, monsieur le ministre, la mauvaise foi et la mauvaise volonté qui ressortent des lettres de l'agent général de la Royal Niger Company. Vous jugerez comme nous que les prétentions qu'il affiche et les conditions qu'il impose ne sont aucunement compatibles avec les termes de l'Acte de Berlin.

En droit, la navigation du Niger et de la Bénoué doit être libre. En fait, par tous les moyens, même les plus abominables, la Royal Niger Company prétend n'y supporter aucun concurrent.

Qu'est-ce que cette prétention d'imposer des demandes d'autorisation? De renvoyer à Londres pour obtenir les moindres renseignements? D'imposer le caractère uniquement scientifique à une mission remontant le Niger et de lui contester son caractère commercial?

Le but que poursuit M. Mizon est connu ; il a été publié cent fois depuis son départ.

Sa conduite a été loyale. Confiant dans l'Acte de Berlin, il pensait pouvoir remonter librement le Niger, puis la Bénoué, et prendre terre pour atteindre le Tchad. A travers les procédés retors et hypocrites — inhumains aussi — de la Compagnie, perce le dessein arrêté d'empêcher la mission de poursuivre son voyage.

Elle a réussi : deux hommes sont morts à la peine : deux autres ont dû renoncer à la lutte et ceux qui persévèrent sont à Assaba, épuisés par la souffrance, par le travail, en butte aux mauvais procédés quotidiens des agents de la Royal Niger Company, attendant que les eaux de la Bénoué aient de nouveau monté...

Permettez-nous maintenant, monsieur le ministre, de vous donner ici connaissance des dernières lettres que nous avons reçues de notre agent. Elles vous montreront mieux encore que ce qui précède, quelle a été la conduite de la Royal Niger Company et elles exciteront, nous n'en doutons pas, l'indignation de tous les hommes civilisés :

« Assaba, 14 janvier 1891.

« Je fais tout mon possible pour justifier la confiance que mes amis ont placée en moi, mais je vous assure qu'il faut de l'énergie physique et morale pour continuer le voyage dans les conditions qui sont les miennes. Ce n'est que le 10 décembre, c'est-à-dire près de deux mois après l'incident de la rivière Ouaré, que la Compagnie m'a autorisé à monter quand elle a été bien persuadée que le bas niveau des eaux, la chaleur qui atteint 35° à l'ombre et augmente chaque jour, l'état de mon personnel anémié par la fièvre, rendrait mon voyage à peu près impossible.... Le 11 décembre, j'ai pu quitter Akassa, après avoir signé une lettre qui n'est que la reproduction de celle que m'avait adressée l'agent général. Cette lettre est absurde, mais il fallait à tout prix quitter Akassa, où je restais le seul valide de toute l'expédition. Je considère cette lettre comme écrite sous une pression ; cependant je tâcherai personnellement de m'y conformer.

« A Agberi, j'ai dû stationner huit jours, tout le monde étant malade, et je n'ai pu quitter cette station que le 20 décembre. Alors notre voyage a commencé sous un soleil de feu. Nous devions coucher chaque nuit sur des bancs de vase, recouverts d'une mince couche de sable. A chaque instant le canot s'échouait, il fallait se mettre à l'eau, chercher un chenal plus profond. C'est ainsi que nous avons mis neuf jours à atteindre la station d'Abutshi-Onitcha, alors qu'un mois auparavant il m'eût fallu à peine deux jours. Là, j'ai dû encore m'arrêter une semaine : tout mon monde était malade de fièvre et de dyssenterie ; mon interprète arabe, Miloud ben Abdessalam, avait succombé la veille aux fatigues du voyage ; moi-même, j'avais un commencement de dyssenterie. Il fallait s'arrêter, tant au point de vue de l'état physique que de l'état moral de mon personnel, très impressionné par la mort d'un membre de l'expédition. J'ai envoyé à la mission catholique d'Onitcha mon mécanicien, atteint de dyssenterie et de pleurésie, et je suis remonté à Assaba, chauffant moi-même la machine, avec une chaleur de 35 degrés. Le résultat a été une exaspération de ma dyssenterie, et j'ai dû m'arrêter à Assaba depuis une semaine. Je vais remonter bientôt à Lukodja. Félix Tréhot, quoique atteint de dyssenterie, montera avec moi ; il a une volonté de fer et une énergie rare et je compte beaucoup sur lui. Nous allons chauffer tour à tour, et si nos forces ne nous trompent pas et que la rivière nous soit un peu indulgente, nous atteindrons Lukodja en une semaine. Après deux jours de repos, je descendrai avec la chaloupe à vapeur seule en un jour et je remonterai en deux jours. De là, j'entrerai dans la Bénoué, où il ne restera qu'un pied d'eau, alors que ma chaloupe en nécessite trois et, qu'il y a un mois, j'en aurais trouvé quinze.

« ... La Compagnie prétend que sa charte lui concède huit milles de chaque côté du fleuve. Si cela est exact, cela constitue un monopole de fait et le traité de Berlin est violé. Les indigènes n'ont pas, d'ailleurs, admis cette concession, et dans la plupart des endroits, à Abutshi, Onitcha, Assaba, le territoire qu'occupent ses établissements n'a pas été cédé de bon gré par les indigènes. Je ne sais quelles lois régissent plus haut la propriété et si un sultan a le pouvoir de céder la propriété du sol ; mais dans tout le Bas-Niger jusqu'à Assaba, il n'en est rien. Il n'y a pas de « chef du village ». Chaque ville est partagée en quartiers habités par une famille dont le chef porte le titre d'Igoué et est indépendant de son voisin. En disant qu'à Assaba, qui est peuplé de 12 à 15 000 habitants, il y a trois cents Igoués, vous comprendrez l'impossibilité où se trouve la Compagnie de traiter avec chacun d'eux. D'ailleurs, je puis vous expliquer, d'après un témoin oculaire tout à fait sûr, comment la Compagnie a acquis les terrains qu'elle possède à Assaba, qui autrefois bordait la rivière, tandis qu'aujourd'hui il en est séparé par les établissements de la Compagnie. Celle-ci a fait part aux Igoués de la décision royale lui *donnant les terres du Niger* et leur a laissé un mois pour reculer leur ville à deux cents mètres du fleuve. Comme l'ordre était donné devant une compagnie de soldats haoussàs, il a été exécuté. Cependant, un mois après, quelques entêtés qui avaient peut-être lu ce qui était sur le pavillon de la Compagnie, PAX, JUS, ARS, ont voulu revenir à l'exercice de leurs anciens droits. On a mis le feu à leurs cases. Le résultat est que la Compagnie n'ose pas laisser Assaba sans garnison et que l'entretien d'une troupe lui coûte plus cher que n'eût coûté une entente amiable avec les indigènes, toujours heureux d'avoir une station chez eux. A Abutshi, les indigènes ont attaqué la station et à Onitcha ils refusent de vendre quoi que ce soit à la Compagnie et ils attendent, hélas! le retour des Français.

« ... Comptez sur ma prudence dans la lutte que j'ai entreprise : je passerai dans le Niger en exécutant les lois et règlements de la Compagnie, en tant qu'ils ne seront pas contraires à la dignité de la France dont je porte le pavillon. Quant aux injures personnelles, comme, dans chaque station, de me forcer à soumettre ma lettre d'entrée au dernier commis noir chargé d'acheter l'huile aux indigènes et non à l'Européen qui y commande, cela m'est égal et la grossièreté du procédé n'abaisse que ceux qui l'ont inventé. »

« Assaba, 17 janvier 1891.

« Je profite d'une occasion sûre pour vous faire parvenir cette lettre. J'ai reçu, le 9 décembre, l'autorisation du Conseil de la Compagnie de remonter le Niger et la Bénoué, dans les conditions indiquées par une lettre dont copie est jointe : *J'ai dû, par force majeure, accepter ces conditions.* Il me fallait quitter Akassa au plus tôt. Mais ces conditions que moi, isolé, en face d'une force supérieure, je suis impuissant à repousser, sont la négation du traité de Berlin et créeraient, si elles étaient reconnues, un précédent fâcheux.

« Je n'avais reçu aucune nouvelle de France ; à mes dépêches indiquant le changement de caractère qu'on faisait subir à ma mission, devenue impossible si elle gardait son caractère commercial, je n'ai reçu aucune réponse. J'ai dû écrire une réponse à la lettre que m'avait adressée l'agent général, réponse qui n'est que la paraphrase de sa lettre. J'ignorais quelles avaient été les négociations engagées à votre demande entre les deux gouvernements et ce qui avait été résolu, lorsqu'il y a deux jours l'*agent général m'a écrit pour me rappeler que ma mission devait être exclusivement scientifique.*

« J'ai dû le croire sur parole, de même que lorsqu'il m'affirme que je dois remonter la Bénoué jusqu'à 100 milles au delà de Ribago sans avoir le droit de débarquer, de sorte que si, en deçà de cette limite, il y avait un obstacle absolu à la navigation, je me serais engagé à rester prisonnier dans la Bénoué.

« Je me trouve dans une position assez difficile : je veux rester correct et ne violer aucune des conventions qui ont pu être faites à propos de ma mission et, d'un autre côté, je ne désire pas être la dupe de la Compagnie. S'il avait plu à l'agent général, je serais encore à Akassa, puisque je n'ai reçu de France ni lettre ni dépêche. Le 9 décembre, il a cru devoir me rendre la liberté pour les raisons suivantes :

« Les agents de la Compagnie redoutent évidemment, sans que je sache au juste pourquoi, que mon passage aux bords du Tchad ne soit préjudiciable à leurs entreprises politiques. C'est sans doute pourquoi, au commencement de novembre, l'agent général est remonté jusqu'à Lukodja, d'où il a dirigé vers Kouka une mission commandée par M. Charles Mac Intosh. Cette mission devait, paraît-il, remonter la Bénoué jusqu'au point où elle est navigable pour les grands vapeurs, et de là se rendre par terre au Bornou.

« En temporisant de la façon que vous savez, l'on m'amenait au milieu de décembre et je ne pouvais être rendu dans la moyenne Bénoué avant la fin de janvier, après une navigation pénible dans une rivière ayant baissé de 8 mètres entre le moment du passage de la mission anglaise et le moment de mon passage. On me condamnait ainsi à attendre la crue des eaux, en mai 1891.

« En même temps, par le séjour à Akassa et surtout à Agberi, *les deux points les plus malsains du Niger*, on diminuait les chances de succès de ma mission, mon personnel s'anémiant chaque jour par la fièvre et se décourageant par une attente aussi énervante.

« J'avais eu l'honneur de vous signaler ces points par une dépêche que l'administration a dû vous transmettre : « Blessés « guéris, urgence monter, personnel éprouvé fièvres Bas-Niger, « Bénoué baisse. »

« Le 10 décembre, j'ai quitté Akassa pour rejoindre à Agberi mon convoi, que j'avais laissé à la garde du capitaine Silvestre. Mon intention était de visiter mon matériel rapidement et de quitter Agberi après un séjour de quarante-huit heures. Le 13 décembre, les six Européens qui m'accompagnaient étaient malades de la fièvre et ce n'est que le 20 que j'ai pu quitter Agberi. La navigation était devenue extrêmement difficile ; le Niger avait baissé de 12 mètres depuis le commencement de novembre, ne laissant qu'un chenal tortueux au milieu des bancs de sable et de vase. Nous montions très lentement, à cause des échouages répétés, la température dépassait 35°. Les fatigues, la chaleur n'ont pas tardé à produire de funestes effets. Miloud ben Mohammed s'affaiblissait à vue d'œil. Le 29 décembre il s'est éteint sans souffrances, épuisé par l'anémie, devant le village d'Alenso.

« Le 30 au soir, nous avons atteint Abutshi-Onitcha, une des stations de la Compagnie. Le quartier-maître mécanicien, blessé au bras par un accident de machine et atteint de dyssenterie, fut envoyé immédiatement à Onitcha, à la mission française du Saint-Esprit ; j'y envoyai en même temps le tirailleur algérien Ahmed, dont les accès de fièvre prenaient un caractère alarmant.

« Grâce aux admirables soins et au dévouement des Pères et des Sœurs, Ahmed ne tarda pas à aller mieux. Le mécanicien, dont la blessure était fermée, avait échangé une dyssenterie contre une pleurésie. Je remontai le convoi jusqu'à Assaba, laissant aux Pères de Lyon, qui ont une mission sur ce point, mon sergent-fourrier, atteint de dyssenterie et je redescendis avec la chaloupe à vapeur seule chercher le quartier-maître mécanicien. Malheureusement, je dus chauffer moi-même, d'Abutshi à Assaba, pendant les deux voyages et la chaleur que l'on éprouve devant une chaudière, alors qu'il fait 35° à l'ombre, me donna la dyssenterie : Quand tout le monde fut réuni à Assaba, l'expédition comptait un malade de plus. Grâce à une médication énergique et à mon moral, qui reste excellent au milieu de ces épreuves, je ne tardai pas à surmonter la maladie.

« Le 15, le médecin de la Compagnie m'avertissait que la maladie du quartier-maître mécanicien prenait un caractère alarmant et me faisait part de sa crainte de le voir succomber à une phtisie galopante. Il a été enlevé en quarante-huit heures et le 18 au matin, le R. P. Zeppa, directeur de la mission catholique, venait m'annoncer sa mort, arrivée à quatre heures du matin. Pendant mes vingt-deux années de service actif, je n'avais jamais rencontré un serviteur aussi dévoué et aussi fidèle. Au milieu de fatigues inouïes, une seule pensée le guidait : voir sa chaloupe flotter sur le lac Tchad. Il est mort à la peine sans murmurer, parlant jusqu'au dernier moment des perfectionnements à apporter à la machine du canot. Il est mort sur le champ de bataille, laissant une veuve et un enfant de six mois.

« J'ai reçu l'avis de M. le docteur Cross, chef du service médical, que la dyssenterie du sergent-fourrier Coché s'aggravait, qu'il considérait comme impossible sa guérison en Afrique, et qu'il regardait comme urgent son retour en Europe. Je laisse cet officier-marinier à la disposition des Pères de Lyon, qui ont montré pour l'expédition un dévouement absolu et auxquels nous devons beaucoup. Je souhaite que l'humanité dont ils ont fait preuve envers nous ne leur attire pas de mauvais procédés de la part de la Compagnie.

« Il me restera donc le capitaine Silvestre (1), le tirailleur algérien et M. Tréhot, que vous avez bien voulu mettre à ma disposition. Après-demain, je partirai pour Lukodja, où j'espère arriver dans huit jours, si mes forces ne me trompent pas, car je devrai être désormais le mécanicien de l'expédition, et, de quelque bonne santé que jouisse un Européen, il est difficile de rester devant une chaudière dix heures par jour, alors que la température a atteint hier 37°, et qu'elle va augmenter en montant vers le Nord. Après quelques jours consacrés au repos et à la visite du matériel, j'entrerai dans la Bénoué, que je remonterai aussi haut que possible, de façon à pouvoir me transporter rapidement au Tchad en juin ou juillet, quand les eaux monteront. Si l'on m'avait laissé quitter Akassa un mois plus tôt, alors que les eaux étaient encore hautes, j'aurais pu arriver au Tchad en février !

« La grande difficulté sera le passage de Lukodja à Loko, où il n'y a, paraît-il, que 20 centimètres d'eau, et où je devrai passer mes embarcations par terre sur une longueur que j'ignore. Au delà de Loko, la Bénoué est navigable pour une chaloupe jusqu'à Djin.

---

(1) On sait que l'état de sa santé a également obligé le capitaine à revenir en Europe.

« J'ai reçu des coupures de journaux, dont l'une, prise dans le *Journal officiel*, reproduisait l'interpellation de M. Deloncle. M. le ministre des affaires étrangères a répondu : « Nous avons demandé au gouvernement anglais de vouloir bien rechercher les causes de cette attaque et les conditions dans lesquelles elles s'étaient produites ». Il sera difficile au gouvernement anglais de connaître la vérité, puisque l'enquête ne peut pas être contra-

M. SILVESTRE.

dictoire, à cause de mon absence. Je vous envoie quelques renseignements pour être opposés à ceux que fournira peut-être le gouvernement anglais.

« La Compagnie prétend que j'ai violé ses règlements en entrant par la rivière Forcados et le Ouaré. Je devais, d'après cela, entrer par Akassa. Comment concilier cette prétention, — ou ces règlements, — si vous le voulez, avec l'Acte de navigation du Niger ?

« Qui donc est dans son tort ? ou moi, qui poursuis une entreprise commerciale et scientifique, sur la foi des traités internationaux, ou la Royal Niger Company qui a cru devoir édicter des règlements contradictoires avec ces traités ?

« Ne voulant donner prise à aucune critique, je m'étais muni d'une quantité de charbon suffisante pour remonter jusqu'au premier port d'entrée, c'est-à-dire Agberi, sans avoir besoin de communiquer avec la terre, *sur laquelle nous n'avons pas mis le pied*, jusqu'au moment où nous avons été attaqués par les Patani. La nuit qui a suivi le combat, j'ai envoyé à terre des factionnaires, pour éviter les surprises de ce côté.

« La Compagnie donnera, sans doute, au gouvernement anglais la version que son agent fait courir à Agberi : à savoir que je descendais couper du bois dans les propriétés des indigènes sans leur donner aucune indemnité. Cet agent d'Agberi, dont la conduite envers moi a été d'autant plus brutale que j'étais blessé, m'a dit que *les Patani m'avaient attaqué parce que je n'avais pas respecté les règlements de la Compagnie.*

« Je dois ajouter que, le lendemain de l'attentat, un chef indigène ayant armé sa pirogue pour venir se joindre aux Patani, il a suffi d'un mot d'un Européen pour qu'il vînt, au contraire, à mon aide en m'apportant du bois. D'ailleurs, les Patani qui m'ont attaqué sont voisins (6 milles) du poste d'Assay et sont en relations avec celui d'Agberi. Les chefs venaient voir l'agent du district qui les recevait bien.

« J'ai des raisons de croire que l'agent d'Agberi avait connaissance de ma montée dans la rivière Ouaré.

« Le chef de district d'Agberi, M. Bedford, prétend aussi que j'ai été attaqué par les indigènes parce que je portais le pavillon français. Cela suffit pour faire juger de la bonne foi de cet agent.

« Bien au contraire, les indigènes demandent partout quand reviendront les Compagnies françaises, qui, étant purement commerciales, n'ont jamais eu d'affaires avec eux, tandis que les canonnières qui portent le pavillon de la Compagnie ont dû souvent bombarder et brûler leurs villages. Cela est tellement vrai qu'à Agberi même, dans la maison du chef de district, il y a un drapeau français entrelacé avec celui de la Compagnie, pour confirmer aux indigènes la fable que la Compagnie est franco-anglaise.

« D'ailleurs, dans les traités que la Compagnie impose aux chefs, elle introduit la condition de ne permettre à aucun étranger de mettre le pied sur leurs territoires. En un mot, cette Compagnie, en dépit de l'Acte de navigation du Niger, s'est assuré, par des moyens détournés, le monopole de la navigation dans le fleuve ; et, pour cela, loin d'assurer la sécurité de la part des indigènes, elle passe avec eux des engagements qu'ils considèrent comme une permission de se livrer à tous les excès vis-à-vis des étrangers.

« Je suis, etc.

« L. MIZON. »

Assaba, le 26 janvier 1891.

« Je vous écris encore d'Assaba, que je ne quitterai pas d'ici huit à dix jours, ayant de grandes réparations à faire à nos canots. Je dois attendre maintenant que l'eau monte dans la Bénoué, c'est-à-dire les mois d'avril ou de mai. Le quartier-maître mécanicien est mort le 17 janvier ; je suis obligé de renvoyer en France le sergent-fourrier, convalescent de sa dyssenterie, mais très frappé par la mort des deux autres. Le capitaine Silvestre rentre également en convalescence. Il me reste Félix Tréhot, plus vaillant que jamais, travaillant toujours avec entrain. Il prétend que deux morts et un convalescent sur sept personnes est la proportion qu'il a toujours vue dans les colonnes du Haut-Fleuve du Sénégal et que maintenant personne ne sera plus malade. Je possède aussi un bon auxiliaire dans le jeune Arabe, grand ami de Félix et plein d'admiration pour lui. Je vais chauffer moi-même en faisant la leçon à mes deux compagnons et ensuite ils pourront conduire tour à tour.

« Je suis peiné du retard apporté à ma mission mais je ne désespère pas, je ne désespérerai jamais et je ne m'inclinerai, le cas échéant, que devant l'impossibilité absolue ou devant la mort.

« La Compagnie me fait payer ce qu'elle me fournit 25 pour 100 plus cher qu'aux indigènes. »

Telles sont, monsieur le ministre, les lettres que nous avons reçues de notre agent et qui jettent une éclatante lumière sur la situation qui est faite aux étrangers dans le Niger, contrairement aux termes de l'Acte de Berlin. Il ne nous appartient pas de déterminer si la dignité des nations permettra à la Royal Niger Company de se moquer ainsi de leurs conventions et de prendre dans ce but les dispositions les plus illégales, les plus arbitraires, les plus barbares et les plus inhumaines.

Ce que nous demandons, parce que cela est notre droit, à nous commerçants français qu'on accuse parfois de manquer d'initiative, c'est d'être protégés par notre gouvernement dans l'exercice de nos droits les plus légitimes.

Il est établi, par les lettres de M. Mizon, que l'attaque dont il a été victime est la conséquence des instructions données par la Compagnie aux indigènes, et qui vont directement contre les engagements pris par le gouvernement anglais d'assurer la sécurité sur le fleuve.

D'autre part, tant cet attentat que les retards qui sont directement le fait de la Compagnie, nous ont déjà occasionné des frais considérables :

2000 francs envoyés à Akassa à M. Mizon ;

7450 francs réclamés par la Royal Niger Company pour frais de séjour ;

1050 fr. 60 de télégrammes remboursés à la Compagnie à Londres ;

Soit en tout : 10 500 fr. 60.

De plus, les retards causés par le fait de la Compagnie violant l'Acte de Berlin ont causé la mort de deux de nos hommes, ruiné la santé des autres, et nous causent un préjudice incalculable.

C'est le 22 octobre 1890, en effet, que nous avons reçu l'avis que M. Mizon désirait qu'on demandât pour lui, à Londres, l'autorisation de remonter le Niger. Cette demande a été immédiatement transmise à Londres par votre département.

Le 12 novembre, sur une seconde demande de M. Mizon, qui était guéri, nous renouvelons notre démarche.

Mais ce n'est que le 29 novembre que nous sommes avisés que la Royal Niger Company va télégraphier à son agent général. On nous fait même payer le télégramme.

Et, fait qui dévoile bien les calculs de la Compagnie, ce n'est que le 9 décembre, les eaux du Niger étant suffisamment basses, que M. Mizon est avisé, à Akassa, qu'il peut poursuivre sa route.

La responsabilité de la Compagnie est complète d'un bout à l'autre. Or, les articles suivants de la charte concédée à la Royal Niger Company attestent que le gouvernement anglais, signataire de l'Acte de Berlin, doit porter la peine de sa violation, car il n'a dépendu que de lui que cet Acte fût respecté par la Compagnie.

Art. 14. — Rien, dans la présente charte, ne sera considéré comme autorisant la Compagnie à établir ou à concéder le monopole d'un commerce quelconque. Le commerce avec les territoires de la Compagnie placée sous notre protection sera libre et il n'y aura aucune différence de traitement entre les sujets des puissances en ce qui concerne l'établissement dans le pays ou l'accès des marchés ; les étrangers, comme les sujets britanniques, seront toutefois soumis à des règles administratives, dans l'intérêt du commerce et de l'ordre.

Art. 15. — La Compagnie sera soumise à toutes les obligations et à toutes les stipulations relatives au Niger, à ses affluents, branches et embouchures, aux territoires avoisinants ou situés en Afrique, telles qu'elles figurent, acceptées par nous, dans l'Acte général de la Conférence de Berlin (26 février 1885) ou dans tout autre traité, agrément ou convention conclus ou à conclure entre nous et tout autre puissance. Ladite Compagnie exécutera, observera et acceptera toutes les obligations et stipulations en question.

Nous vous prions donc, monsieur le ministre, d'intervenir auprès du gouvernement anglais pour obtenir :

1° Le remboursement des 10 500 fr. que nous avons déboursés ;

2° Le payement d'une indemnité de 200 000 francs à laquelle nous évaluons le dommage qui nous est causé par les agissements de la Royal Niger Company en violation des traités.

Si nous n'obtenons pas justice, on saura que l'Acte de Berlin est abrogé en fait, en ce qui concerne les obligations de l'Angleterre et par la seule volonté de cette puissance. On saura que le Niger et ses affluents sont fermés à la navigation internationale par la volonté de la Compagnie, et que les négociants étrangers qui s'y risqueraient courraient le danger d'être assassinés par les indigènes « empressés à faire respecter les règlements de la Compagnie ».

Enfin, on ne serait plus en droit de reprocher aux négociants français de manquer d'initiative, puisque chaque fois qu'ils entreprennent quelque chose et qu'ils se heurtent à des prétentions étrangères, leur gouvernement est impuissant à leur faire rendre justice.

(*Suivent les signatures.*)

LES MISSIONS MONTEIL ET MÉNARD

Dans ma lettre du 10 juillet à M. Étienne, je faisais allusion à une expédition dirigée de Bammako vers le Tchad, à travers la boucle du Niger.

J'appris bientôt que cette expédition se préparait et que son premier objectif — peut-être sa première étape seulement — serait Say sur le Niger, l'un des points qui déterminent la limite sud de l'influence française. Le hardi voyageur qui se lançait dans cette entreprise était le capitaine Monteil, de l'infanterie de marine.

Je le connaissais un peu : je savais que quelques mois auparavant déjà, il avait failli entreprendre un voyage analogue. Monteil est un de ces Sénégalais dont les travaux, les explorations, les campagnes sont malheureusement trop peu connus en France. Sa première expédition là-bas date de 1877 ; peu de temps après, il devint adjoint aux affaires indigènes ; il en eut ensuite la direction. En 1884, il était chef de la mission topographique dont Binger faisait partie. Divers travaux scientifiques ont attiré sur lui l'attention. Les qualités maîtresses du capitaine Monteil sont une énergie peu commune et une véritable obstination à poursuivre le but qu'il s'est assigné.

En même temps qu'il me contait ses desseins, le capitaine Monteil me mettait au courant d'une autre expédition qui, pour être moins aventureuse, n'est guère moins intéressante :

c'est celle de son camarade le capitaine Ménard, de l'infanterie de marine.

Celui-ci avait accepté la mission de remonter de Grand-Bassam vers le Gourma et le Mossi, puis de se rabattre à l'ouest vers la côte, en complétant ainsi les remarquables travaux du capitaine Binger.

LE CAPITAINE MONTEIL.

Ces deux expéditions me paraissaient également bien conçues; elles se rattachaient directement au plan d'ensemble que j'avais esquissé dans ma première lettre à M. Étienne. L'administration des colonies, qui les a organisées, doit être louée encore une fois de son esprit d'initiative et de sa décision. Que de résultats peuvent être obtenus ainsi avec de minimes ressources!

MM. Monteil et Ménard partirent ensemble par le bateau du 20 septembre, quelques jours seulement après Mizon.

Voici des extraits des lettres reçues d'eux depuis lors.

EXTRAITS DES LETTRES DU CAPITAINE MONTEIL

« Kayes, 28 octobre 1890.

« Le 9 octobre, nous quittions Saint-Louis, à bord de la *Camargue*, de la maison Buhand-Teissère ; le 18 nous arrivions à Kayes, où je campais à 1 kilomètre 1/2 du fort.

« La question des porteurs n'était pas facile à résoudre : d'une part, c'est le moment des récoltes et les noirs ne louent que difficilement leurs services à cette époque ; d'autre part, la pépinière des porteurs est le cercle de Médine ; or, la campagne d'hivernage autour de Koniakary a déterminé le passage sur la rive droite, comme auxiliaires, de la grande majorité des Khassonkais.

« Je ne savais trop comment sortir de cette impasse, lorsque le colonel Archinard m'offrit fort obligeamment de faire transporter tout mon matériel à Kita, par un convoi de mulets qu'il doit y envoyer. A Kita, je trouverai facilement à recruter des porteurs pour le reste de la route et, sur le parcours, je compte faire des achats de bourriquots, que je compléterai avant de passer le Niger.

« Ma santé est excellente. Je souhaite qu'elle reste telle, car c'est pour moi le seul nuage qui puisse obscurcir l'avenir ; fatigues, privations, travail, déceptions, cortège habituel de la vie du voyageur, rien de tout cela ne saurait influencer mon moral, si la santé demeure... »

« Ségou-Sikoro, 20 décembre 1890.

« Partis de Bafoulabé le 5 novembre, avec le convoi sous les ordres de M. le capitaine d'artillerie Parizot, nous atteignons Badumbé le 9. Badumbé, petit poste sur le Bakhoy, a été très fortement endommagé par les inondations exceptionnelles de cet hivernage. Le poste a dû être évacué et plusieurs bâtiments se sont écroulés. On avait dû établir auprès de la montagne un poste provisoire, en attendant que les réparations qui étaient en cours d'exécution lors de mon passage fussent terminées.

« Partis de Badumbé le 10, nous étions le 11 en face du gué

de Toukoto. Le 13 seulement, le convoi se trouvait sur l'autre rive du Bakhoy et pouvait reprendre sa marche sur Kita; le gué était en effet très difficilement praticable : la profondeur était de 1^m,30 dans le rapide, et un courant très violent rendait le passage des plus dangereux. Je pus, en cette circonstance, expérimenter mon petit canot Berton, avec lequel je fis passer mes instruments, mes caisses d'argent et mes cantines. Je suis très satisfait de cette embarcation, si légère qu'un homme la porte aisément, peu encombrante, et cependant solide et stable.

« Ayant quitté la rive droite du Bakhoy le 14 au matin, nous atteignions Kita le 17 au matin. Cette partie de la route a été jusqu'à ce jour la plus fatigante. L'habitude des convois de partir entre deux heures et trois heures et demie du matin ne me convient nullement : la nuit, aussi bien en Afrique qu'en France, est faite pour se reposer, et je crois qu'il est nuisible de s'écarter de ce principe; quant à moi, du moins, j'en ai toujours ressenti de très mauvais effets. Partir au jour, marcher jusqu'au moment où la chaleur devient trop pénible pour les animaux, c'est-à-dire vers dix heures, repartir le soir entre deux et trois heures et prendre campement avant la nuit venue, me semble préférable à tous les points de vue. J'ai toujours appliqué cette méthode de marche, aussi bien ici qu'en Annam, où cependant je commandais une compagnie de 250 Européens, et j'en ai obtenu les meilleurs résultats. Si je compare la marche de Kayes à Kita à celle de Kita à Ségou, je constate que dans cette dernière partie je n'ai pas eu un instant d'indisposition, que Badaire n'a eu qu'un accès de fièvre au départ de Koundou, tandis que de Badumbé à Toukoto j'ai eu un très fort accès de fièvre et que Badaire n'a pas été bien portant un seul jour.

« A Kita, le 24 novembre, quatre-vingt-dix porteurs, réunis avec toute la diligence possible par les soins de M. le capitaine Conrad, commandant le poste, me furent remis, et le lendemain matin nous étions en route. Nous arrivions à Koundou le 28 et à Bammako le 2 décembre à midi.

« Là, je pris de nouveaux porteurs et nous étions de nouveau en route le 4 au matin, et à Koulicoro le 6. En ce point je réglai les porteurs et, autant par économie que pour gagner du temps, j'apprêtai huit grandes pirogues qui, parties de Koulicoro le 7 à une heure de l'après-midi, m'amenaient à Ségou le 10 à dix heures du matin. Pendant ce temps, Badaire continuait par la voie de terre avec la plus grande partie du personnel et les animaux.

Allant de Koulicoro à Nyamina, sur la rive gauche du Niger, puis passant à ce point sur la rive droite, il arrivait à Ségou sans incident le 14 décembre au matin.

« ... La route la plus courte pour gagner le Mossi traverse les territoires d'Ahmadou Addou, qui avait été jusqu'ici assez malveillant pour les étrangers. Or, ces jours passés, le capitaine Underberg, résident de Ségou, a reçu d'Ahmadou Addou une lettre dans laquelle celui-ci proteste de ses bonnes dispositions à notre égard et annonce l'envoi d'un de ses hommes de confiance.

« Voici probablement la raison intéressée de cette démarche :

« Vous savez que le cheick Tidiani a eu pour successeur dans le Macina, Mounirou, frère du cheick Ahmadou et comme lui fils d'El Hadj Omar. Or, Mounirou ne jouit d'aucun prestige personnel. Il est soutenu par une poignée de sofas fanatiques qui s'en servent comme d'un centre de ralliement en attendant mieux. Ce mieux peut être Ahmadou, lorsqu'il sera chassé de Nioro.

« Ahmadou Addou, héritier direct de la couronne du Macina, a sans doute pensé que si cette éventualité se réalisait, nous ne supporterions pas le voisinage d'Ahmadou, et que, pour gouverner le pays, nous ferions volontiers appel, comme dans le Ségou, à l'ancienne famille régnante. Il songe probablement à poser sa candidature.

« Je puis profiter de ces bonnes dispositions et traverser son territoire, qui m'offre la route la plus directe vers le Mossi, ou bien redescendre par Sikasso, capitale de Tiéba.

« Tous les officiers qui ont approché ce potentat indigène ne tarissent point en éloges sur son compte. Allié loyal et dévoué, Tiéba est le chef incontesté de l'immense pays qu'il a soumis à sa domination. Il est actif, brave, intelligent, très énergique. Notre résident auprès de lui, le capitaine Quiquandon, a su prendre une position de conseiller très écouté.

« De Sikasso part la route suivie par le capitaine Binger, qui, par Niantenombo, Bobo-Dioulassou, Ouakara, conduit à Ouaghadougou. Cette route vient d'être parcourue de nouveau par le docteur Crozat, qui est de retour et a rejoint, devant Kinian, le lieutenant Spitzer, le capitaine Quiquandon, Tiéba et Bodian, fama de Ségou.

« Je vais d'abord essayer de passer par le Nord, pays plus neuf à notre point de vue ; mais si je rencontre des difficultés, je redescendrai vers Sikasso et Ouaghadougou.

« J'ai fait, le long de la route de Kita à Ségou, un assez grand nombre d'observations astronomiques dont j'enverrai les éléments de calcul à M. de Lannoy de Bissy.

« Mes calculs de longitude n'ont pu encore être terminés. Je compte les établir aussitôt que seront arrêtées les observations que je fais ici de concert avec M. l'enseigne de vaisseau Hourst, commandant de la flottille.

« Voici les latitudes :

Kita........	13° 02' 18"54 N.	(Moyenne de trois observations)
Guenikoro...	12° 08' 56" N.	—
Koundou.....	13° 11' 13"57 N.	—
Bammako....	12° 38' 54"37 N.	—
Manambougou	12° 45' 07"09 N.	—
Koulikoro....	12° 55' 03" N.	—
Ségou-Sikoro.	13° 37' N.	(Moyenne de deux observations au théodolite faites par MM. Monteil et Hourst.)

« Toutes mes observations, sauf celle de Ségou, ont été faites à l'horizon artificiel et au sextant et soigneusement calculées. La position *vraie* de ces points sur les cartes est seule à modifier; car les positions relatives d'un point par rapport à l'autre demeurent sensiblement identiques.

« J'envoie à la Société de géographie commerciale et à la Société de géographie de Lille une plante des plus intéressantes. Je n'ai point la prétention de l'avoir découverte, car Mage lui-même en parle dans son ouvrage. Cette plante croît dans le bassin du Sénégal et, dans les jardins du Bas-Fleuve, j'en ai vu souvent. Elle porte en ouoloff le nom de *bissago bouki*; nous l'appelons, nous, oseille sauvage, parce que son fruit rappelle vaguement le goût de l'oseille. Mais, sur les bords du Niger, elle est cultivée en champs, à l'instar du mil, et atteint comme tige des dimensions de trois et quatre mètres. Les Bambaras la nomment *da*. Le ligneux de la plante qui, scientifiquement, se nomme *ibiscus canabinus*, est la partie intéressante. Il donne une fibre textile très longue, dont les Somonos (pêcheurs) se servent, après l'avoir laissée rouir sous l'eau, comme nous faisons du chanvre, pour en faire une filasse grossière qu'ensuite ils tranforment en corde pour leurs embarcations. Le mode de préparation est des plus rudimentaires et le séjour sous l'eau (dix ou quinze jours) insuffisant, je crois, pour détacher complètement la gomme adragante contenue dans le ligneux. Je crois qu'avec une préparation meilleure on obtiendra un produit très supérieur à celui que fabriquent les Somonos. Cette plante n'est pas une ramie ; c'est une plante annuelle qui vient de semis. »

« San, 15 janvier 1891.
Latitude : 13° 19′ 17″40 — longitude : 7° 15′ 30″

« San est une sorte de ville libre avec territoire neutre, couvert de rizières, sur la rivière de Bani (Mayel Balével des cartes), à environ 20 kilomètres de ce cours d'eau. Il est à peu près bien placé sur la carte de Binger. Au milieu de voisins pillards, l'almamy Alassana a su conserver l'indépendance de sa ville, en ne prélevant aucun droit sur les caravanes. Aussi celles-ci affluent-elles de toutes parts et la situation commerciale de San est bien supérieure à celle de Ségou ou de Bammako. L'almamy trouve son compte à cet état de choses, car, sous forme de cadeaux librement consentis, il obtient plus qu'il ne tirerait d'un impôt fixe. J'ai tenu à maintenir dans le traité cette coutume.

« A San, les Maures de Timbouktou et les Armat (population noire de Timbouktou) apportent le sel ; les Marcas et Bambaras, le mil, le riz, la corde ; le coton y vient du Bendougou, les gens du Haoussa offrent des étoffes, des crins et des métaux ouvragés. Il se fait un grand commerce d'ouvrages de cuir, que les Bobos travaillent très bien. Ces derniers élèvent aussi de nombreux chevaux très robustes. Enfin les couvertures (dampés), les boubous et pantalons brodés, les selles du Macina, font l'objet d'un commerce actif.

« Notre voyage de Ségou ici n'a pas été sans difficulté. Nous avons dû deux fois, aux villages de Faneté et de Ouakoro, sur les confins du Sarro, passer la nuit sur la défensive ; mais j'ai réussi à éviter toute collision.

« La route, fort mauvaise de ce côté du Bani, a fortement éprouvé mes animaux ; nous avons mis sept à huit heures pour faire des trajets de 5 à 6 kilomètres, parce que nous avions à franchir des marais de 400 mètres de largeur parfois, au travers desquels les animaux ne pouvaient passer avec leurs charges habituelles.

« Notre santé se maintient excellente.

« Voici les longitudes des points dont les latitudes vous sont parvenues par ma dernière lettre de Ségou.

« Longitude adoptée Manambougou 9° 52′.

« (Toutes les longitudes ont été rapportées à celle-ci.)

Bammako...................		longitude 10° 12'	
Koulicoro...................		—	9° 45' 45"
Ségou, latitude.......	13° 37' 06"	—	8° 33' 45"
Kala —	13° 28'	—	7° 53' 08"4
Fatené —	13 35 ' 38"61	—	7° 36' 09"
San —	13° 19' 17"40	—	7° 15' 30"

« Toutes ces positions sont les résultats d'observations et calculs astronomiques.

« J'ai réussi à faire signer le traité suivant à l'almamy de San (texte français-arabe). »

Traité entre la France et l'almamy de San

Entre nous, Monteil (Parfait-Louis), capitaine à l'état-major hors cadres de l'infanterie de marine, chevalier de la Légion d'honneur, officier d'Académie, représentant du gouvernement de la République française, muni des pouvoirs nécessaires, et Almamy Alassana, almamy de la ville de San, a été conclu le traité dont la teneur suit :

Article Ier.

L'almamy de San, en son nom et au nom de ses successeurs, place son pays sous le protectorat de la France.

Article II.

La France reconnaît l'indépendance de la ville de San sous l'almamy et ses successeurs. Elle s'engage à assurer cette indépendance contre les entreprises des pays voisins.

Article III.

L'almamy de San s'engage à protéger par tous les moyens en son pouvoir le commerce des caravanes.

Article IV.

Le commerce sera entièrement libre à San, comme il est présentement ; les caravanes n'y seront assujetties à aucun droit, soit à l'arrivée, soit au départ.

Article V.

Dans tous les pays de domination ou de protectorat français, les caravanes venant de San seront efficacement protégées et aucun droit ne sera prélevé sur elles. A cet effet, pour que leur provenance soit incontestée, elles devront, au départ de San, faire viser leur laisser passer par l'almamy.

Article VI.

Les Français ou sujets français qui viendront s'établir à San pour y faire le commerce seront, eux et leurs biens, sous la sauvegarde directe de l'almamy, qui sera responsable de tout pillage ou vexation commis contre eux.

Article VII.

Les contestations entre indigènes seront soumises à l'almamy et jugées par lui.

Les contestations entre indigènes et sujets français, si elles ne peuvent être arrangées à l'amiable par l'almamy, seront portées devant le résident de Ségou.

Article VIII.

L'almamy de San s'engage à ne passer aucun traité avec une puissance européenne étrangère, sans le soumettre au préalable à la sanction du gouvernement français.

Article IX.

Comme signe efficace de notre protection, dont il pourra user comme de droit, l'almamy de San a reçu un pavillon français, qu'il s'engage à conserver.

Fait à San, le 14 janvier 1891, en quadruple expédition, dont une a été laissée entre les mains de l'almamy Alassana, pour lui servir ce que de droit, trois conservées par nous : l'une pour être envoyée à M. le président du conseil des ministres, la deuxième pour le commandant supérieur du Soudan français, la troisième pour nous-même.

Signé : Monteil, Badaire, membre de la mission, Macoura Sik, interprète.

Almamy Alassana.

« Souro, le 2 mars 1891 et Samoroghan, le 4 mars 1891.

« En quittant San, je comptais marcher au sud jusqu'à Bougounso ou au plus loin Oulenguena, et de là prendre une route à l'est; mais je me rendis compte, au cours de la route, qu'un interprète parlant le *miniankha* et un autre parlant le *bobo* m'étaient indispensables. Or, malgré les offres les plus séduisantes, je n'ai pu décider personne à m'accompagner ; aucun des indigènes ne pouvant se faire à la pensée de s'entendre traiter au village voisin, s'il est tant soit peu hostile, de « captif de blanc », nom qu'ils donnent aux noirs qui nous accompagnent et qui est une expression de souverain mépris.

« Je viens de parler de la langue miniankha. Je ne me doutais pas moi-même de son existence avant de quitter San. Or, les gens qui la parlent sont des Bamanas (Bambaras) bien purs ; ils se disent tels eux-mêmes. La consonance peut prêter à l'illusion, mais le fond même de la langue est complètement différent du bambara. Ce n'est point, à mon avis, un dialecte ; car entre un dialecte et la langue mère il y a toujours des affinités que l'on peut saisir. Là rien de semblable, du moins au premier examen, nécessairement un peu superficiel.

« En dehors du défaut d'interprète, je devais tenir compte de la remarque suivante : A l'est de la route San-Sikasso, au sud des territoires des colonies Peuhls, les villages forment des groupes complètement indépendants les uns des autres, entretenant entre eux des relations généralement peu sympathiques et n'obéissant à aucune autorité supérieure.

« Enfin nos animaux, en grande partie blessés, marchaient avec peine et je ne pouvais maintenir à mon convoi la cohésion nécessaire. Souvent la tête et la queue étaient séparées par plus de deux heures de marche. Cependant j'avais déjà dû, pour m'alléger, laisser sept caisses de ballots et mon bateau même à San.

« Dans ces conditions, je pris le parti de laisser reposer quelques jours mon convoi à Oulenguena et de pousser jusqu'à Kinian, pour y voir le capitaine Quiquandon et le docteur Crozat. Le 28 janvier, je quittai Oulenguena dans l'après-midi, dans d'assez mauvaises conditions de santé. J'emmenais trois engagés, mon interprète et trois porteurs que l'on changeait de village en village, souvent avec bien des difficultés. Le 31, j'arrivais à Kinian à cinq heures du soir, complètement épuisé, ayant eu, dans les quarante-huit heures précédentes, deux très violents accès de fièvre.

« Je fus reçu à bras ouverts par le capitaine Quiquandon, le docteur Crozat et le lieutenant Spitzer. Ce dernier était, dans la journée, venu au-devant de moi avec les deux famas du Kénédougou et de Ségou et une nombreuse suite de cavaliers et de fantassins. Je trouvai le capitaine Quiquandon très fatigué, miné par une dyssenterie qui durait depuis cinq mois.

« J'exposai au capitaine Quiquandon la situation dans laquelle je me trouvais. Il me dit avoir tous les moyens d'y porter remède ; qu'on me trouverait des porteurs et des animaux. En ce qui concerne la route à prendre, il me conseillait de faire venir mon convoi à Sikasso et de prendre là la route suivie par le docteur

Crozat. Celui-ci avait ramené du Mossi et du Dafina des hommes qui me serviraient de guides et d'interprètes.

« Dès le lendemain, nous envoyions chercher le convoi qui, sans passer par Kinian, devait directement se rendre à Sikasso où je le rejoindrais : douze porteurs, avec un envoyé du fama du Kénédougou, partaient en même temps pour San, afin d'y chercher ce que j'y avais laissé.

« Le 12, mon convoi était rendu à Sikasso, mais mes hommes ne revenaient de San que le 24, après avoir été attaqués en route, pendant le retour, dans le Kénédougou même. Cela indique qu'il ne règne qu'une sécurité toute relative, même dans les pays où l'autorité semble la mieux établie ; car Tieba, fama du Kénédougou, est craint et respecté dans le pays qu'il a en partie conquis et qu'il a victorieusement défendu contre Samory, il y a quatre ans.

« Tieba, que j'ai vu très souvent pendant les quatorze jours que j'ai passés à Kinian, est une physionomie très particulière et très sympathique à la fois. C'est un chef dans l'acception que nous-mêmes attachons à ce mot ; il tient admirablement son armée, qui lui est très dévouée. Il forme, notamment au point de vue de la prévoyance, un frappant contraste avec Samory, qui tue les adultes et vend les femmes et les enfants des villages dont il s'empare.

« Tieba n'opère pas de même : après s'être défait des chefs, il transplante les populations, d'abord à Sikasso, sa capitale, immense village de deux mille mètres de tour, avec tata de six mètres de haut ; puis il les envoie dans des villages de culture qui lui appartiennent.

« Enfin, lorsqu'au bout de quelques années il est satisfait de leur conduite, il les autorise à fonder de nouveaux villages, mais hors de leur territoire primitif.

« Tieba donne à l'agriculture une attention toute spéciale et je n'ai vu encore aucun pays dans lequel elle soit aussi bien comprise. Le *daba* dont on se sert dans le Kénédougou a jusqu'à 50 centimètres de long et autant de large et les terres sont défoncées jusqu'à 50 et même 70 centimètres.

« Le fama a, autour de Sikasso, d'immenses lougans, dans lesquels il va lui-même travailler. Dans chaque village, il est cultivé pour lui un lougan dont le produit lui appartient ; les villages qu'il fait fonder lui doivent la moitié de la récolte. Ceci explique que lorsque Samory vint mettre le siège devant Sikasso, qui renfermait alors 10 000 personnes, les assiégés avaient des provisions pour trois ans.

« Tieba saisit immédiatement les avantages d'une chose nouvelle qu'il a vue et sait très bien l'adapter à son milieu. Chose rare chez un noir, c'est un esprit posé, réfléchi, qui n'abandonne rien au hasard. A l'inverse de la plupart des autres noirs, qui ne voient dans leur famille que des rivaux et des ennemis et qui l'éloignent, Tieba conserve auprès de lui ses frères qui ont pour lui une profonde affection et la lui témoignent en toute circonstance.

« Tieba est d'une bravoure à toute épreuve et porte les cicatrices de nombreuses blessures reçues en combattant.

« On comprend que toutes ces qualités en fassent un personnage très particulier dans ces régions, et qu'il ait produit une vive impression sur les officiers français qui l'ont approché.

« Le capitaine Quiquandon qui, depuis un an bientôt réside auprès de Tieba, a acquis sur lui une influence personnelle considérable. Cette influence, due d'abord aux qualités personnelles du résident, a été accrue encore pas les circonstances suivantes : Au siège de Lantana, auquel le capitaine Quiquandon assistait en spectateur, le *diasa* (poste fortifié) du capitaine a été attaqué ; grâce aux mesures prises par lui, le combat qui s'en est suivi a été une victoire complète, où des centaines d'assaillants sont restés sur le carreau. Cette attaque venait précisément des gens de Kinian, qui avaient envoyé cette colonne pour faire lever le siège de Lantana. Depuis cette époque, une affection très réelle unit le capitaine et Tieba.

« Ce serait, je crois, un des procédés d'extension les plus rapides et les moins coûteux, que d'avoir ainsi des résidents auprès des grands chefs noirs ; mais les chefs noirs de l'envergure de Tieba sont rares et les résidents de l'habileté du capitaine Quiquandon ne le sont guère moins.

« Lorsque Binger vint au camp de Samory devant Sikasso, il examina l'aspect de la ville et celui des assaillants et il dit à Samory que jamais il ne prendrait Sikasso. Mon camarade ne pouvait prévoir que par surcroît l'armée presque entière de Samory resterait sous les murs de Sikasso. Tieba ayant appris le propos de Binger et aussi qu'il offrait sa médiation, envoya des cavaliers vers Tengréla pour le saluer, le remercier et lui assurer bon accueil ; mais les cavaliers arrivèrent trop tard, Binger n'ayant pu entrer à Tengréla, avait continué sa route.

« Quant à Bodian, fama de Ségou, c'est lui aussi une physionomie des plus sympathiques; on peut dire qu'il est complètement francisé, mais il est loin d'avoir l'envergure de Tieba. Il nous sera d'autant plus fidèle qu'il n'a rien à craindre de Nioro, depuis que Dama y a été installé comme fama.

« J'ai trouvé auprès du capitaine Quiquandon l'accueil le plus empressé. Quant au docteur Crozat, il m'a donné tous les renseignements dont j'avais besoin avec un désintéressement rare chez un explorateur qui vient d'accomplir une œuvre personnelle et qui voit un autre voyageur marcher sur ses traces.

« J'ai quitté Kinian le 13 février pour rejoindre mon convoi à Sikasso où je suis arrivé le 15. J'en suis parti le 26 au matin avec un convoi complètement réorganisé. Grâce au concours du capitaine Quiquandon, j'avais reçu dix bœufs porteurs pour remplacer pareil nombre des miens trop fatigués et vingt-cinq hommes porteurs. J'avais en tout vingt-cinq porteurs, quatorze bœufs et dix bourriquots.

« Guidé par un cavalier de Tieba, je suis arrivé hier à Samorhogan, dernier village dépendant, nominalement au moins, du fama du Kénédougou.

« Très fatigué depuis deux jours, j'ai dû passer ici la journée pour écrire. J'avais aussi à renvoyer des messagers au village de Sonro où je m'étais arrêté et où l'on a pris à mon guide une carabine m'appartenant. Cette arme n'a pu être retrouvée, me disent les hommes envoyés, qui reviennent à l'instant. Il y a de la sorcellerie dans l'affaire : l'arme avait été déposée sous l'arbre sacré du village, le diable l'a prise et, malgré les invocations qu'on lui a adressées durant la nuit, il n'a pas voulu la rendre. Sorciers et marabouts sont les pires ennemis du voyageur dans ces régions.

« Je partirai demain et, dans cinq ou six jours je pense être à Bobo-Dioulassou ; malheureusement Badaire vient d'avoir un fort accès.

« Je vous adresse l'étude d'un cas de lèpre amputante suivi de guérison. J'avais déjà entendu dire au cours de ma dernière mission que, de l'autre côté du Niger, le remède de la lèpre était connu. J'ai, parmi mes hommes, le nommé Abdoulaye, qui a accompagné le docteur Crozat dans le Mossi. Cet homme a eu la lèpre; il est guéri; je l'ai fait parler et il m'a indiqué les remèdes. Je suis maintenant à la recherche de captifs lépreux. On me fait espérer que j'en trouverai à Bobo-Dioulassou. Je ferai appliquer le médicament sous mes yeux et, alors seulement, je pourrai juger en connaissance de cause.

« De Sikasso, je vous ai adressé de la soie du pays. C'est là, je pense, un produit des plus intéressants, étant donnée surtout la forme sous laquelle il se présente. Au lieu d'être un cocon unique renfermant une chrysalide, c'est une agglomération de chrysalides enveloppée d'une tunique extérieure de soie blanche et fine. La forme est variable suivant que l'essaim est venu se former contre le tronc de l'arbre ou à la commissure de deux branches. Le cocon simple existe aussi, mais c'est une rare exception.

« C'est dans le Mossi seulement que l'on file et tisse cette soie. Elle vient de Sati (carte Binger) ou du Kénédougou, à un jour au sud de Sikasso; mais on la trouve aussi, m'a dit le capitaine Quiquandon, dans le Macina et le Fouladougou. J'en ai fait préparer une partie suivant la méthode du Mossi : on fait bouillir dans une eau mêlée de cendres, jusqu'à ce qu'il se forme une sorte de filasse. J'ai joint à mon envoi la soie ainsi préparée, ainsi que quelques mètres de fils de soie ainsi obtenus, l'une à peu près blanche, l'autre brune. Un des paquets pourrait être envoyé à la chambre de commerce de Lyon, par exemple. Avec de meilleurs procédés de préparation, peut-être pourrait-on obtenir de bons résultats. Cinq kilos de cocons valent de 10 à 15 francs.

« Voici les points déterminés par coordonnées géographiques :

San. — Longitude rectifiée 7° 09′ 55″ au lieu de 7° 15′

Scienso... { Latitude 13° 14′ 40″
           { Longitude 7° 11′ 55″

Szangatori { Latitude 12° 59′ 04″6
           { Longitude 7° 19′ 45″

Bougounso { Latitude 12° 41′ 14″4
          { Longitude 7° 31′ 41″

Koumbéri. Latitude 12° 27′ 46″

Kouoro... Latitude 12° 02′ 08″

Kinian.... { Latitude 11° 51′ 51″ (moyenne de trois observations)
           { Longitude 8° 19′

Sikasso... { Latitude 11° 18′ 57″ (moyenne de trois observations)
           { Longitude 7° 52′ 02″

» Les latitudes sont toutes exactes; les longitudes devront être revues. »

EXTRAITS DE LETTRES DU CAPITAINE MÉNARD

« Grand-Bassam, 13 novembre 1890.

« Je compte partir prochainement pour Bondoukou, avec l'aide de la pirogue et des hommes que m'a prêtés le roi de Grand-Bassam.

« Je ne pourrais, sans augmenter trop considérablement mon bagage, emporter les cadeaux destinés aux gens de Kong. Il me paraît d'ailleurs plus avantageux de procéder de la façon suivante. J'ai demandé au roi de Grand-Bassam deux hommes de confiance qui m'accompagneront jusqu'à Kong et en reviendront avec les envoyés du chef chargés par lui d'aller à Grand-Bassam toucher les coutumes. Sur toute ma route, je présenterai aux chefs les envoyés de la côte, en demandant de leur assurer le libre passage au retour. J'emporterai seulement pour les chefs de Kong la partie des coutumes, consistant en 300 pièces d'argent de 5 francs. Je leur dirai que, pour le reste, ils peuvent avoir confiance que les deux hommes qui sont venus avec moi se chargeront de conduire leurs envoyés, sans aucun danger, jusqu'à Grand-Bassam et que, si je n'ai pas apporté le tout, c'est parce que je tiens à ce qu'ils entrent en relations directes et suivies avec le résident de France. »

LE CAPITAINE MÉNARD.

« Yacassé, 1ᵉʳ décembre 1890. »

« Je suis parti de Grand-Bassam le 22 novembre seulement. J'ai été retardé par une brûlure sérieuse que je m'étais faite au bras droit en manipulant une lampe à pétrole. Il m'a fallu attendre la cicatrisation complète.

« Depuis quelques jours, je vis seul dans la brousse. Mon plus grand ennui me vient des noirs, dont je dois supporter les discours. Certains jours, les palabres durent dix heures, cinq le matin et cinq le soir, me laissant à peine le temps de manger. On ne saurait croire combien ces gens sont bavards. Heureusement, je suis assez calme : j'allume une pipe, je les écoute et de temps en temps on fait circuler un vase rempli de vin de palme, qu'on goûte avant de me le passer, afin de prouver qu'on ne veut pas m'empoisonner.

« Le pays est superbe; la végétation est tellement fournie qu'il serait presque impossible de passer ailleurs que dans les chemins. Les arbres, gigantesques, sont d'un vert magnifique. Il est vrai qu'il pleut sans cesse. Mais je crois que je serai bientôt arrivé à la fin de la saison des pluies et alors je marcherai plus rapidement. »

« Bestié, 22 décembre 1890. »

« Mon voyage se continue dans les meilleures conditions. Je n'ai pas encore eu la plus légère indisposition. Malheureusement, les pluies n'ont pas encore cessé et j'ai grand'peur qu'elles n'endommagent à la fin mes marchandises et mon matériel.

« Les nuits sont fraîches et la chaleur est moindre qu'au Sénégal. Mais lorsqu'on s'arrête dans les villages à l'époque de la lune, — actuellement par exemple — il faut supporter le soir d'affreux charivaris, parfois donnés en mon honneur. Hier, il est mort un homme : toute la nuit, parents et amis n'ont cessé de hurler, avec accompagnement de tambours.

« J'ai été bien reçu ici, par un chef puissant, qui me fournit abondamment de vivres. J'ai des œufs et du poisson frais tous les jours pour ma table, des moutons et des bananes pour mes hommes.

« Le pays est toujours superbe; c'est la végétation tropicale dans toute sa splendeur. »

On a su, depuis lors, que le capitaine Ménard était arrivé en bonne santé à Kong.

VUES D'ENSEMBLE

Dans l'été de 1890, mes études et mes réflexions m'avaient amené aux conclusions générales que j'expose plus loin relativement aux trois possessions françaises qui doivent servir de base d'opérations à la constitution de notre empire africain : l'Algérie-Tunisie, le Sénégal et le Congo. Je laisse naturellement de côté, dans l'exposé de ces vues d'ensemble, tout ce qui n'est pas d'une utilité immédiate, tout ce qui tendrait seulement à la consolidation d'un état de choses déjà acquis. Pour les territoires occupés ou non contestés, nous aurons tout le temps de discuter à perte de vue pendant des années et des années, sur les beautés respectives du régime civil ou du régime militaire, du système des grandes compagnies à charte ou du système d'administration directe. Pour le moment, il y a une œuvre plus urgente à accomplir : courir aux territoires encore vacants ou nos rivaux pourraient nous devancer; fermer les enclaves par lesquelles ils s'efforcent de pénétrer au cœur de notre zône d'influence.

C'est à ce point de vue spécial que je me suis placé dans les rapides études qui vont suivre, semées au courant de la plume, je l'avoue, de réflexions et d'observations qui s'écartent parfois un peu du sujet.

LE SUD DE L'ALGÉRIE-TUNISIE

Voici bien des années que nous sommes arrêtés presque au même point de la lisière du Sahara. El Goléa, où le général de Galliffet a poussé notre domination, est demeurée notre avant-garde dans le désert. Dans le Sud-Oranais, la révolte de Bou-Amama nous a pourtant fourni l'occasion de prolonger jusqu'à Aïn-Sefra le chemin de fer des Hauts-Plateaux et de nous avancer un peu vers Figuig. Mais qu'est-ce que cette timide pénétration en face des immensités qui s'ouvrent devant nous?

Notre immobilité se justifie aux yeux de nombre de gens par trois raisons principales :

1° Aucune puissance rivale ne nous disputera le Sahara ; nous ne sommes donc pas pressés d'agir ;

2° Il y a des difficultés assez sérieuses à vaincre : la nature du sol et le climat d'abord, puis l'hostilité des populations touareg ;

3° Enfin on voit bien la dépense qu'occasionnerait toute tentative de pénétration ; on discerne moins le profit que nous en pourrions tirer.

Or, il n'est plus exact de dire qu'aucune puissance rivale ne nous dispute le Sahara ; au contraire, comme je l'expliquerai tout à l'heure, le Maroc, obéissant à certaines suggestions, émet la prétention de s'installer dans les oasis du Touat et du Tidikelt et de nous couper ainsi la route du Sud.

C'est aussi une erreur de croire que la traversée du Sahara présente en soi de sérieuses difficultés provenant des hommes ou du climat. On sait maintenant quelles sont les causes de l'échec et de la mort de Flatters. Cela ne prouve rien contre les tentatives futures de pénétration. M. Foureau avait formé l'an passé le projet de traverser le Sahara à la tête d'une troupe armée. Matériellement, je ne vois pas ce qui l'eût empêché de réussir. Il reste à examiner — et je n'ai pas la compétence nécessaire pour me prononcer — si le résultat obtenu eut été proportionné à l'effort et si c'est ainsi qu'il est préférable de procéder vis-à-vis des populations sahariennes. En tout cas, de quelque façon que s'opère la pénétration il est aujourd'hui connu qu'elle ne rencontrera pas de résistance vraiment redoutable.

Assurément toute entreprise saharienne coûtera fort cher de premier établissement. Mais il n'est aucunement démontré que les résultats ne seront pas, dans un avenir assez rapproché, proportionnés à l'effort. Le tout est justement de mesurer l'effort aux résultats qu'on peut d'avance considérer comme assurés.

Il n'y a donc pas de raison sérieuse de demeurer en Algérie-Tunisie dans l'état d'immobilité où nous sommes depuis trop longtemps. Nous avons, au contraire, de sérieux motifs d'agir et de marcher vers le Sud.

Mais comment? Quelles sont les entreprises urgentes? Quelles sont celles qui peuvent être différées?

Ici je suis bien forcé de dire nettement mon opinion sur la grosse question qui a été posée ou discutée notamment par MM. le général Philebert et Rolland, Fau et Foureau, Fock, le commandant Deporter, Duponchel, Melchior de Vogüé, etc.

Mais je me prononcerai seulement sur la question de principe et de date, non sur la question de tracé qui me paraît secondaire. En effet, il faudra toujours, lorsqu'on passera à l'exécution, partir de la Méditerranée et se diriger vers le Tchad, avec embranchement vers le Niger. Moins importent les détails.

Veut-on faire une ligne purement stratégique et politique? Si oui, je réponds que le résultat à atteindre est hors de proportion avec l'énormité de la dépense.

Veut-on, au contraire, faire une ligne visant en premier lieu un but commercial et servant du même coup à asseoir notre domination?

— Ici, je déclare, contrairement à l'avis de beaucoup et des plus sages, que la chose me paraît possible et utile. Il est en effet hors de doute, au train dont vont les choses, que l'Afrique va être, avec une rapidité vertigineuse, mise en exploitation par les nations civilisées, qui ont besoin d'écouler le trop-plein de leur population et de leurs produits. Ce n'est pas sans doute de sitôt que le Sahara, modifié par la civilisation intensive, deviendra une contrée peuplée et prospère. Mais avant un demi-siècle, sans doute, si les explorateurs ont dit vrai, les rives du Niger et plus encore les environs du Tchad compteront parmi les pays les plus riches du monde. Pourquoi donc le chemin de fer qui serait leur instrument de trafic, ne pourrait-il pas payer ses frais? Surtout s'il servait en même temps au transport des troupes et des munitions chargées d'assurer la domination des nations européennes. On a parlé de la concurrence de la Bénoué. On oublie que lorsqu'on aura vaincu les obstacles jusqu'ici insurmontables qui séparent le Tchad de cette rivière, il faudra encore compter avec l'irrégularité du régime de ses eaux et avec les transbordements successifs.

L'idée de relier le Niger et le Tchad à l'Algérie par une voie ferrée est donc une idée juste en soi. Il reste maintenant à faire les calculs de rendement. Possédons-nous à l'heure actuelle des éléments suffisants pour les établir? Je ne le crois pas. Et cela, non pas parce qu'une partie de la route même est entièrement inconnue, mais parce qu'il est nécessaire de savoir au préalable où l'on aboutira et dans quelle situation économique et politique se trouveront les pays à desservir par la station terminale.

Le chemin de fer de l'Algérie au Tchad n'a de raison d'être sérieuse que s'il peut drainer commercialement, dès le début, les produits de l'Afrique centrale. Or cela ne peut être qu'à la condition d'aboutir en terre française. Qu'irions-nous faire là-bas, si nous nous trouvions en présence de territoires fermés en fait, sinon en droit, à nos entreprises?

On dit : mais le chemin de fer lui-même, comme le Transcaspien, sera un instrument de conquête. La situation, en Asie et en Afrique, n'est pas du tout la même : dans les conditions les plus favorables, ce n'est pas avant un assez bon nombre d'années que le Transsaharien pourrait aboutir au Tchad. Or, d'ici là il y aura beau temps que les territoires qui avoisinent le lac seront partagés entre les nations européennes. Si donc, par l'effort de Crampel et de ses successeurs, le riche bassin du Chari nous appartient, et si la communication est politiquement établie entre l'Algérie et le Congo, oui, alors, il faudra nous hâter de construire ce chemin de fer qui ne saurait arriver à temps pour aider à notre conquête, mais qui sera un instrument merveilleusement propice pour l'affermir et la développer.

Sinon, si le Tchad ne devient pas un lac français, je ne crois pas à la vitalité prochaine d'une voie ferrée, au moins dans cette direction.

L'entreprise du Transsaharien doit donc être entièrement subordonnée à la conquête de la région comprise entre l'Oubanghi et le Tchad, objet immédiat et nécessaire de nos efforts. Et je crois même indiquer une solution juste en disant que la compagnie qui se chargerait de la construction du Transsaharien pourrait trouver un sérieux encouragement dans la concession de certains avantages visant le bassin du Chari.

L'EXPÉDITION DU TOUAT ET DU TIDIKELT

Faut-il conclure de ce qui précède qu'il n'y a rien d'immédiat à tenter vers le sud de l'Algérie, dans le sens de la pénétration saharienne, avant que les rives du Tchad soient définitivement attribuées?

Au contraire, un acte s'impose à nous avec un caractère d'impérieuse urgence : c'est l'occupation du Touat et du Tidikelt. Les populeuses oasis de ces régions forment la dépendance immédiate et naturelle de nos possessions actuelles; elles nous séparent du pays des Touareg avec lesquels elles entretiennent des relations permanentes et à qui elles servent de centre d'approvisionnement à l'ouest, comme Ghadamès et Ghat à l'est. Elles servent aussi de refuge à tous les agitateurs qui s'enfuient de l'Algérie. Enfin elles menacent de se placer sous la domination d'une puissance étrangère qui nous barrerait ainsi la route du Sud.

Nous avons trois raisons d'occuper le Touat et le Tidikelt :

D'abord la raison de sentiment : c'est ici le lieu de reproduire un document que j'ai récemment publié et qui établit la participation des chefs d'In-Salah (principale oasis du Tidikelt), dans tous les crimes qui ont été commis au détriment de nos compatriotes.

« Au commencement de l'année 1886, les notables du Tidikelt se trouvaient réunis en assemblée extraordinaire sous la présidence d'El Hadj Abd-el-Kader ben Badjouda, l'un des chefs les plus importants d'In-Salah. Il s'agissait d'une affaire importante. On venait en effet d'apprendre qu'un voyageur français, un officier, se trouvait à quelques journées de là, au Touat, et qu'il se proposait de venir jusqu'à In-Salah. Quelle conduite devait-on tenir dans la circonstance? Tel était l'objet de la délibération de cette grave assemblée, qui comprenait, outre la djemaa d'In-Salah, les chefs les plus considérés de tout le Tidikelt (1).

« Les avis étaient partagés; un petit nombre opinait pour qu'on laissât passer l'officier sans l'inquiéter, comme on l'avait fait autrefois pour le major Laing et pour Gerhard Rohlfs, et qu'on ne donnât pas aux Français un nouveau grief contre In-Salah.

« Les autres au contraire étaient d'avis qu'on l'empêchât, par tous les moyens de venir; on avait pu autrefois laisser en paix

---

(1) Étaient présents, notamment, le frère d'Abd-el-Kader ben Badjouda, El Hadj Mohammed ben Badjouda; son fils Bou-Amama; El Hadj Ahmed Kherdane des Oulad Bahamou; El Hadj Mahmoud Mohammed ben Selmi, des Oulad Mokhtar; Ould Ahmadou, du ksar d'Ingher; Sidi Kaddour, du ksar de Timboutem; El Hadj Mohammed ben Sefred, du ksar Djedid (Aoulef); Ahmed Daha, des Zaouïet Haïnoun; Bou Naama de Takarraft (Aoulef) Sidi Djelloul; Mohammed Ould Sidi el Habib; Moulay Chérif; Moulay Izzin, El Medbouha des Cheurfa du Touat.

les voyageurs européens, parce qu'ils étaient Anglais et Allemand (1). Mais il n'en était plus de même pour un Français qui pourrait, si on le laissait voir le pays et ses routes, revenir ensuite avec une colonne française.

« D'ailleurs, disaient-ils, ce n'était pas le renvoi de ce voyageur qui pourrait influer beaucoup sur les dispositions de la France à l'égard du Tidikelt. N'avait-on pas déjà chassé Soleillet, qui était venu jusqu'en vue des oasis d'In-Salah et menacé Largeau, qui remontait l'Oued-Mia pour y arriver? N'était-ce point un Oulad Bahamou d'In-Salah, qui avait assassiné deux Pères blancs, près d'El Golea?

« Enfin, les gens d'In-Salah n'avaient-ils pas contribué, par leurs conseils, à lancer les Hoggar contre l'expédition Flatters, et n'avaient-ils pas eux-mêmes pris part au massacre du colonel, auquel assistaient un trentaine de Mehara des Oulad-Bahamou et du ksar d'Ingher? En vérité la mort d'un nouvel explorateur ne pouvait pas beaucoup modifier les dispositions des Français vis-à-vis d'In-Salah et d'ailleurs, s'ils ne s'étaient pas vengés des précédents affronts, il n'y avait pas beaucoup de chances pour que ce nouveau les émût davantage. On avait donc peu à risquer sous ce rapport et, par contre, on gagnait peut-être encore plusieurs années de répit, durant lesquelles il pourrait surgir tels événements qui empêcheraient les Français de songer à In-Salah.

« Ce fut donc la seconde opinion qui prévalut et, en se séparant, les chefs du Tidikelt s'en remirent à El Hadj Abd-el-Kader ben Badjouda du soin d'empêcher, de quelque manière que ce fût, l'officier français d'arriver au Tidikelt.

« Le chef d'In-Salah choisit un homme sûr, le propre fils de sa sœur (2) et l'envoya au Touat pour qu'il s'y mît, comme guide, à la disposition de l'explorateur français.

---

(1) Le major Laing et Gerhard Rohlfs. Tous deux avaient été reconnus pour des Européens. Gerhard Rohlfs le déclare, pour ce qui le concerne, dans son ouvrage. D'autre part, Barth et le docteur Lenz, disent que le major Laing ne déguisait pas sa nationalité.

(2) C'était le nommé Abd-el-Kader Ould bou Addi. Il s'adjoignit trois Oulad Bahar du ksar Djedid de l'Aoulef, un indigène d'Ingher et un d'Akabli, et alla au Touat, où il se fit mettre en rapport avec le lieutenant Palat. Celui-ci, auquel on le recommandait, le choisit comme guide avec un de ses affidés. Les autres restèrent en arrière, prêts à toute éventualité.

Après l'assassinat, le neveu de Badjouda revint à In-Salah; mais quand on lui demanda l'or et les effets précieux du voyageur, qu'il devait rapporter, il ne donna que 50 francs. Palat n'avait, en effet, presque plus rien. On crut qu'il avait fait disparaître le reste, on l'emprisonna, on le bâtonna et on le marqua du feu comme

« Quelques jours après, le Tidikelt apprenait la mort du lieutenant Palat, assassiné par son guide dans l'Oued Afflissar, à trois journées d'In-Salah.

« En 1889, un autre explorateur français, Camille Douls, aussi téméraire que son devancier, s'avançait vers le Niger. Il venait de traverser le Touat sans être inquiété par les populations pacifiques du pays, bien qu'on l'eût reconnu pour Français, et tout faisait prévoir que son voyage, commencé heureusement, s'accomplirait avec facilité.

« Mais il avait compté sans In-Salah !

« En arrivant à l'oasis d'Aoulef, à trois journées d'In-Salah, les guides touareg qu'il avait pris furent instruits de ce qu'il y avait à faire quand on conduisait un Français dans le Tidikelt et le 6 février 1889, pendant qu'ils étaient en marche entre les oasis d'Aoulef et d'Akabli, ils profitèrent d'un moment de repos de Camille Douls pour l'étrangler.

« Les ossements de Palat et de Camille Douls ont été rapportés, mais ces courageux explorateurs n'ont pas été vengés. La poignée de marchands d'esclaves et de bandits qui domine à In-Salah se croit désormais sûre de l'impunité. Notre indifférence leur donnant raison en apparence, les populations du Touat et du Tidikelt se courbent sous leur domination et nous ferment les routes du Sud. Les bandits encouragés méditent même de reprendre l'offensive et chez eux Bou-Amama recrute des troupes pour nous attaquer.

« Peu d'efforts suffiraient à mettre à la raison ce foyer de brigandage et de rébellion ; nous assurerions du même coup notre domination sur le Touat et le Tidikelt, nous ouvririons les chemins du Sud et nous prendrions contact avec les Touareg, qui dès demain dépendraient de nous.

« Pourquoi les préparatifs faits contre In-Salah n'ont-ils pas servi ? Pourquoi l'opinion n'exige-t-elle pas que Flatters, Palat, Douls, les Pères blancs, soient vengés, que le Touat ne puisse plus servir de refuge aux intrigues de nos ennemis et peut-être de thème aux prétentions du Maroc et de ceux qui le mènent ? Pourquoi ? Pourquoi ? »

Telles sont les raisons sentimentales et de police, pour ainsi dire, que nous aurions d'aller au Tidikelt.

---

voleur. Mais, en réalité, il n'avait presque rien pris. Plus tard, on retrouva sur le corps de Palat une ceinture qui contenait un peu d'or.

Néanmoins, je l'ai dit, les motifs qui précèdent ne sont ni les plus importants ni les plus urgents. C'est surtout l'attitude du Maroc qui nous oblige à établir notre domination effective sur le Touat et le Tidikelt.

Le traité de 1845 a reconnu l'indépendance absolue de la région du Touat, qui d'ailleurs, géographiquement, ne saurait relever du Maroc. Tout au plus le sultan de cet État exerce-t-il une suprématie religieuse sur la plupart des habitants des oasis. Sans doute, il n'aurait pas de lui-même, s'il n'y avait été invité, cherché à modifier la nature de ces relations. Mais il faut signaler ici l'intervention de certaines puissances européennes qui, dès 1870 et depuis lors, notamment lors de l'occupation de la Tunisie et de la révolte de Bou-Amama, s'efforcèrent de nous créer des difficultés dans le Sud-Algérien. Comme cela serait commode, si, par l'intermédiaire du Maroc, un foyer permanent de fanatisme et de haines antifrançaises était installé parmi les deux cent mille habitants des oasis du Touat et du Tidikelt et si les ksouriens pouvaient être au bon moment lancés contre nous ! Aussi a-t-on persuadé au sultan du Maroc qu'il était de son intérêt de transformer en souveraineté réelle, l'influence religieuse qu'il exerçait sur ces régions. Depuis dix ans, cette entreprise se poursuit avec ténacité, sans que jusqu'ici nous ayons rien fait pour sauvegarder nos intérêts si gravement menacés. Mettant à profit les divisions locales, les passions religieuses, le sultan a provoqué de la part de quelques ksours, des démarches réitérées pour l'établissement de sa suzeraineté. Des lettres ont été échangées entre eux et lui ; il a reçu à Meknés, en 1887, une délégation chargée de lui offrir la soumission du Touat ; ayant été informé que la France n'admettrait pas cet envahissement derrière ses territoires, il a cependant envoyé une mission chargée de parcourir les oasis. Elle a échoué, mais la tentative sera renouvelée.

Ces empiétements du Maroc constituent à mon avis, pour l'Algérie, la plus grave des menaces. L'annexion du Touat au

Maroc limiterait notre possession au sud par une frontière étrangère et nous enlèverait toute action future sur le Sahara. Il faudrait renoncer à notre empire d'Afrique et se résoudre à demeurer sous le coup d'une perpétuelle menace du désert.

Pour toutes les raisons que je viens d'énumérer, *il faut que la France occupe le Touat et le Tidikelt.* D'ailleurs, cela devient de plus en plus nécessaire à notre propre sécurité : l'ancien organisateur des massacres de Saïda, le chef de l'insurrection du Sud-Oranais, Bou-Amama, entretient dans toute la région des oasis, où il s'est réfugié, une agitation de jour en jour croissante. Des attaques isolées se produisent à chaque instant dans le Sud, où il ne règne plus aucune sécurité. Je sais de bonne source que l'hiver dernier, l'occupation d'In-Salah était décidée; hommes et matériel, tout était prêt, puis tout à coup un contre-ordre est venu et l'on s'est ravisé. Pourquoi?

Sans doute, toujours pour la même raison, par peur de l' « opinion »; je veux dire des attaques de quelques personnes pour qui la critique des entreprises coloniales est simplement un argument d'opposition.

Or, quoi que fasse un ministère, ces mêmes personnes ne seront-elles pas toujours acharnées contre lui? Et puis en sommes-nous à ce point qu'un ministre ose mettre en balance son intérêt personnel *avec ce qu'il sait être* l'intérêt du pays dans le présent et plus encore dans l'avenir?

De tous les sentiments que mettent en jeu les questions coloniales, je l'ai dit et je le répète avec une foi profonde, il en est un qui est légitime : c'est le désir qu'ont les paysans français de ne pas voir leurs enfants combattre *involontairement* ailleurs que sur le sol de la patrie continentale. Mais, en attendant que l'organisation tant attendue des troupes coloniales donne satisfaction à ce sentiment, ne peut-on, pour le respecter, composer les troupes d'expédition au Touat uniquement d'indigènes encadrés par des volontaires? Rien n'est plus facile.

Qu'on ne se représente pas, d'ailleurs, la pointe vers le Touat comme une opération dangereuse et difficile : si je conseille un certain développement de forces, c'est parce qu'on a chance, justement par ce moyen, d'éviter les combats. Envoyer une colonne dans les oasis ; installer des postes de surveillance ; en dehors des garanties d'ordre et de sécurité, ne gêner en rien l'indépendance des ksouriens, les laisser se gouverner comme ils l'entendent ; entrer de là en relations pacifiques avec les Touareg, voilà le programme que la raison impose et que nos officiers du Sud-Algérien sont prêts à exécuter. Mais encore faut-il que le gouvernement — je veux dire l'opinion — le leur permette. C'est à elle à qui je fais ici appel.

CONGO FRANÇAIS

Qu'est-ce que le Congo français? Posez cette question au premier venu et il y a bien des chances pour qu'il vous réponde : « C'est un endroit où est allé M. de Brazza ». Là se bornent les notions populaires et, ce qu'il y a de plus singulier, c'est que, si vous interrogez les gens au courant des choses d'Afrique, ils ne vous en diront pas beaucoup plus :

« Nous avions là, sur la côte, une vieille colonie, le Gabon. M. de Brazza est entré à l'intérieur ; il a traité avec le roi Makoko, ce qui nous a donné d'immenses territoires. M. de Brazza est ainsi devenu, avant M. Trivier, l'« émule de Stanley ». Les puissances ont reconnu notre nouvelle colonie ; on lui a voté une subvention actuelle de 1 200 000 francs. On y a envoyé des fonctionnaires et nous n'en avons plus entendu parler. »

Cette appréciation est peut-être un peu superficielle, mais elle est assez exacte dans son ensemble. Il n'y a, pour mettre les choses au point, qu'à préciser.

HISTORIQUE SOMMAIRE

Sans remonter aux découvertes géographiques des voyageurs portugais, je rappellerai que les premiers établissements officiels français au Gabon datent du milieu de ce siècle ci. Nous avions des comptoirs sur la côte : on y créa un poste de ravitaillement destiné à nos croiseurs de l'Atlantique.

A partir de ce moment, les tentatives de pénétration vers l'intérieur se succédèrent presque sans interruption. Qui n'a lu les récits attachants de du Chaillu (1855), que certaines exagérations — et l'absence de prétention scientifique — ont placés beaucoup plus bas qu'ils ne le méritaient dans l'estime des gens sérieux. Durant quatre années, du Chaillu chassa dans les parages de l'Ogooué : presque en même temps Genoyer, puis, en 1862, Serval exploraient la même région, semblant avoir la prescience de l'importance qu'elle devait acquérir plus tard. Je citerai encore en passant les pointes du commerçant anglais Walker et les recherches des officiers du *Pionnier*, dirigées par l'amiral Fleuriot de Langle.

Vers 1870, les voyageurs anglais et allemands avaient posé les problèmes des sources du Nil et du cours supérieur du Congo et ces problèmes passionnaient tous les esprits. Des deux côtés du continent, des explorateurs allemands, anglais, américains, français s'enfonçaient dans le continent noir pour en chercher la solution.

A l'ouest, ce furent M. Marche et le marquis de Compiègne qui, sans être mus par d'aussi grandes ambitions, poussèrent le plus loin vers l'intérieur. Sans autres ressources qu'une maigre et tardive subvention de 1500 francs, donnée par la Société de géographie, ils remontèrent, en 1874, le fleuve Ogooué jusque chez les Okandas, au delà du confluent de l'Ivindo. Leur découverte produisit alors un grand effet moral et plusieurs personnes songèrent à tirer parti, dans l'intérêt national, des territoires qui venaient d'être explorés.

Aussi lorsqu'en 1875, M. Savorgnan de Brazza, appuyé par l'amiral de Montaignac, alors ministre, résolut de reprendre l'exploration de l'Ogooué, put-il trouver des concours nombreux et efficaces. MM. Marche et Ballay l'accompagnaient. Sans arriver jusqu'au Congo, il lui fut du moins possible de pousser très loin sa reconnaissance vers l'intérieur (juillet 1878).

A la même époque, Stanley, parti en 1874 de Bagamoyo, effectuait son étonnante traversée de l'Afrique et résolvait le problème du Congo. Cette merveilleuse suite de découvertes causait dans le monde un étonnement universel. Notre amour-propre national, ne trouvant pas matière à s'enorgueillir dans la comparaison des faits accomplis, opposait aux ressources énormes de l'aventurier américain, à sa brutale trouée au travers des populations noires, les modestes moyens d'action de la mission française et ses procédés pacifiques. C'est ainsi que par contre-coup l'opinion, jusqu'alors assez indifférente, commença de s'intéresser à nos entreprises entre l'Atlantique et le Congo.

Le roi des Belges, aidé par l'Association internationale, qu'il avait fondée, confiait alors à M. Stanley la mission de créer, sur l'autre rive du fleuve, un véritable empire. Le gouvernement français, quoiqu'il fut, comme toujours, assez mal renseigné sur les choses d'Afrique, ne pouvait demeurer indifférent aux avertissements de ceux qui lui montraient des territoires si faciles à conquérir. M. de Brazza, mieux pourvu de ressources, partait de nouveau en décembre 1879, suivi de M. Ballay. En même temps, le lieutenant de vaisseau Mizon, envoyé par un comité particulier, allait agir dans le même sens.

Les trois jeunes officiers déployèrent, pendant plusieurs années, une admirable activité. En 1881, M. de Brazza réussissait à atteindre le Congo, et l'on peut dire que, par cette pointe hardie vers l'intérieur, la nouvelle colonie française était fondée. Il restait à la développer. C'est à quoi M. de Brazza s'employa avec une remarquable habileté. Laissant MM. Ballay (descente de l'Alima, 1883) et Mizon (traversée par terre de Franceville à Mayoumba) continuer l'œuvre commune, il revint à Paris recueillir les fruits de son intéressante expédition.

Aussi adroit diplomate que bon voyageur, il commença une véritable campagne de conférences : un chef de village,

Makoko, devint, par la consonance comique de son nom, extrêmement populaire. L'opinion le sacra bientôt chef d'immenses régions et pensa qu'il nous avait concédé toute une colonie. Le pauvre Makoko, chef de quelques nègres et propriétaire de cabris peu nombreux, n'a jamais soupçonné qu'il possédât en France une telle popularité! M. de Brazza laissa croire tout ce qu'on voulût et il eut raison. Qu'importe que Makoko fût ceci ou cela : il fallait que, par un fait tangible, l'opinion publique apprît à s'intéresser à notre colonie du Congo. Makoko a plus fait pour cela que les travaux de dix explorateurs. Gloire à Makoko!

Notre colonie naissante eut tous les bonheurs. Le moment n'était pas favorable aux entreprises coloniales : elles commençaient à devenir des arguments de polémique contre le parti au pouvoir. Mais justement le Congo eut la rare chance d'être cité en exemple par les opposants. De même que M. de Brazza avait été mis en parallèle avec Stanley, on dressa la « conquête économique et pacifique » du Congo contre « l'aventure ruineuse et sanglante du Tonkin ». Et alors que sur tous les murs de France, des additions électorales relèvent minutieusement les moindres crédits affectés à nos possessions d'Extrême-Orient, qui a jamais songé à reprocher au Congo français les 1 500 000 francs qu'il absorbe annuellement depuis 1882?

SITUATION ACTUELLE

Voilà donc la colonie française du Gabon-Congo fondée et dotée en 1882. Qu'en avons-nous tiré depuis lors? Hélas! il faut bien le reconnaître, à peu près rien.

La colonie avait été créée, comme on vient de le voir, par des procédés essentiellement pratiques, rapides, économiques. Mais dès qu'elle fit partie intégrante de notre domaine, elle devint ce que sont toutes nos colonies : la proie des fonctionnaires. Le Congo français est à peu près « occupé », c'est tout ce qu'on peut en dire. Il a été créé un nombre considérable de postes, d'administrateurs, de sous-administrateurs, d'agents et de sous-agents; mais depuis huit ans et avec une dizaine de millions, il a été fait moins que dans les cinq années qui ont précédé, avec quelques dizaines de mille francs.

Il est navrant de comparer ce que la Royal Niger Company a accompli, en moins de temps, avec soixante-cinq employés blancs, et ce qu'on a obtenu chez nous avec trois cents fonctionnaires (296 chiffre exact actuel).

Un grand silence plane sur la colonie. Les fonctionnaires qui, seuls l'habitent, y vivent en paix et laissent s'accumuler à Paris les appointements qu'ils viennent toucher lors de leurs vacances. Aucune exploration nouvelle sérieuse n'a été faite jusqu'en 1888, où Crampel partit chez les Pahouins, surmontant toutes les entraves. Aucun progrès important dans la mise en valeur du pays.

C'est là le point grave, la regrettable erreur qui a été commise. Les territoires du Congo français où l'ivoire abonde, le haut Ogooué notamment, sont *fermés au commerce par mesure administrative*. Et cela depuis des années. Les chefs de poste font bien un peu de trafic officiel; mais le commerce libre ne peut pénétrer.

Qui, chez nous, soupçonne ces choses? Et dire qu'il existe, sur le Congo, des maisons de commerce françaises qui vont fort courageusement lutter dans l'État indépendant, contre leurs puissants concurrents étrangers et contre l'État lui-même, qui s'est fait commerçant soit directement, soit par l'entremise de compagnies belges officieuses. Or, chez nous, ces négociants français ne peuvent pénétrer. A quoi servirait dès lors la colonie si un tel état de choses devait se prolonger? Partager entre des fonctionnaires un budget annuel de 1 200 000 francs ne me paraît pas être le dernier mot de la colonisation.

On a poursuivi depuis quelques années, au Congo, deux chimères : d'abord la canalisation du Kouilou et le chemin de fer; puis la grande Compagnie à monopole. Ce dernier plan n'avait que l'apparence du bon sens. Comment une compagnie au capital de deux millions eut-elle pu réaliser ce que le gouverneur n'a pu obtenir en huit ans avec dix millions? S'il se fût agi d'une compagnie purement commerciale, deux millions pouvaient être suffisants; mais on promettait d'étudier les autres chimères, de mettre en exploitation le Congo français tout entier. Or, qui pouvait sérieusement croire au barrage du Kouilou? C'était une entreprise gigantesque, cyclopéenne : on devait barrer le fleuve en jetant des rochers dans son lit et faire ainsi hausser tout le niveau du bassin supérieur. Les travaux de M. l'ingénieur Jacob, conservés dans les cartons de l'administration des colonies, établissent le caractère chimérique d'une telle entreprise. Aussi, lorsque la grande compagnie projetée s'efforça d'émettre des actions, ne put-elle réunir que deux cent mille francs, sur deux millions.

Depuis cet échec, diverses personnes ou groupes ont demandé des concessions au Congo. Je puis citer le syndicat français du Haut-Benito, formé non par des spéculateurs mais par de véritables commerçants, et qui a l'avantage de pouvoir compter sur le concours actif de M. Mizon, l'un des conquérants pacifiques du Congo. Ce syndicat déposa une demande de fermage visant certains territoires explorés en 1888 par Paul Crampel. Il ne demandait qu'un privilège de quinze ans et s'engageait à remettre à l'État, au bout de ce temps, tous les travaux accomplis.

Il y avait une décision à prendre : le ministre nomma une commission; la commission partit en vacances le lendemain de sa constitution, puis on joignit la question à l'étude générale des chartes. Il y a de cela un an et les promoteurs de l'entreprise attendent toujours.

J'ai cité cet exemple parce que le passé et la composition de ce syndicat empêchent qu'on puisse le soupçonner de chercher la réclame. Il existe probablement nombre d'autres demandes intéressantes. S'il leur eût été donné suite, le Congo français ne serait pas aujourd'hui où il en est. Le commerce, les essais d'agriculture, l'auraient peuplé, mis en valeur, tandis que, je le répète, il n'y a presque rien de fait. Assurément, les concessions quelles qu'elles soient ne peuvent être accordées sans précautions, sans garanties ; elles ne doivent pas engager trop longuement l'avenir. Mais lorsque nos compatriotes proposent d'aller enfouir leurs capitaux dans des territoires improductifs, pour les mettre en valeur, pourquoi écarter et décourager les bonnes volontés ?

C'est à l'opinion publique — notre souveraine — de se prononcer hautement et de dire si les colonies sont faites pour les fonctionnaires ou pour l'expansion de l'activité de nos nationaux.

Nous n'avons pas seulement perdu huit années et dépensé dix millions au Congo : nous avions affaire aux populations les plus malléables qu'il soit possible d'imaginer. C'est même ce qui a rendu la « conquête pacifique » relativement facile. Batékés, Mpongoués, Bakalés, Okandas, Adoumas, Ossyébas, Pahouins, etc., ces nombreuses tribus sont divisées en une infinité de villages sans aucun lien entre eux, incapables par conséquent d'une action commune. Partout le blanc était considéré comme un être supérieur, en quelque sorte providentiel ; partout il recevait un accueil empressé.

Hélas ! tous les blancs qui sont venus depuis la conquête ne ressemblent pas aux premiers explorateurs. Si pénible que cela puisse être, j'ai le devoir de constater que les agents inférieurs du Congo français — comme d'ailleurs ceux de l'État indépendant — sont parfois fort mal recrutés. Trop aisément ils deviennent de petits tyranneaux ; ils n'ont pas, ce qui est la première condition du prestige : l'équité. De plus, en fermant les rivières au négoce, on a tari les sources mêmes de l'existence chez la plupart de ces peuplades, qui vivaient uniquement de trafic. Il en résulte une misère profonde ; un grand mécontentement règne actuellement dans toute la colonie ; les indigènes font le vide autour de nos postes; des coups de feu ont été tirés dans ces régions jadis si paisibles...

Qu'on ne se méprenne point sur ma pensée : le fractionnement des tribus et des villages subsiste et nous n'avons pas à redouter un soulèvement. Mais pourquoi persévérer dans une politique si peu équitable, alors qu'elle est d'autre part coûteuse pour nous. Le remède bien facile est là encore, le développement du commerce et des exploitations sur tout le territoire. La seule reprise du trafic ramènera le calme dans les villages ; le nombre des postes — par conséquent la dépense — pourra être diminué, en même temps que les revenus de la colonie augmenteront dans de fortes proportions (1).

Suivant la vieille méthode logique, j'ai dit le passé de la colonie, son présent et ce que devrait être son avenir. Il importe de faire connaître les ressources qu'elle présente dès maintenant et celles qui pourront être exploitées dans le futur.

La colonie exporte l'ivoire, le caoutchouc, l'huile et la noix de palme, les arachides, l'ébène. Les deux premiers produits s'épuiseront assez rapidement ; l'ivoire par la disparition des éléphants et l'exploitation des stocks, le caoutchouc par la destruction des lianes. Cependant les stocks d'ivoire sont encore assez considérables, notamment dans le haut Ogooué et dans la région des Pahouins, où M. Crampel en a relevé, village par village, des quantités représentant une valeur approximative de 1 500 000 francs.

On peut prévoir, dans l'avenir, l'exploitation de la noix

(1) J'ai le devoir de constater ici que dans ces derniers mois, M. de Brazza paraît avoir fait de sérieux efforts pour améliorer la situation, à tous les points de vue. Il a repris, avec M. Fourneau, avec M. Ponel, la série des explorations. Il a appelé au Congo des représentants des chambres de commerce françaises. Si le commerce pénètre et si l'on accorde des concessions d'exploitations, on verra les choses changer rapidement et la situation s'améliorer.

de kola, si recherchée au Sénégal, du copal, du chanvre, du maïs — qui donne deux récoltes par an dans les rivières et quatre sur les hauts plateaux — du tabac, du manioc, des bananes, des ignames, de la cire, du ricin, de l'oranger, sans compter les autres bois de toutes sortes. Les essais de culture du café, du coton, de la canne à sucre, du cacao, du riz, tentés surtout par les missionnaires de Libreville, qui accomplissent là-bas une œuvre admirable, ont permis de concevoir de grands espoirs.

La constitution minéralogique de la colonie est à peine connue; toutefois l'abondance des produits métallurgiques indigènes prouve qu'on découvrira des gisements dans le sous-sol; mais, je le répète, les renseignements sur ce point sont rudimentaires.

Le pays a deux aspects principaux : la brousse, qui a été souvent décrite et la forêt, généralement marécageuse. Tout le nord de la colonie est couvert par le prolongement de cette « grande sylve » qui barre l'Afrique centrale et dont Stanley a donné de si émouvantes descriptions. La forêt est semée de villages qui ne possèdent guère, en fait d'animaux domestiques, que des cabris et des poules; elle est parcourue par les nains Bayagas, qui vivent presque uniquement de chasse, ce qui prouve que les fourrés sont encore peuplés.

L'EXPANSION VERS LE LAC TCHAD

Enserrée entre l'État indépendant au sud et à l'est, l'Atlantique à l'ouest et le Cameroun allemand au nord-ouest, notre colonie n'a qu'une voie d'expansion possible, vers le nord-est. J'ajoute que cette voie est, pour ainsi dire, indiquée par les traités.

Le protocole du 24 décembre 1885, intervenu entre la France et l'Allemagne, relativement à la délimitation de leurs possessions respectives, établit pour limite un parallèle situé un peu au nord du 2° degré dans sa partie comprise entre la rivière Campo et 15° longitude est de Greenwich (12°40' de Paris). C'était dire qu'il n'y avait aucune convention pour les régions situées à l'est de ce dernier point et qu'elles appartiendraient à ceux qui, les premiers, feraient acte de possession effective. En un mot, la colonie allemande pouvait déborder derrière la colonie française ou réciproquement.

Les efforts tentés par les Allemands n'ont pas été couronnés de succès ; aucune de leurs expéditions ne put même atteindre la limite théorique fixée par le protocole. Nous avons nous-mêmes gardé une regrettable immobilité depuis 1885, où Jacques de Brazza alla planter notre drapeau vers le 3ᵉ degré nord, en arrière des possessions allemandes. Mais récemment, M. Cholet, suivant la voie de la Sangha, poussait jusqu'au 4ᵉ degré nord la limite de notre colonie, qui déborde ainsi définitivement derrière le Cameroun allemand. Un autre agent du Congo français, M. Fourneau, a poursuivi cette belle exploration et a prolongé notre domaine au delà de 7° latitude nord, dans la direction du lac Tchad.

La dernière convention conclue avec l'État indépendant, le 29 avril 1887, n'est pas trop désavantageuse pour la France : nos voisins nous reconnaissent en effet la rive droite de l'Oubanghi. M. Dolisie a encore poussé les possessions françaises jusqu'au 4ᵉ degré nord, où a été fondé le poste de Bangui. Paul Crampel, comme nous l'avons vu, a placé par traité sous notre protectorat des villages situés au-dessus du 5ᵉ degré nord. Il a poursuivi son œuvre et il doit être actuellement bien au delà.

La large bande de territoire comprise entre 12°40' est de Paris et le cours inférieur de l'Oubanghi est donc maintenant française et il suffit de la prolonger vers le nord à travers des contrées encore absolument indépendantes et presque toutes inconnues, pour que se réalise le grand plan d'union entre le Sénégal, l'Algérie-Tunisie et le Congo, que Paul

Crampel a conçu et dont il poursuit actuellement l'exécution dans les conditions que j'ai précédemment indiquées.

Un regard jeté sur la carte suffira pour discerner la position des diverses nations européennes aux approches du lac Tchad. Prenons pour point de départ d'un rapide examen, la limite momentanée qui nous est reconnue au sud du Sahara algérien par la dernière convention anglo-française : il faut citer ici les termes exacts de ce document, que tant de Français eux-mêmes interprètent mal et à notre détriment.

> ARTICLE 2. — Le gouvernement de S. M. Britannique reconnaît la zone d'influence de la France, au sud de ses possessions méditerranéennes, jusqu'à une ligne de Say sur le Niger à Barroua, sur le lac Tchad, tracée de façon à comprendre dans la zone d'action de la Compagnie du Niger, tout ce qui appartient équitablement au royaume de Sokoto, la ligne restant à déterminer par des commissaires à désigner.

Il y a là deux indications fort nettes :

1° L'Angleterre nous reconnaît actuellement tout le Sahara et une partie du Soudan, le Damergou et le Kanem jusqu'à la ligne Say-Barroua. Cela ne veut pas dire, d'ailleurs, que nous ne pourrons pas, ultérieurement, aller plus loin. Sans quoi, la convention, abandonnant à l'Angleterre tous les territoires fertiles et nous réservant les sables du désert, eût été une pure duperie.

2° Nous reconnaissons le royaume de Sokoto comme étant placé dans la zone d'action de la Compagnie royale du Niger. En prenant le texte dans son sens le plus large, cela veut dire les pays sur lesquels le sultan de Sokoto possède une suzeraineté quelconque. Ainsi compris, la convention étendrait la zone d'influence de la Compagnie au Gando (rive gauche du Niger) au Haoussa, au Nupé, etc., et peut-être à l'Adamaoua. Mais — et c'est là ce qu'il importe de spécifier — dans aucun cas, cette expression ne saurait s'étendre au Bornou, qui n'a jamais relevé en aucune façon du Sokoto.

Le Bornou est donc, à l'heure actuelle, complètement indé-

pendant. Quoi qu'en dise la presse anglaise, cela est si bien reconnu que j'ai récemment été informé que la Compagnie royale du Niger avait fait partir d'Akassa, le 20 septembre, deux agents qui ont reçu mission de traiter avec le sultan du Bornou (1).

La Compagnie prétend, par contre, avoir traité avec le sultan de l'Adamaoua. C'est affaire à débattre entre elle et le gouvernement allemand, propriétaire de Cameroun. Une précédente convention établissait, pour limite entre les deux pays, une ligne tirée de la pointe de Calabar, à Yola, capitale de l'Adamaoua. Cette délimitation, d'ailleurs équitable, laissait la plus grande partie de l'Adamaoua dans la zone allemande. Je ne pense pas que la Royal Niger Company ait la prétention de revenir sur cette convention.

Quant au Baghirmi, situé au sud et au sud-ouest du Tchad, son indépendance absolue ne saurait faire question.

A l'heure actuelle, la France étend donc son action au nord du lac Tchad; les pays situés au sud-ouest, au sud et au sud-est sont indépendants. Telle est la situation.

Les représentants des trois nations rivales marchent à la conquête du Bornou et du Baghirmi.

Je viens de signaler les deux émissaires envoyés au Bornou par la Compagnie royale du Niger.

De Cameroun, sont partis deux Allemands : le lieutenant Morgen et le docteur Zintgraff. Mais ils ont échoué une fois de plus à la lisière de l'Adamaoua.

Enfin la France est représentée par Paul Crampel.

Nos concurrents semblent avoir de sérieux avantages : ils partent en effet, d'une base d'opérations plus rapprochée du Tchad que la nôtre. Mais, d'autre part, Paul Crampel a une avance assez considérable et une valeur personnelle que je ne crains pas de mettre au-dessus de celle de ses rivaux.

Puis d'autres considérations, d'une portée plus générale, militent en notre faveur :

(1) Ces agents ont d'ailleurs échoué dans leur mission.

D'abord nous n'avons aucunement entravé les vastes desseins des Anglais et des Allemands sur la côte orientale, où nous avions pourtant des droits à faire valoir : il semble que, par une juste réciprocité, nos voisins ne doivent point s'opposer à notre plan d'union du Sénégal, de l'Algérie et du Congo. On objectera que c'est là une considération sentimentale ; je répondrai qu'elle a néanmoins sa valeur si elle est appuyée sur un véritable élan de l'opinion publique française. D'autant plus que ni l'Allemagne, ni l'Angleterre n'ont comme nous de raisons importantes de prolonger leurs possessions jusqu'au Tchad. Il ne s'agit pour ces puissances que d'un simple accroissement territorial tandis qu'il y a pour nous un intérêt majeur à ce qu'il n'existe pas de solution de continuité entre nos possessions toutes réunies sur la côte occidentale ou septentrionale. *Ce que nous voulons, c'est par delà la Méditerranée, la France prolongée jusqu'au Congo.*

Autre argument : c'est à l'est du Baghirmi que se trouvent les populations musulmanes qui ont la plus grande réputation de fanatisme. Ni les Anglais ni les Allemands, qui auront déjà fort à faire de s'emparer effectivement de l'Adamaoua, ne tiennent sans doute à prendre le contact direct avec elles ; il ne saurait leur déplaire qu'une ligne de possessions françaises établît une sorte de rideau protecteur entre le Cameroun, la Compagnie royale du Niger et l'islamisme militant.

On peut retourner le raisonnement et dire : Quel intérêt avons-nous à jouer ce rôle sacrifié de rideau protecteur ? Pour ma part, je ne crois pas au danger islamique en Afrique, au moins en ce qui nous concerne.

LES MUSULMANS EN AFRIQUE

On a fabriqué de toutes pièces, dans ces dernières années, quelques axiomes : *Le musulman est l'ennemi naturel, irréconciliable, du chrétien.* — *Le musulman est incapable de civili-*

sation. — *La secte des Senoussya, hostile à la civilisation européenne, est maîtresse de tout l'Islam africain.* — *C'est le musulman qui perpétue l'esclavage.*

Je crois que ces prétendus axiomes sont de simples vérités locales, parfois justifiées, souvent démenties ailleurs par les faits. Les voyages de Barth, de Nachtigal, d'Overweg, celui plus récent de M. Binger, attestent que les musulmans d'Afrique ne sont pas si nécessairement farouches, même dans les territoires de lutte, sur les marches de l'Islam. Relisez, pour vous en convaincre, l'admirable récit de Barth, voyageant durant des années dans le Sahara et le Soudan, mieux reçu, le plus souvent, qu'il ne l'eût été dans nos villages de France, promenant par les royaumes mahométans sa bonhomie un peu rude, souvent intransigeante, comblé de cadeaux par certains chefs — notamment par le cheick du Bornou, — empruntant sur parole à des négociants qui le connaissaient à peine. Est-il quelque chose de plus saisissant que son séjour auprès du marabout El Bakay qui le protège au péril de sa vie et de son prestige, contre la populace de Tombouctou et qui passe avec lui de longues journées sous la tente à discuter les mérites respectifs de la religion de Jésus et de la religion de Mahomet?

Tous ceux qui ont lu sans prévention les livres sincères sur l'Afrique musulmane, finissent par éprouver l'impression d'une société quelque peu analogue à ce que fut la nôtre aux temps chevaleresques, où l'honnêteté la plus délicate et le dévouement désintéressé côtoient la naïve volerie et la profession de coupe-jarrets. Si l'on s'efforce de juger une telle société à la mesure de la nôtre, fondée sur un aimable scepticisme et sur le gendarme, on éprouvera certainement quelques déceptions; mais pour qui sait mieux observer, le musulman africain ne paraît pas si redoutable ni si intransigeant.

S'il était un pays difficile, c'était assurément ce royaume de Baghirmi, troublé par des luttes intestines, en proie aux invasions de l'étranger : pourtant Barth, qui arrivait du Bornou ennemi dont on le considérait comme l'espion, n'y fut point si malheureux. Là encore, comme partout ailleurs, il nous dépeint de bons musulmans, point du tout hostiles aux chrétiens, notamment « Hadj Bou Bakr Sadik, homme âgé et maigre, aussi aimable que véritablement pieux et instruit.

« Je lui dois beaucoup, continue Barth, pour la bonté qu'il me témoigna et les renseignements importants que je reçus de lui. Personne ne me donna un aperçu plus clair de ces pays. Bou Bakr avait fait trois fois le pèlerinage de La Mecque, où il avait eu l'occasion de voir les grands vaisseaux des chrétiens dans le golfe de Djeddah ou dans la mer Rouge. Il se rappelait fort exactement plusieurs endroits où il avait passé dans ses voyages. Il me dépeignit sous les couleurs les plus vives la grande guerre nationale qui avait existé entre ses compatriotes et le cheick du Bornou, Mohammed el Kanemi, guerre à laquelle il avait pris une grande part. Il aimait surtout à me raconter les batailles où les habitants du Baghirmi étaient parvenus à repousser les fanatiques Foulbé. Bou Bakr était un patriote dans la véritable acception du mot ; quoique sujet dévoué de son sultan, il se plaignait amèrement de la décadence de sa patrie, surtout en comparaison de sa prospérité passée, au temps où le sultan du Ouadaï vainquit le pays. »

Et Bou Bakr n'était pas le seul de son espèce : « Mon séjour à Massenya aurait été encore plus triste, si je n'avais rencontré des hommes auxquels je dus beaucoup de distractions et de renseignements. Je ne nommerai ici que les deux principaux d'entre eux, Faki Ibrahim et Faki Sambo. Le premier était un jeune homme du Ouadaï qui me communiqua bon nombre de détails précieux sur son pays natal, détails qui me mirent à même de rédiger l'aperçu historique, ethnographique et politique sur le Ouadaï. Je passais tous les jours plusieurs heures, d'une manière aussi utile qu'agréable en compagnie de ce jovial jeune homme qui s'attacha tellement que j'aurais bien voulu le conduire au Sokoto où il désirait se rendre pour augmenter le cercle de ses connaissances. Un personnage réellement extraordinaire pour ce pays était Faki Sambo, Poullo déjà âgé, aveugle, maigre, à la taille svelte, à la barbe rare et aux traits pleins d'expression. Je ne me serais guère attendu à rencontrer un homme semblable à Massenya, ville privée de toute relation avec le monde civilisé et même avec les régions de l'Afrique les plus avancées. Il connaissait non seulement toutes les branches de la littérature arabe, mais même les parties d'Aristote et de Platon traduites en arabe, ou pour mieux dire, entièrement adoptées par l'islamisme. Il les avait lues et les possédait même en manuscrit. »

Est-ce que ces quelques portraits de Baghirmiens donnent l'impression de gens si farouches? Toute cette région du Tchad a été occupée par de vastes empires, le Sonrhaï, puis le Sokoto, l'Ayr, le Kanem, le Bornou, le Baghirmi, le Ouadaï, dont Barth raconte longuement l'histoire étonnamment précise. Des civilisations successives ont disparu sans laisser d'autres traces que les récits de certains vieux auteurs tels que Léon l'Africain ou ceux qui ont été retrouvés dans des manuscrits arabes. Le dernier phénomène général qui se soit produit est l'invasion — parfois l'infiltration — des peuplades de race foulbé qui, venues des rives du Niger, probablement par suite d'un mouvement de recul, ont couvert successivement toutes les régions à l'ouest et au sud du Tchad. Quoique les Foulbé soient musulmans convaincus, leur migration n'est pas d'essence purement religieuse.

Nous ne sommes plus aux beaux temps de l'Islam : le musulman n'est pas nécessairement l'ennemi du chrétien; il peut le devenir par suite de circonstances locales et notamment lorsqu'il résiste à la conquête.

Les travaux de M. Duveyrier, du commandant Rinn, du capitaine Le Châtelier, ont fait sur ceux qui les ont lus une impression profonde : la surprise qu'on a éprouvée en découvrant l'existence et l'organisation des Senoussya a exagéré l'effroi qu'ils doivent inspirer. Toutes les informations directes que j'ai pu recueillir me portent à croire, pour ma part, que la secte du cheick Senoussi subit en ce moment les atteintes de la décadence qui a successivement annihilé tous les ordres musulmans après une courte période d'épanouissement. J'ai cherché et je n'ai trouvé nulle part un indice sérieux de leur influence dans la région du Tchad.

Il n'est pas besoin d'être très au courant de la politique africaine pour savoir que les Senoussya sont au fond tout aussi ennemis des Turcs que des autres Européens. Il y a là une situation dont on peut aisément tirer parti.

Il me paraît puéril de nier que les musulmans de Turquie et d'Égypte soient susceptibles d'adaptation à notre civilisation. Je n'ignore pas que certaines personnes ne veulent voir que les ridicules et les incohérences d'une adaptation incomplète; mais c'est juger bien superficiellement les choses. Il est permis de fonder de sérieux espoirs sur la jeunesse turque actuelle et je crois qu'il serait de bonne politique de favoriser l'expansion possible de la Turquie en Afrique : elle est à Tripoli, au Fezzan; elle a été un moment à Rhat. Il serait excellent qu'elle s'étendît par le Tibesti, jusqu'au Ouadaï, substituant ainsi l'influence musulmane civilisée aux élans de l'islamisme militant. Cela est si peu impossible que les Turcs et les Égyptiens sont les seuls peuples qui aient jusqu'ici réussi à maintenir momentanément leur domination dans le Soudan oriental...

L'ESCLAVAGE

J'arrive à la question de l'esclavage. Ce n'est pas ici le lieu de faire de longs développements sur ce sujet controversé. Tout le monde est à peu près d'accord aujourd'hui pour reconnaître qu'il serait dangereux de supprimer l'esclavage proprement dit, mais qu'il est nécessaire de réprimer la traite. Aucun des moyens qui ont été proposés pour atteindre ce but n'est absolument dépourvu d'efficacité, mais il me semble qu'il en est un qui est à lui tout seul plus efficace que tous les autres : c'est le développement du commerce.

Dans toute l'Afrique, l'esclave est surtout un objet d'échange, une monnaie — parfois la seule monnaie. Le supprimer sans le remplacer par autre chose, c'est enlever aux populations leur moyen d'existence et c'est pourquoi elles résisteront jusqu'à la mort. Mais développez l'exportation des produits naturels, faites naître chez les indigènes de nouveaux besoins, et peu à peu ils cesseront d'eux-mêmes la chasse à l'esclave, qui ne va pas sans difficultés et sans dangers.

C'est pourquoi j'ai blâmé l'État indépendant du Congo qui, tout en faisant parade d'un bel enthousiasme antiesclavagiste, fermait les voies au commerce à l'aide de droits monstrueux. C'est pourquoi je réclame l'ouverture de l'Ogooué : tout peuple qui, en Afrique, ferme les pays ou les rivières au commerce, doit être considéré comme l'ennemi de la civilisation.

LA PÉNÉTRATION PAR L'OUBANGHI

J'ai dit quelle était la situation politique aux environs du Tchad. Rien ne peut nous enlever l'espoir d'y prolonger le domaine de la France. Nous n'avons aucune raison sérieuse de faillir aux devoirs qui nous incombent vis-à-vis des générations futures.

Le moment est venu d'examiner quels obstacles doit rencontrer la pénétration par le Congo et comment on peut les vaincre. Nous avons à traverser deux régions distinctes : l'une complètement inconnue, habitée par des noirs fétichistes, probablement cannibales ; l'autre parcourue seulement par quelques voyageurs à des époques déjà éloignées, et placée sous la domination musulmane.

Nul ne sait jusqu'à quel point le cannibalisme est généralisé dans la contrée de l'Oubanghi : les récits les plus terrifiants ne m'ont pas convaincu que le cannibale doive nécessairement ressembler aux « sauvages » qui mangent des lapins vivants dans les foires, ou même aux vagues silhouettes tracées par M. Stanley. Le repas de chair humaine n'est ni une habitude, ni une nécessité. C'est, hélas ! le plus souvent un régal, accompagnant une solennité. Il n'est pas démontré que les noirs qui ont conservé ce déplorable usage soient par ce fait même très belliqueux et de nombreux exemples attestent que l'anthropophagie est la coutume qui disparaît le plus rapidement, par le seul contact de la civilisation.

Si les indigènes de l'Oubanghi sont actuellement hostiles aux blancs, c'est parce que l'expérience leur a appris à considérer les étrangers comme aussi dangereux que les bêtes féroces : Du nord, les chasseurs d'esclaves du Baghirmi viennent en expédition, détruisant leurs villages, tuant les hommes, emmenant les femmes et les enfants en captivité. Les malheureux noirs en sont réduits à vivre sur les arbres d'ailleurs insuffisants à les protéger : l'Allemand Nachtigal nous a raconté avec une grande philosophie comment son domestique les « descendait » de là haut, à l'aide de son propre fusil....

Récemment, nous nous sommes avancés par le sud, sur les deux rives de l'Oubanghi, les Français d'un côté, les Belges de l'autre. Mon Dieu ! il est vraisemblable que les noirs ont eu les premiers torts : Accoutumés à voir dans tout étranger un persécuteur, ils ont attaqué les blancs. Mais, au lieu de chercher à entrer en relations avec eux, les postes avancés de la « civilisation », pris d'une peur affreuse, se sont mis à tirer sur tout indigène qui passait à leur portée.

Il ne faut pas s'effrayer de ces incidents. Les populations fétichistes, cannibales ou non cannibales, ne seront pas plus difficiles à gouverner que les Pahouins du Congo. Il suffira de leur assurer d'abord la sécurité et de les protéger contre les exactions des ennemis qui les pourchassent. Le commerce fera rapidement son œuvre pacificatrice; et il n'a pas besoin d'être là beaucoup encouragé, ces pays neufs fourniront probablement une abondante moisson aux premiers traitants qui suivront les explorateurs.

Telle est la situation générale de la vaste zone de pays comprise entre le 4ᵉ degré nord où nous sommes, et le 8ᵉ environ. Au delà, nous arrivons au Baghirmi et nous prenons contact avec les musulmans. J'ai dit pourquoi ce contact n'avait rien d'effrayant en soi. Si, au lieu de procéder par voie de conquête directe et officielle, nous avions la sagesse d'envoyer en avant-garde une grande Compagnie à la façon anglaise, qui procédât surtout par des moyens commerciaux, en se bornant à aider d'abord le Baghirmi à résister à ses oppresseurs habituels, le Bornou et le Ouadaï, et à fournir des débouchés aux produits déjà importants des cultures, le succès serait relativement facile. Chez les musulmans les besoins commerciaux ne sont pas à créer : ils existent et il suffit de les développer, en transportant chez eux, par la voie commode de l'Oubanghi, les produits qui leur arrivent si malaisément par les caravanes du nord.

Tous les pays compris entre le lac Tchad et le Congo français doivent être, pour ainsi dire, explorés et placés en même temps sous notre influence. Il s'agit donc au premier chef de politique et c'est pourquoi il importait d'expliquer à quelles compétitions et à quelles races nous allions avoir affaire.

UN ÉDEN AFRICAIN

Quels sont maintenant les produits de ces régions, et quel avenir peuvent-ils promettre à la colonie en formation ? Ici, il est assez difficile de préciser; la région inconnue comprise entre la Sangha et l'Oubanghi, puis entre le bassin du Congo et celui du Chari, présente probablement la plus grande ressemblance avec le nord de notre colonie du Congo. Mais c'est l'inconnu....

Quant au Baghirmi, les récits des voyageurs, d'ailleurs peu nombreux, qui y sont allés, le représentent comme une sorte d'Éden remarquablement fertile : le bétail pullule et les céréales sont abondantes. Élisée Reclus, dans sa consciencieuse compilation, dit d'une manière générale : « *Grâce à la fécondité du sol et à la richesse de la flore, le bassin du lac Tchad, les vallées et les plaines qu'arrose le Chari, deviendront peut-être un jour la partie la plus prospère des Indes africaines.* » La faune est également d'une richesse prodigieuse.

J'ai déjà eu l'occasion de dire que, dans la lutte économique qui s'engagera inévitablement un jour ou l'autre entre l'ancien et le nouveau continent, un seul produit serait absolument indispensable à l'industrie européenne : c'est le coton. Aussi en a-t-on essayé, sans grand succès, la culture en Égypte et Asie. Or, dans toute la région du Tchad et notamment au Baghirmi, le coton pousse naturellement, et c'est sans doute cette exploitation d'avenir, beaucoup plus que l'huile de palme, que visait l'Angleterre, lorsqu'elle s'emparait avec tant de hâte des magnifiques contrées comprises entre le Niger et la Bénoué.

CONCLUSIONS

Je pourrais consacrer de longues pages à célébrer les richesses naturelles de la région du Tchad : il me suffirait d'ouvrir au hasard et de citer un des voyageurs qui l'ont visitée : Denham, Clapperton, Overweg, Barth, Vogel, Beurrmann, Nachtigal.

Mais il ne s'agit pas actuellement d'exploitation; il s'agit de conquête, ou, pour parler plus exactement, de territoires à placer sous notre influence, au moment où les nations civilisées se partagent l'Afrique. De bien minimes efforts suffiraient pour atteindre ce résultat si enviable : un peu d'appui donné à Paul Crampel, peut-être une concession accordée au-delà du 4° degré nord à une Compagnie munie d'une charte et opérant librement à la façon des grandes compagnies anglaises, sous le contrôle direct d'un commissaire du gouvernement français.

Je citais tout à l'heure l'allusion d'Élisée Reclus aux Indes : les laisserons-nous une fois encore nous échapper? L'exemple même du passé atteste que les grandes compagnies ne sont pas chez nous si difficiles à former, pourvu que ce soient réellement des compagnies commerciales et agricoles et qu'une spéculation financière ne vienne pas, au point de départ, les frapper de stérilité.

J'entends dire de toutes parts qu'on ne sait que faire chez nous des capitaux qui sont trop abondants et qui demeurent sans emploi. Quant aux bonnes volontés, elles ne sont pas rares non plus : le développement subit de l'instruction gratuite, l'évolution industrielle, une série de causes qu'il serait trop long d'énumérer ont créé une foule de déclassés dont l'ambition inassouvie est chez nous un danger et peut-être, en Afrique, une source de fortune et de grandeur nationale.

SÉNÉGAL ET SOUDAN

Le Sénégal proprement dit appartient à la catégorie des vieilles colonies, que je n'ai pas ici à étudier. Au nord, il est séparé des possessions espagnoles par une ligne qu'il faudra arrêter dans l'intérieur. Les enclaves de la Gambie anglaise et de la Guinée portugaise sont délimités.

Il en est autrement des *Rivières du Sud*. Malgré le traité de protectorat conclu avec Samory par le capitaine Péroz, malgré d'autres conventions passées avec des chefs moins importants, les Anglais n'ont pas renoncé à étendre vers l'intérieur soit leurs possessions de Sierra-Leone, soit la République de Libéria, dans laquelle ils exercent une influence occulte. De nouvelles missions nettement limitatives seraient fort utiles.

Sur la *Côte de l'Ivoire*, de sérieux efforts ont été faits dans ces dernières années. Néanmoins les traités passés avec les chefs de la côte auraient besoin d'être appuyés par de nouveaux voyages ; déjà les habitants de Liberia prétendaient reculer à nos dépens leur frontière au delà du Rio Cavally.

Plus loin, les Anglais de *Cape Coast Castle* et les Allemands de *Togo* font de vigoureuses tentatives pour s'étendre vers l'intérieur à travers le pays des Achantis et le Gondja. Il faut se hâter de faire valoir les droits que le magnifique voyage du capitaine Binger a donnés à la France et relier Grand-Bassam au Dahomey par une ligne limitative des Achantis et de Togo, puis prolonger notre zone influence en ligne directe du Dahomey jusqu'à Say sur le Niger, à travers le Gourma.

Voilà pour la côte.

A l'intérieur, entre le Haut-Sénégal et le Haut-Niger, notre marche en avant se poursuit avec le caractère d'une véritable conquête militaire. Bien des systèmes ont été successivement employés : traités avec les grands princes musulmans, opposition des Bambaras fétichistes et des Toucouleurs musulmans, politique défensive et politique offensive. Le résultat final a toujours été le même : nous avons lutté les armes à la main contre des adversaires redoutables et qu'il eût été peut-être difficile de réduire autrement.

J'ai étudié très attentivement pour ma part tous les documents relatifs à la conquête du Soudan. Bien que partisan des méthodes pacifiques, je déclare que je ne vois pas très bien comment il eût été possible de procéder autrement qu'on ne l'a fait dans cette région. Les actes même qui ont été les plus critiqués, peuvent se justifier assez aisément. Par exemple la construction du chemin de fer de Kayes à Bafoulabé n'était point une si mauvaise idée qu'on l'a proclamé après coup, et tel économiste indigné ne se doute pas, lorsqu'il suppute le prix de revient du kilomètre de rails, que partie des fonds a servi en réalité a construire des forts qui durent encore et qui ont rendu d'immenses services. Sans le prétexte du chemin de fer, jamais ces subsides si indispensables n'eussent été accordés.

Lorsque je compare ce qui a été fait depuis moins de trente ans dans le Soudan français avec les ressources dont on a disposé en hommes et en argent, je me sens rempli d'admiration pour les officiers qui ont conduit ces habiles campagnes de guerre ou d'exploration.

⁂

Je veux, pour n'y plus revenir, résumer ici la seule critique de portée générale qui me paraisse réellement fondée : je veux parler de cette tradition qui oblige à changer tous les deux ans le commandant du Soudan français. C'est là une habitude qu'aucune bonne raison ne peut justifier, car on ne saurait mettre en balance les questions d'avancement et l'intérêt du pays. Or, le perpétuel changement de la direction des opérations au Soudan français ne peut avoir que des effets funestes et si cela n'a pas donné de plus mauvais résultats, c'est que la force des choses a été plus puissante que les fantaisies des individus. Il ne faut pas oublier cependant que si nous possédons aujourd'hui notre empire soudanais, c'est parce que, durant de longues années, le plan d'ensemble tracé par le général Faidherbe, puis par le général Borgnis-Desbordes, a été observé et exécuté.

⁂

Il y aurait fort à dire sur la conquête militaire de l'Algérie. On discute encore sur le rôle respectif de l'élément militaire et de l'élément civil au Tonkin. Il me semble qu'aussi longtemps qu'un pays n'est pas régulièrement organisé, mis à l'abri de toute tentative de révolte, il y a sérieux avantage à le faire administrer par des militaires. Oublions en effet, la vieille rancune à la Homais contre « le sabre ». L'expérience n'a-t-elle pas prouvé qu'en France, nous ne saurions improviser un corps administratif comparable, au point de vue de la capacité et de l'honorabilité, à celui des officiers? Pour aller là où il y a aventure à courir, on ne trouve le plus souvent en France, en dehors de l'armée ou de la marine, que des aventuriers. Le préjugé contre « le sabre » est chez nous un vieux reste des temps passés. Mais le préjugé a survécu aux raisons qui l'ont fait naître. Qui dit administration par les officiers ne dit pas recherche des occasions de combat. Il faut au contraire que nos officiers coloniaux soient bien pénétrés de leur véritable rôle. Ils doivent être en général des administrateurs justes, intègres, impartiaux et exceptionnellement seulement doivent redevenir des combattants. Je ne prétends point que l'on se soit toujours placé, au Soudan, à ce point de vue, qui est le bon. Mais je crois que très peu de chefs ont recherché les combats sans utilité générale et de propos délibéré. En revanche, il ne faut pas oublier que les corps de troupes ont généralement été précédés d'un réseau d'éclaireurs : négociateurs, explorateurs qui sont allés seuls, au loin, proposer loyalement la paix aux chefs indigènes. Quoi de plus admirable que l'histoire des missions de Mage, du colonel Gallieni, du capitaine Péroz et toutes celles qui se poursuivent en ce moment? Et l'exploration du capitaine Binger, petite par ses moyens, grande par ses résultats, ne prouve-t-elle pas que les officiers de l'armée française actuelle comprennent autrement leur rôle qu'on ne l'imagine parfois dans le public?

*
* *

Les opérations du Soudan où notre plus dangereux ennemi, la maladie, a pourtant fait tant de victimes, n'ont jamais été impopulaires en France. Cela tient à ce que les soldats français y sont en petite minorité; l'immense majorité des troupes étant indigènes.

Tout le monde parle, en France de la création d'une armée coloniale. Dieu sait quand elle sera constituée ! Et pourtant nous avons un empire colonial de jour en jour plus immense et jamais, dans une démocratie comme la nôtre, on n'admettra que des enfants arrachés du sol par la conscription, puissent être envoyés au loin avec tant de chances de ne point revenir. C'est de là que vient la réelle impopularité de notre entreprise tonkinoise, pourtant si belle, si l'on savait en tirer parti. Dans le moindre village, on cite le nom d'un pauvre diable qui est mort là-bas, sans avoir demandé à y aller. Et cela indigne profondément. La question budgétaire, au contraire, laisserait les gens assez indifférents : il y a bien longtemps en France, que le contribuable ne se plaint plus d'être tondu.

Il est donc fort heureux pour le Sénégal et pour l'avenir colonial de la France que les milices indigènes aient eu le plus souvent à supporter le lourd fardeau de nos conquêtes. Mais la même crainte d'émouvoir l'opinion a généralement empêché d'entretenir là-bas des forces suffisantes. C'est merveille que jamais, dans une seule rencontre, nous n'ayons été battus, que jamais un de nos postes n'ait été enlevé. Il a fallu pour cela des efforts surhumains. Mais il serait imprudent de jouer trop longtemps avec le feu. Si les fanatiques musulmans, cent fois battus, se soulèvent encore contre nous à la voix du premier marabout venu, quelle immense popularité n'acquerrait pas celui qui aurait le prestige de nous avoir défaits, fût-ce dans la lutte la plus disproportionnée !

*
* *

Quand on fera l'histoire de la conquête du Soudan français, il faudra toujours rappeler les entreprises de l'illustre René Caillié (1827-1828), de Ange Raffenel (1846), de Hecquard (1851), de Mage (1860). Elles étaient déjà comme les reconnaissances d'avant-garde de la guerre que soutenaient nos colonnes du Sénégal et qui se terminait toujours par des victoires, par la marche en avant.

Je crois utile de rappeler dans cet ouvrage de vulgarisation, un des plus émouvants épisodes de ces rudes campagnes qui devraient être aussi populaires chez nous que le sont les souvenirs de la conquête de l'Algérie. C'est le récit du siège de Médine, que j'emprunte au livre du capitaine Pietri : *les Français au Niger* (1). Rien ne saurait, à mon avis, donner une impression plus exacte de la manière dont s'est opérée la conquête du Soudan.

LE SIÈGE DE MÉDINE

« Le commandant du poste, en 1857, était un mulâtre de Saint-Louis, Paul Holle ; c'était un homme déjà connu au Sénégal par son énergie et par son intelligence, qui, à son patriotisme éprouvé, joignait même une certaine passion religieuse très sincère, capable de s'exalter encore dans la lutte contre les musulmans.

« La garnison se composait de sept Européens, vingt-deux soldats noirs et une trentaine de laptots ou marins de Saint-Louis. C'était peu, mais on verra que le courage et le dévouement peuvent suppléer au nombre.

« Le village était défendu par près de deux mille Khassonkés de Sambala, mais il était encombré par une foule de vieillards, de femmes et d'enfants, six mille environ, qui avaient fui de tous les points du Khasso à la menace de l'invasion, pour se réfugier sous les murs du poste.

« Les troupes qui venaient d'envahir ce pays composaient la plus grande et la meilleure partie de l'armée d'Al-Hadji. Elles étaient au nombre d'environ quinze mille combattants ; mais ceux-ci étaient suivis d'une si grande quantité de femmes et d'esclaves non armés, qu'à voir cette foule le long des étroits sentiers du pays, elle semblait innombrable.

« Paul Holle s'attendait depuis longtemps à une attaque ; les préparatifs de défense les plus sérieux avaient été faits ; le

---

(1) *Les Français au Niger*, 1 vol. avec 28 gravures et une carte. 3 fr. 50, Hachette, éditeur.

fort avait été relié au village par un mur en terre assez solide, renforcé d'une palissade, derrière lequel on avait construit des hangars pour abriter la foule désarmée venue du dehors.

« Pendant qu'à Médine on prenait les dernières dispositions, le prophète, à Sabouciré, faisait construire des échelles de bambou, y accumulait les munitions pour ses troupes et continuait ses prédications enthousiastes. Il se défendait, il est vrai, de pousser son armée au combat, mais lui promettait en termes obscurs que les canons ne partiraient pas contre eux, s'il plaisait à Dieu (Ché Allaho). Lui-même ne donnait plus aucun ordre ; c'étaient ses lieutenants qui préparaient l'attaque. Il ne voulut même pas y assister : il resta à Sabouciré.

« Les assaillants étaient partagés en trois colonnes de force très inégale. La plus nombreuse, où se trouvaient aussi les plus braves et les plus décidés, devait attaquer le fort, la seconde donner l'assaut au village et la troisième, composée en grande partie des Khassonkés de Kartoum, faire une diversion sur la face ouest du poste.

« L'assaut était décidé pour le 20 avril 1857. La veille, une femme échappée de Sabouciré vint en avertir le commandant ; la nuit, la marche de l'ennemi fut signalée ; au point du jour il parut.

« Le village fut attaqué le premier ; mais au moment où Paul Holle dirigeait de ce côté son artillerie, il vit arriver sur le fort la colonne principale, celle du centre. Elle avançait en une masse profonde et silencieuse, tête baissée comme des hommes bien décidés à ne pas reculer. En tête, un guerrier marchait avec l'étendard du prophète ; derrière étaient portées des échelles pour l'escalade.

« Paul Holle avait donné ordre de ne tirer que sur un ordre de lui ; il laissa l'ennemi s'avancer à bonne portée, puis, à son commandement, les canons et les fusils du fort partirent à la fois. L'effet sur cette masse compacte fut si sanglant que les assaillants hésitèrent un instant ; malgré la prédiction du prophète, les canons partaient : mais l'hésitation ne fut pas longue, et, entraînés par la voix des chefs, les soldats, poussant des cris, s'excitant eux-mêmes au bruit du combat, reprirent plus rapidement leur marche en avant, malgré le feu toujours meurtrier qui partait des créneaux.

« Cette fois, l'élan est si vif qu'ils arrivent en quelques minutes au pied du mur, se répandent le long de l'enceinte, placent leurs échelles et montent à l'assaut; un moment même leur étendard paraît sur le rempart. Les assiégés redoublent d'efforts et une lutte corps à corps s'établit contre les assaillants les plus proches : aux créneaux, derrière chaque soldat qui fait feu, deux hommes chargent les fusils dont il fait usage.

« Pendant ce temps une troisième attaque se dessine à l'ouest. Ce sont les Khassonkés de Kartoum qui viennent en aide à la colonne principale.

« Enfin le porte-drapeau est tué, les échelles renversées et l'ennemi recule lentement en subissant encore de grandes pertes; il va se placer derrière les abris naturels qu'il peut trouver à petite distance. Sambala avait résisté de son mieux et avait rejeté l'ennemi loin du tata. Le feu ne cessa pas pour cela; pendant cinq heures, le combat continua de loin, puis peu à peu les Toucouleurs se retirèrent.

« Les morts qu'ils laissaient sur le terrain, autour de l'enceinte, témoignaient de leur opiniâtreté, et de l'ardeur de la lutte; mais ils n'étaient pas habitués aux revers, et celui-ci ébranla leur confiance dans le prophète.

« Ils semblèrent abandonner la partie et revinrent tout découragés à Sabouciré. Ils y trouvèrent Al-Hadji Oumar ferme et confiant dans le succès. La lutte engagée maintenant, bien que sans son aveu, il pouvait agir franchement et diriger lui-même ses soldats. Il les gourmandait, attribuait l'insuccès à leur manque de foi et à leur impatience, et enfin réussit peu à peu à relever leur courage et à leur rendre leur confiance en eux-mêmes.

« — Vous avez voulu vous battre malgré moi, leur disait-il; vous voilà vaincus : Dieu vous punit et vous êtes désespérés comme des femmes à cause d'un revers. Je dis : Croyez-vous donc que vous n'ayez pas beaucoup péché et que Dieu ne sait pas se venger?

« Et plus tard :

« — Vous avez engagé le nom de notre Dieu et vous le laissez tourner en dérision par les Keffirs ; eh bien, je vous dis : Maintenant il faut venger Dieu, il faut venger le sang d'Oumar Sané, d'Ahmadi Hamat, d'Abdoulaye et de tous ceux qui sont morts pour la foi.

« Médine un instant délivré, vit reparaître l'ennemi. En peu de temps, un blocus rigoureux se forma autour de ses murs ; il fut surveillé par une foule de petits postes cachés à bonne portée, et désormais aucune tête ne pouvait se montrer sans qu'elle fût accueillie à coups de fusil.

« Heureusement on avait encore des vivres ; avant de le réduire par la famine, les assiégeants essayèrent de prendre le village par la soif. Médine n'a pas de puits dans l'intérieur de l'enceinte et il tire toute son eau du fleuve. Il y avait en face du poste, au milieu du Sénégal, un îlot de sable assez élevé d'où l'on commandait la rive gauche où est Médine : en même temps le talus du côté opposé était assez raide pour servir d'abri contre les projectiles du village.

« Un poste de laptots occupait ce point important : mais une nuit ils furent surpris, chassés après un combat assez vif, et plus de cent Toucouleurs occupèrent l'îlot. Le lendemain, les habitants qui, suivant leur habitude, allèrent au fleuve, furent reçus par une grêle de balles. Le danger était sérieux ; à tout prix, il fallait reprendre la position.

« Tout d'abord on pourvut aux premiers besoins en allant puiser de l'eau en petite quantité de la manière suivante : plusieurs hommes se plaçaient à la file sous une pirogue renversée qu'ils soutenaient sur leurs épaules et dont ils se servaient comme d'un bouclier contre les balles ennemies. Ils s'approchaient ainsi du fleuve péniblement, tout courbés, et en rapportaient chacun une calebasse remplie d'eau. C'était une manœuvre fatigante et très dangereuse, que les plus braves seuls osaient exécuter ; mais dès le lendemain, l'embarcation du poste était armée : elle était couverte et blindée de peaux de bœuf que les balles ennemies étaient impuissantes à traverser.

« Sous un feu violent, Paul Holle la mit à flot ; le sergent Desplat et une quinzaine de laptots la montèrent et lui firent prendre le large. Nos hommes, arrivés en vue de l'autre versant de l'îlot, firent feu sur l'ennemi qui se trouva ainsi entre les feux croisés du poste et de l'embarcation. Incapables de résister, les Toucouleurs finirent par se jeter à l'eau, non sans laisser sur la rive nombre de morts. L'îlot de sable fut repris et, détail hideux, pendant plusieurs jours il fut entouré de nombreux caïmans que l'odeur du sang répandu y attirait.

« Le blocus, tous les jours plus resserré, n'en continuait pas moins. Les souffrances des assiégés augmentaient. Le grand nombre de réfugiés, bouches inutiles, avait rapidement consommé des approvisionnements qui, le premier jour, semblaient considérables. Vers la fin de juin, il y avait encore un peu de mil, quelques arachides et même un peu de biscuit. Mais ce qui manquait absolument et dont on sentait vivement la privation sous ce soleil brûlant, c'était le feu. Il en fallait pour la cuisson des aliments et depuis longtemps on n'avait plus rien de combustible dans le village. On en était réduit à manger un mélange grossièrement pilé de mil et d'arachides.

« Paul Holle donnait à tous l'exemple de l'abnégation. Sa foi religieuse, exaltée par la lutte qu'il soutenait contre le prophète, lui donnait une opiniâtreté d'apôtre, car, dans ces combats journaliers avec une race pillarde et dévastatrice, il aimait à retrouver l'antique combat de la croix de Jésus contre le croissant de Mahomet. Au-dessus du drapeau français, il mettait des inscriptions de ce genre : Pour Dieu et la France ! Jésus ! Marie !

« L'activité, l'ardeur de cet homme héroïque augmentaient à mesure que la détresse du poste devenait plus grande. Il avait su communiquer à ceux qui l'entouraient la foi et la passion du devoir dont il était animé. Les sept Français, soldats bien humblement gradés de notre armée, avaient généreusement compris leur devoir. Ils représentaient la patrie dans ce coin du Sénégal; l'honneur du drapeau leur était confié, et leur âme s'était élevée à la hauteur de cette noble tâche. Ils formaient auprès du commandant un état-major dévoué, prêt à tous les sacrifices, à qui pouvaient être confiés les douloureux secrets de la défense, que l'on cachait aux indigènes.

« Les munitions commençaient à manquer, mais Paul Holle prétendait en avoir ses magasins remplis : lorsque le roi Sambala lui en demandait pour répondre au feu des Toucouleurs et repousser leurs avant postes, il répondait :

« — Quand le jour du combat viendra, je t'en donnerai tant que tu voudras ; maintenant, ménage celles que tu as. »

« Pendant ce temps, il vidait en secret ses obus pour faire des cartouches, et il écrivait à Saint-Louis, à Bakel, à Diakandapé où était l'aviso *Guet Ndar* :

« Il ne reste au poste qu'une dizaine de paquets de car-
« touches. Nous avons beaucoup de fusils qui ne peuvent
« servir faute de pierres. »

« Les eaux malheureusement, étaient encore trop basses, et les courriers, malgré toutes les ruses ne pouvaient que très rarement traverser les lignes ennemies. Les officiers de Bakel, de Sénoudébou, du *Guet Ndar* voyaient le danger imminent de Médine, ils faisaient des efforts désespérés pour rallier des indigènes dévoués et les conduire au secours des assiégés. Mais la terreur était trop grande parmi la population du Haut-Sénégal, et dès qu'on approchait de l'ennemi, des désertions en masse se produisaient, les officiers restaient seuls.

« L'aviso avait essayé de profiter d'une première crue du

fleuve pour se dégager et remonter vers Médine; mais, au bout de quelques milles, il s'était échoué contre les roches de Tambokané où il avait été réduit à l'immobilité. Les Toucouleurs, qui le surveillaient de la rive, l'avaient cru perdu et à peu près sans défense.

« Ils avaient formé une forte colonne sur chaque rive, et avaient marché résolument à travers le lit du fleuve, à l'assaut du *sakhar*. Mais l'équipage veillait; il laissa les assaillants s'approcher jusqu'à bonne distance dans le fleuve, au point où le gros de leur colonne était embarrassé, en désordre, au milieu des roches glissantes, gêné encore par le courant rapide de l'eau. Alors les Français avaient ouvert un feu meurtrier sur leurs ennemis; ceux-ci, forcés à la retraite, n'avaient pu regagner les rives qu'après avoir laissé dans le fleuve, au courant qui les entraînait, de nombreuses victimes, morts ou blessés.

« Malgré ce succès partiel, l'impuissance où l'on était de secourir Médine était manifeste; tous les efforts avaient échoué. Ces tristes nouvelles parvenaient jusqu'aux assiégés amplifiées par les récits des Toucouleurs, jetant la terreur et le désespoir dans l'âme des Khassonkés. Paul Holle essayait de les réconforter, se montrait toujours impassible et démentait ces récits qu'il ne savait que trop véridiques. Sa résistance à l'ennemi n'en devenait que plus vive et même agressive; tant il voulait montrer que les événements extérieurs ne pouvaient abattre son courage.

« Les Toucouleurs, étonnés et inquiets de cette invincible opiniâtreté, commençaient eux-mêmes à désespérer d'en venir jamais à bout. Mais le prophète était plus tenace; il leur montrait que ces apparences de vigueur et de force dont les Français étaient plus prodigues que jamais, étaient destinées à cacher à tous les yeux l'affaiblissement de la garnison et le découragement qui gagnait les Khassonkés. Croyant peut-être lui-même les assiégés plus affaiblis qu'ils n'étaient en réalité, il disposa tout pour une attaque de nuit. Les hommes les plus braves étaient désignés, et l'on se disposait à partir, lorsqu'une émeute se produisit contre les exigences d'Al-Hadji : celui-ci voulait leur faire porter les pioches et les outils nécessaires pour démolir le tata du village que l'on devait attaquer le premier. Furieux de cette rébellion que peut-être il n'avait pas prévue, le prophète se précipita lui-même en avant, se chargea les épaules des outils dont ne voulaient pas ses soldats, et partit en poussant son cri de guerre.

« — La illah illahlah ! Mahmadou raçoul Allah !

« Les guerriers le suivirent, honteux de leur mouvement de révolte, l'empêchèrent d'aller plus loin et se portèrent avec plus d'ardeur vers le point désigné pour l'attaque.

« Mais les assiégés veillaient ; les Toucouleurs ne purent les surprendre. Malgré le feu qui s'ouvrit contre eux, ceux-ci parvinrent jusqu'au tata et, tout en combattant, commencèrent à le battre à coups de pioche. En peu de temps une petite brèche était faite, et déjà les assaillants y pénétraient, lorsque heureusement un secours arriva du fort. Les Toucouleurs furent encore une fois refoulés après un combat très vif, et aussitôt la garnison, avec des palissades et des toitures de cases, se mit en devoir de réparer la brèche.

« Mais c'était le dernier effort des assiégés. Ils venaient de brûler leurs dernières cartouches et n'auraient pu résister à un autre assaut. Il fallait le prévoir pourtant ; Paul Holle n'avait plus d'autre ressource que de s'ensevelir sous les ruines du fort. Les rôles, pour cette lutte suprême, furent distribués et acceptés avec tout le calme qui convenait à des soldats. Le commandant devait sauter avec le bâtiment d'habitation, et le sergent Desplat avec la poudrière, dès que l'ennemi pénétrerait dans le fort.

« C'était au commencement du mois de juillet ; les assiégeants étaient maintenant embusqués à portée de la voix, des dialogues s'engageaient d'un parti à l'autre.

« — Oh ! Sambala ! toi le fils d'Awa Damba, tu es le captif des blancs !

« A quoi le roi faisait répondre :

« — Je méprise Oumar le voleur. Je méprise Mahomet et sa religion. Dites à votre prophète que maintenant je bois du vin et de l'eau-de-vie, et que j'en boirai toujours.

« Pendant que Médine arrivait ainsi aux limites extrêmes de la résistance, le secours si nécessaire approchait. Deux avisos étaient armés à Saint-Louis et se tenaient prêts à partir dès que la crue des eaux le permettrait. Cette année-là, elle commença heureusement plus tôt que d'habitude ; le 2 juillet le colonel Faidherbe put s'embarquer.

« La navigation était difficile ; le prophète avait même ajouté de nouveaux obstacles à ceux que la baisse des eaux laissait encore subsister. Par ses ordres, la population riveraine du Fouta avait jeté en un point du fleuve, près de Matam, une énorme quantité de pierres qui avaient formé un barrage avec d'étroites coupures à travers lesquelles l'eau s'écoulait. La flottille n'y fut pas arrêtée, la première crue ayant emporté tout un côté de ce barrage et pratiqué un passage suffisant pour nos bateaux. Les traces de ce travail existent encore sur la rive droite du Sénégal ; les pilotes les montrent aux voyageurs et manquent rarement, à cette occasion, de citer quelque trait mémorable, plus ou moins déformé par la légende du *borom Faidherba* qui est resté si populaire parmi eux.

« En remontant le Sénégal, le gouverneur apprenait des nouvelles de moins en moins rassurantes. Une importante colonne de Toucouleurs traversait le Bondou pour aller renforcer Al-Hadji ; le *Guet Ndar*, crevé et à demi submergé, ne résistait aux incessantes attaques de l'ennemi que par des prodiges d'énergie et d'activité, et l'on ne savait absolument rien sur le sort de la ville assiégée. La marche était lente, malgré les plus grands efforts ; le 18 juillet, enfin la flottille arrivait en vue des Kippes, à cinq kilomètres en aval de Médine.

« Les Kippes sont deux grands rochers à pic, opposés sur chaque rive, et entre lesquels le fleuve resserré forme un courant très rapide des plus dangereux à franchir en temps ordinaire. Ce jour-là, les Toucouleurs en occupaient les sommets et les environs.

« Ayant reconnu que le passage si difficile des Kippes était défendu par de nombreux contingents couvrant les rochers qui dominent le fleuve des deux côtés, le gouverneur se décida à forcer le passage en même temps par terre et par eau. Attendre de nouveaux renforts, c'était s'exposer à laisser prendre Médine qui devait être à la dernière extrémité. Des personnes doutaient même qu'il fût encore en notre pouvoir.

« A six heures, le *Basilic* s'embossa à portée d'obusier des Kippes et les canonna alternativement. En même temps, le gouverneur débarqua pour prendre le commandement des forces à terre, avec cinq cents hommes, dont cent blancs, et un obusier. Il porta la colonne au pied de la position à enlever, fit lancer deux obus et sonner la charge : soldats, laptots, volontaires et ouvriers, officiers en tête, escaladèrent les rochers avec beaucoup d'entrain ; l'ennemi les abandonna sans résistance, et l'on ne reçut des coups de fusil que des ennemis embusqués sur le rocher de la rive gauche. On prit position de manière à répondre à leur feu et à protéger le passage du *Basilic* ; l'ordre fut alors donné à celui-ci de franchir.

« La colonne descendit ensuite sur le bord du fleuve vis-à-vis de l'aviso, et de là on aperçut, à travers une plaine de 3000 à 4000 mètres, le fort de Médine.

« Le pavillon français flottait sur un des blockhaus, mais aucun bruit, aucun mouvement ne prouvait que le fort fût occupé. Dans la plaine on voyait les Toucouleurs embusqués ou errant çà et là.

« Toute la colonne passe alors sur la rive gauche, refoule les Toucouleurs de toutes parts et se rapproche de Médine. Mais le fort ne donnait pas encore signe de vie, et cela paraissait inexplicable quand on songeait que Médine contenait plus d'un millier de défenseurs armés de fusils. Enfin, le gouverneur, ne pouvant contenir son impatience, se lance au pas de course sur les positions ennemies.

« Les Toucouleurs montrèrent jusqu'au dernier moment une audace incroyable : poursuivis, cernés, ils ne faisaient pas un pas plus vite que l'autre et se faisaient tuer plutôt que de fuir, tant était grande leur exaspération de voir leur échapper une proie qu'ils tenaient déjà si bien.

« Les défenseurs avaient enfin donné signe de vie ; Paul Holle en tête, ils étaient sortis en poussant des cris d'allégresse et s'étaient jetés dans les bras de leurs libérateurs. Toutes les souffrances étaient donc finies, et tant d'efforts n'avaient pas été stériles!

« Mais quel spectacle navrant pour les nouveaux venus !

« Les environs du poste offraient l'aspect d'un charnier ; aucun ossement n'avait été enlevé depuis le commencement du siège, la putréfaction s'y faisait sentir encore. A l'intérieur du village, le tableau était encore plus désolant. Toute une foule affamée, en guenilles ; des enfants, des vieillards surtout pouvant à peine se traîner, entassés, grouillant au milieu des immondices et n'ayant même pas la force de remercier ceux qui venaient les délivrer. Certes le secours était arrivé bien juste à temps.

« Pendant que le combat se produisait au dehors et que les Toucouleurs vaincus reprenaient en désordre le chemin de Sabouciré, Sambala, qui voulait prendre sur Al-Hadji Oumar sa revanche de tant d'insultes, vint demander au commandant du poste cette poudre tant promise, puisque enfin le jour du combat était venu.

« — Je n'en ai pas, répondit Paul Holle.

« — Et ces magasins tout remplis ?

« — Il n'y a que des caisses vides.

« — Mais pourquoi me disais-tu... ? Ah ! Je comprends maintenant ! Vous autres blancs vous pensez à tout.

« Quelques jours après, le gouverneur poursuivait Al-Hadji.

DÉLIVRANCE DE MÉDINE.

Oumar sur la route de Sabouciré, lui infligeait une nouvelle défaite après un brillant combat, et en délivrait complètement le Khasso. Le prophète fuyait donc devant nos troupes, mais il ne voulait pas s'avouer définitivement vaincu par les infidèles : il allait chercher des vivres, disait-il, et promettait de revenir.

« Une pierre a été posée à la place même où se livra le combat acharné du premier jour du siège. Elle porte inscrits les noms des défenseurs de Médine. »

LES CAMPAGNES ET LES MISSIONS DU SOUDAN

Dans les temps modernes, c'est du voyage du lieutenant de vaisseau Mage et du chirurgien Quintin (1863-1866) que date le grand mouvement d'expansion du Sénégal vers le Soudan. Ils arrivèrent jusqu'à Ségou, où ils furent retenus pendant deux ans par Ahmadou, fils du cheick El-Hadj Omar (ou Al-Hadji Oumar). Le récit de leur voyage, plein de renseignements utiles, donna un point d'appui aux vastes et admirables projets du gouverneur Faidherbe. La pénétration vers l'intérieur se poursuivit avec plus d'activité encore, malgré la résistance acharnée des fanatiques Toucouleurs.

Quinze ans après, en 1873, Soleillet, parti avec l'intention de gagner l'Algérie à travers le Sahara, ne put dépasser Ségou où Ahmadou le retint quatre mois.

En 1879, MM. Zweifel et Moustier, partis de la côte, atteignirent les sources du Niger.

Quelques semaines plus tard, M. Aimé Olivier pénétra jusqu'à Timbo.

Vers la même époque MM. Pietri, Jacquemart, Monteil et Sorin, officiers d'infanterie de marine, remplirent diverses missions ayant pour but d'étudier les voies de pénétration vers le Soudan français.

C'est du reste à dater de 1880 que commence à être méthodiquement appliqué le plan de pénétration qui a donné tous les ans, depuis lors, des résultats si considérables : tandis que la mission Gallieni, dont les travaux ont été si bien racontés par son chef (1), s'avançait jusqu'à Nango, à 40 kilomètres de Ségou-Sikoro et signait, après de longues négociations, un traité avec Ahmadou, tandis que MM. le capitaine Bonnier, le capitaine Delanneau, le docteur Colin, le docteur Bayol et le lieutenant Quiquandon poussaient dans d'autres directions des reconnaissances et signaient des traités, le lieutenant-colonel Borgnis-Desbordes, commandant supérieur du Haut-Sénégal dirigeait une série de campagnes de guerre qui eurent pour résultat d'amener l'occupation effective d'une partie du Haut-Niger par nos troupes. En 1880-81 il châtiait le village de Goubanko, qui s'était montré hostile à la mission Gallieni et construisait le fort de Kita. En 1881-82, il battait devant Keniéra les troupes, auparavant menaçantes, de l'almamy Samory et construisait le fort de Badoumbé. En 1882-83 il châtiait le village de Daba, qui avait jadis attaqué et pillé le convoi de la mission Gallieni, et arrivait à Bammako, où il installait un poste, et peu après mettait en fuite de nouveaux contingents commandés par le frère de Samory.

En 1883-84, le lieutenant-colonel Boilève n'eut pas à combattre. Mais, en 1884-85, le chef de bataillon Combes construisit le fort de Niagassola et occupa le Bouré, où il dut encore livrer bataille aux troupes de Samory.

En 1885-86 le lieutenant-colonel Frey eut à lutter contre le même redoutable adversaire. Dès les premières opérations celui-ci, intimidé, accepta le traité que venaient lui proposer MM. Tournier, Mahmadou Racine et Péroz. Ceux-ci ramenèrent en même temps un des fils de l'almamy, Diaoulé-Karamoko, que l'on a vu à Paris.

---

(1) *Voyage au Soudan français*, 1 vol. 15 francs, 140 gravures, 2 cartes, 15 plans, Hachette, éditeur. Les compagnons de M. le capitaine Gallieni (aujourd'hui colonel) étaient MM. le lieutenant Piétri, le lieutenant Vallière, le docteur Tautain et le docteur Bayol, qui le quitta à Bammako.

Ainsi tranquillisé du côté de Samory, le commandant supérieur put se tourner contre le prophète Mahmadou Lamine, qui avait prêché la guerre sainte et assiégé Bakel. L'agitateur fut mis en fuite; mais il reprit l'offensive durant la campagne de 1886-87. Le commandement était alors exercé par le lieutenant-colonel Gallieni, nommé commandant supérieur du Soudan français. Durant la campagne de 1887-88, le prophète, définitivement battu, fut tué par des auxiliaires indigènes.

C'est à cette époque (1887) que se place le remarquable voyage de M. Caron (1) de Manambougou à Tombouctou, à bord de la canonnière le *Niger*, que M. Davoust avait auparavant conduite assez loin dans la même direction.

Après la mort de Mahmadou Lamine, le lieutenant-colonel Gallieni (2) put organiser la contrée où une paix relative était assurée. Le capitaine Péroz, retournant près de Samory, obtint de lui un second traité qui nous cédait la rive gauche du Tankisso depuis sa source et la rive gauche du Niger, de Siguiri à Bammako. D'autres traités plaçaient sous le protectorat de la France l'État bambara de Sokolo et le vaste pays des Maures Ouled Embareck.

En 1888-89, le chef d'escadron d'artillerie de marine Archinard succéda au lieutenant-colonel Gallieni en qualité de commandant supérieur. Après avoir achevé la construction du chemin de fer de Kayes à Bafoulabé et préparé celle d'un chemin de fer à voie étroite de Dioubeba à Badoumbé, il s'empara du village toucouleur de Koundian et y créa un poste.

Durant ces dernières campagnes eurent lieu les voyages d'exploration, pour la plupart si peu connus, de MM. le capitaine Oberdorf, Liotard, le sous-lieutenant Levasseur, le ca-

(1) *De Saint-Louis au port de Timbouktou*, 1 vol. par E. Caron, lieutenant de vaisseau, 4 cartes. A. Challamel, éditeur.

(2) Le colonel Gallieni a raconté l'histoire de son commandement dans *Deux Campagnes au Soudan français*, 1 vol. 166 gravures, une carte, 15 fr., Hachette, éditeur.

pitaine Audéoud, le commandant Vallière, le docteur Tautain et le lieutenant Quiquandon, le lieutenant Binger, Treich-Laplène, sans compter de nombreuses missions topographiques.

Tout le monde a encore présentes à l'esprit l'occupation de Ségou-Sikoro et la prise de Ouessebougou et de Koniakary, en 1890, par le commandant Archinard. Mais les événements qui se sont passés depuis, justement parce qu'ils

SÉGOU. — LA RÉSIDENCE.

n'ont été racontés que par fragments, au jour le jour, sont peut-être moins précis dans les mémoires. C'est pourquoi je crois utile d'en donner un exposé rapide.

CAMPAGNE DE 1890-91.

Les opérations de 1889-90 permettaient de prévoir aisément quelles seraient celles de 1890-91 : l'occupation de

Nioro, capitale du Kaarta, s'imposait comme une conséquence nécessaire des entreprises précédentes.

Ahmadou le comprenait bien lui-même. Aussi avait-il, durant l'été, formé le dessein de reprendre l'offensive et de s'emparer de Koniakary, pendant que le colonel Archinard était en France occupé à préparer sa seconde expédition.

Attaque contre Koniakary. — Koniakary, occupé de vive force par le lieutenant-colonel Archinard, au mois de juin,

SÉGOU. — ARSENAL EN CONSTRUCTION.

est situé au nord-est de Kayes et de Médine, au sud-ouest de Nioro. De nombreux marigots et des terrains marécageux séparent Kayes de Koniakary et rendent, pendant la saison des pluies, toute communication impossible. C'est cette circonstance et l'impossibilité d'envoyer des renforts au secours de la garnison française qui ont déterminé Ahmadou à prendre l'offensive pendant l'hivernage. L'effectif des défenseurs laissés à Koniakary par le commandant supérieur était, en effet, singulièrement faible. Le commandement de la place était confié au lieutenant Valentin, ayant sous ses ordres un sous-lieutenant commandant un détachement de quarante tirailleurs (dont neuf blessés laissés par la colonne), un médecin de la marine, deux sous-officiers européens et quatre artilleurs. L'armement se composait de deux pièces de quatre. Trois cents auxiliaires khassonkés complétaient la garnison; mais ces troupes auxiliaires sont des plus médiocres.

Le *tata*, en forme de quadrilatère flanqué de tours, qui occupait le centre du village, avait été mis en état de sérieuse défense. Des provisions de toute nature y avaient été réunies et les cases abandonnées qui entouraient le fort avaient été livrées aux flammes afin de dégager les abords.

Dès le commencement de juillet, Ahmadou avait commencé à réunir ses contingents et à faire des distributions de poudre. Il arrivait lui-même, vers la fin du mois, dans le Diafounou, et s'installait, le 20 août, à Kolomé, à 3 kilomètres de Koniakary. C'est là qu'il resta pendant toute la durée de l'attaque, avec une centaine de Sofas et les membres de sa famille, moins Bassirou, son frère, qui commandait l'armée.

C'est le 8 septembre que les défenseurs de Koniakary, après plusieurs alertes, virent l'ennemi, en colonnes profondes, se diriger vers la ville. On distinguait de nombreux porteurs d'échelles destinées à escalader les murs. Au signal donné par le *tabala* (tambour de guerre), toute cette foule, évaluée à 12 000 hommes et que le feu de l'artillerie avait déjà fortement éprouvée, se précipite en poussant des cris sauvages sur le tata. Sous un feu meurtrier, les assaillants portent leurs échelles à trente mètres des murs, et plantent leurs pavillons au pied même du tata. Mais la fusillade et les boîtes à mitraille découragent leur ardeur; ils se cachent dans la brousse où les poursuivent des feux de salve bien ajustés. Le combat avait commencé à six heures du matin; à neuf heures la pluie commence à tomber. C'est un vrai déluge. Les Toucouleurs en profitent pour venir ramasser leurs morts. Quoiqu'ils en enlèvent une certaine quantité, les cadavres sont nombreux autour du tata ; sous le feu de nos pièces on en compte 23 en un tas, sur quelques mètres carrés. Nos pertes sont nulles : deux tirailleurs légèrement blessés. On estime à 600 le nombre des ennemis tués ou blessés. A onze heures, toute l'armée d'Ahmadou avait disparu ; Bassirou, en rejoignant à Kolomé son frère Ahmadou, lui aurait annoncé, d'après le rapport d'un espion, que toute l'armée du Toro était anéantie. On rapporte que le marabout serait resté trois jours enfermé dans sa case, sans voir personne, avant de partir pour Nioro.

Cet échec était des plus graves. C'était, en effet, la première fois que, depuis l'ouverture des hostilités, Ahmadou prenait en personne le commandement de ses contingents. Il avait juré, dit-on, de reconquérir Koniakary ou de mourir.

Opérations contre Nioro. — Tandis qu'Ahmadou subissait ce premier et grave échec, le colonel Archinard arrivait au Sénégal et commençait aussitôt les préparatifs pour l'expédition contre Nioro. Personnel et matériel étaient rassemblés au chef-lieu, Kayes, pris pour base d'opérations.

Le 11 décembre, la colonne quittait le fort de Kayes ; elle arrivait quelques jours après, sans avoir rencontré de résistance, au Guidoumé. A Yélimané, point où bifurquent les deux routes de Nioro — par Kermisi et par Fanga — l'avant-garde rencontra un gros de Toucouleurs venus de Nioro. Le combat s'engagea immédiatement. Quelques instants après, les Toucouleurs s'enfuyaient sur la route de Fanga, laissant 50 morts sur le terrain. Les cavaliers auxiliaires les poursuivaient jusqu'à Niogomera. Nous n'avions que 2 Européens blessés légèrement, 4 auxiliaires tués et 13 blessés.

Le 24, le colonel continuait sa marche par la route de Kermisi.

Le 29 décembre, un second combat d'avant-garde avait lieu à Korigué, situé à 15 kilomètres à l'ouest de Nioro. Le surlendemain une affaire plus sérieuse décidait du sort de la campagne.

Combat de Korigué. — Le 30, arrivée à trois kilomètres de Korigué, dans un pays coupé de fondrières et de ravins, alternant avec une plaine de sable aride et rocailleuse, notre avant-garde aperçut les Toucouleurs qui, massés sur les hauteurs, au nombre de huit mille environ, se préparaient à livrer une bataille décisive. Ils occupaient une position assez forte, à droite de la route, sur la crête d'une colline dont les flancs étaient défendus par des retranchements en terre et par des terrains marécageux.

A neuf heures du matin, les cavaliers toucouleurs essayèrent de tourner notre colonne et attaquèrent les auxiliaires, qui se défendirent mollement.

A midi, le colonel Archinard fit monter à l'assaut de la colline une compagnie de tirailleurs sénégalais, pendant que deux autres compagnies, conduites par le capitaine Hugueny et le lieutenant Morin, attaquaient à droite et à gauche la position défendue par Ahmadou.

La compagnie de tête enleva rapidement toutes les positions ennemies. Le feu de l'artillerie empêcha le ralliement des Toucouleurs et précipita leur déroute. L'ennemi perdit 400 hommes et de nombreux chevaux.

Nos pertes dans la journée de Korigué furent : un spahi auxiliaire indigène tué, trois spahis réguliers indigènes et six tirailleurs auxiliaires blessés, deux Européens touchés légèrement. Les partisans indigènes qui marchaient avec nous eurent cinquante tués.

Le colonel Archinard poursuivit aussitôt sa marche sur Katia, où il arriva pendant la nuit. Les fuyards tentèrent de s'y rallier, mais quelques feux de mousqueterie et d'artillerie, notamment des obus à la mélinite, suffirent à les chasser.

Ahmadou, qui était resté à Fossé, à dix kilomètres en arrière du lieu du combat, s'enfuit en entendant la canonnade. Il s'enferma dans Nioro, d'où il partit à la dérobée, pendant la nuit, avec une centaine de fidèles.

Le colonel Archinard passa la journée du 31 décembre à

Katia, où commencèrent à arriver de nombreuses soumissions.

A Nioro. — Le colonel Archinard entra donc à Nioro le 1ᵉʳ janvier 1891, comme il l'avait annoncé.

La prise de Nioro faisait tomber entre nos mains la dernière des places fortes de l'empire toucouleur, fondé par El-Hadj Omar. Celui-ci, fils d'un marabout du Fouta sénégalais, après avoir fait à travers tout le Soudan le pèlerinage de la Mecque, avait réussi, on se le rappelle, à fanatiser et à grouper sous son autorité toutes les populations musulmanes de l'immense triangle compris entre le Sénégal et le Haut-Niger, triangle dont la base serait une ligne tirée du Fouta-Diallon au Cayor, parallèlement à la côte, et le sommet Hamdallahi, capitale du Macina. Procédant par de sanglantes conquêtes, massacrant les hommes valides de tous les villages qui tombaient entre ses mains, réduisant en captivité les femmes et les enfants, il avait traversé successivement le Cayor, le Oualo, le Dinguiray, puis le Kaarta, le royaume de Ségou-Sikoro et le Macina. C'est vers 1847 que se place son entrée à Nioro, que les Bambaras lui avaient remis sans résistance, ce qui n'avait pas empêché d'ailleurs le conquérant toucouleur de faire massacrer quelques jours après par ses talibés tous ceux qui, confiants en sa parole, étaient restés enfermés dans la ville. Ces égorgements en masse reviennent d'ailleurs à chaque page dans le récit des conquêtes de El-Hadj Omar ou des guerres de son successeur. On comprend qu'après trente ans d'un semblable régime, les pays autrefois riches et peuplés qu'il a soumis aient été réduits à l'état de véritables déserts.

Mage, dans le remarquable récit qu'il a publié de son voyage à Ségou et à Nioro (en 1863-1866), raconte qu'en revenant de Ségou il traversa le village de Toumboula, par lequel il avait passé deux ans auparavant. « Je fus, dit-il, effrayé littéralement. Les cinq sixièmes de la population avaient disparu. On ne voyait presque plus d'enfants; les hommes avaient des figures décharnées. La misère était partout. »

C'est dans Mage aussi qu'il faut chercher des renseignements précis sur Nioro : « Il y a dans cette ville deux parties distinctes, la ville fortifiée et la maison d'El-Hadj. La ville est entourée d'une muraille irrégulière, ayant plusieurs portes de divers côtés, mais ce n'est pas là ce qui fait sa défense. Ce qui la met à l'abri d'une attaque, c'est la maison d'El-Hadj. Cette forteresse est un vaste carré de deux cent cinquante pas de côté, construite régulièrement en pierres maçonnées avec de la terre. Les montagnes peu élevées qui environnent Nioro ont fourni des matériaux tout taillés et la plupart de ces pierres affectent une forme rectangulaire, ce qui a permis de construire sans les tailler. Elles sont posées à plat; la muraille a environ deux mètres cinquante d'épaisseur; aux quatre angles sont des tours rondes et le tout a dix ou douze mètres de haut. Je suis sûr que sur le faîte le mur a encore au moins un mètre cinquante d'épaisseur. C'est totalement imprenable sans artillerie. »

Combat de Youri. — Pour les combats et incidents qui ont suivi immédiatement la prise de Nioro, je ne puis mieux faire que de reproduire le rapport envoyé par le colonel Archinard :

« Nioro, le 7 janvier 1891.

« En quittant Nioro le 30 décembre, après la défaite de son armée à Korigué et à Katia, Ahmadou se sauva dans le Nord jusqu'à la mare de Korogodio. Une fois là, soit qu'il ait pris cette direction pour nous tromper, soit qu'il ait eu peur d'être arrêté par la colonne du lieutenant Marchand, il revint à une trentaine de kilomètres au sud de Nioro en évitant Kolomina. Ali-Bouri, qui avait eu son cheval tué à Kolomina, le rejoignit. Il lui représenta qu'il avait encore assez de forces avec lui pour essayer de nouveau de nous résister avec

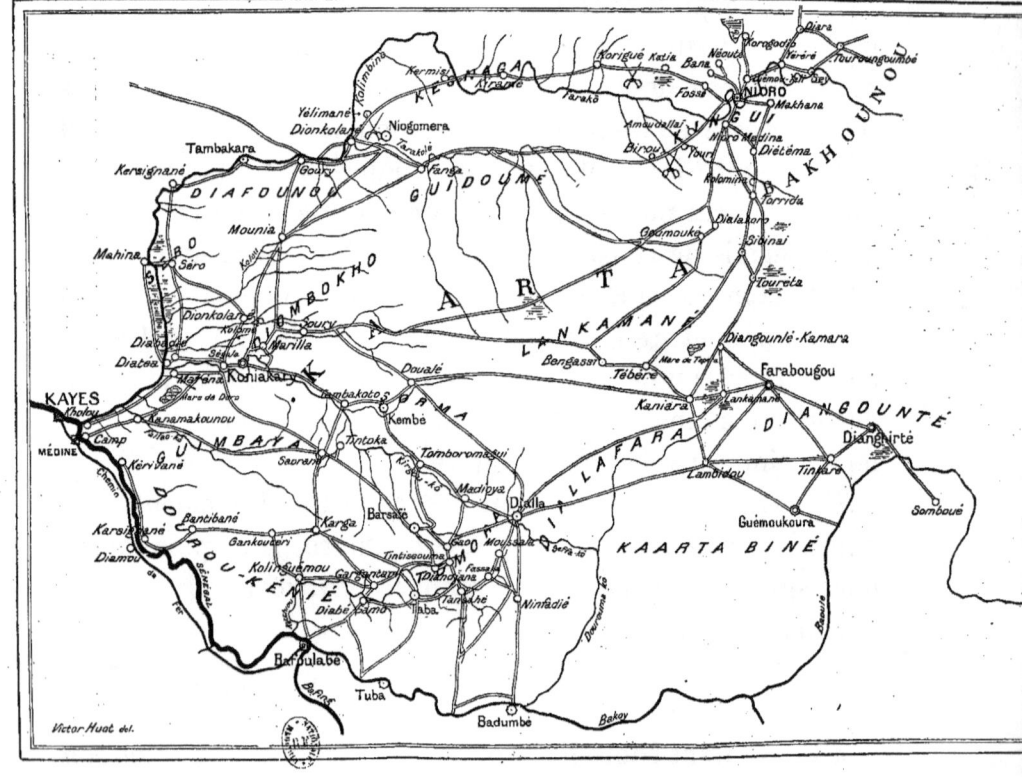

CARTE DU KAARTA
(D'APRÈS LES DOCUMENTS LES PLUS RÉCENTS).

chance de succès; qu'il ne pouvait fuir ainsi alors que son frère Mantaga s'était fait sauter dans le Nioro; que d'ailleurs, il serait infailliblement pris pendant sa fuite vers le Sud; que nous étions restés à Katia affaiblis par nos victoires et que le mieux à faire pour lui était de rentrer à Nioro et de nous y attendre. Ali-Bouri et Madani vinrent en reconnaissance avec une centaine de cavaliers pour vérifier si Nioro était toujours inoccupé.

« Ils arrivèrent juste au moment où nous placions le drapeau français au-dessus de la porte d'entrée et où nous le saluions de vingt et un coups de canon. Au bruit du canon ils firent demi-tour. Mais les Toucouleurs conservèrent l'espoir d'une revanche et essayèrent de reformer une armée. Je partis le 3 janvier au matin, ne laissant qu'une compagnie à la garde du tata de Nioro et emmenant un convoi de cent dix voitures me permettant de tenir la campagne aussi longtemps que l'exigeraient les événements. En route pour Kolomina, j'appris qu'Ahmadou était arrivé pendant la soirée du 2 à Youri avec ses femmes, des troupeaux, les familles et tous les biens de ses partisans. Les gens du Toro s'étaient réfugiés de ce côté près de leurs villages, après les combats de Korigué. Ahmadou voulait les décider à tenter encore le sort des armes et grossir ainsi les contingents qu'il avait retrouvés à Kolomina et qu'il ramenait avec lui. Je changeai aussitôt de route et me dirigeai vers l'Ouest, pensant enfin pouvoir surprendre Ahmadou. Nous arrivâmes vers quatre heures au grand village de Youri; je fis prévenir ce village qu'il n'avait pas à se mêler à la lutte; les habitants saracolets ne bougèrent pas. Mais dès notre passage à Amoudallaï, à huit kilomètres avant d'arriver à Youri, les coups de fusil des sentinelles placées par Ahmadou l'avaient averti de notre arrivée. On venait de décider qu'on nous attaquerait dans le Nioro le surlendemain. Le palabre finissait à peine. Ahmadou occupait Léva à six kilomètres de Youri; il se mit lui-même à la tête des guerriers et ne s'esquiva qu'après les avoir entraînés vers l'endroit choisi pour nous barrer la route. Ali-Bouri prit le commandement de l'armée et vint nous offrir le combat entre Léva et Youri, à moitié route, dans une plaine couverte de petites broussailles ; l'armée d'Ahmadou se retrancha dans le lit desséché d'un petit cours d'eau et en arrière, et attendit. Je la fis canonner pendant quelque temps par deux sections de 80 et une section de 95, mais nous avions affaire à des désespérés qui, sous le canon, se groupaient autour de leur drapeau blanc brodé de soie verte, le drapeau d'Ahmadou. Nous n'avions plus que trois quarts d'heure de jour, et il fallait profiter de ce que nous avions surpris notre ennemi. Je laissai le convoi à la garde de deux compagnies déployées et l'infanterie de marine en réserve près des pièces de 80, qui suivaient. A la marche en avant, une partie des Toucouleurs mit genou en terre et attendit pour tirer ; l'autre se précipita sur nous, le porte-drapeau courant en avant avec quelques hommes et quelques cavaliers qui l'entouraient, l'espace entre deux compagnies voisines s'étant exagéré par suite des difficultés de terrain, ils essayèrent de franchir notre ligne sur cet intervalle.

« L'infanterie de marine combla le vide aussitôt, pendant que je rappelais en soutien la compagnie de tirailleurs qui, à gauche, n'était pas encore engagée. Nos tirailleurs ne sont pas très adroits, et, malgré leurs feux de salve, cinquante Toucouleurs purent venir ainsi tomber presque au bout du canon de nos fusils ; l'infanterie de marine, qui s'est particulièrement distinguée, s'empara du drapeau. La déroute fut complète ; les feux de salve et les coups de canon poursuivirent les fuyards, puis les spahis nettoyèrent la plaine, allèrent incendier Léva et poursuivirent à 5 ou 6 kilomètres plus loin pour envoyer encore dans la nuit quelques feux de salve sur l'arrière de la colonne. Tout se débanda ; nous revînmes à Youri à la lueur de l'incendie de Léva. Parmi les morts, on en a reconnu une vingtaine, tous talibés du Fouta. Le lendemain, les troupeaux, les chevaux abandonnés erraient de tous côtés ; plus de 1500 prisonniers, parmi lesquels les femmes d'Ahmadou, de Bassirou, etc., furent groupés près du camp. La victoire nous avait coûté neuf blessés : le lieutenant Valentin, déjà touché au combat de Korigué, sept tirailleurs et un spahi auxiliaire; trois tirailleurs indigènes étaient seuls blessés grièvement.

« Le carré fut formé pour la nuit noire, deux faces seulement protégées par les voitures. Les troupes avaient marché et combattu depuis le matin; il faisait grand froid, je me suis décidé à ne pas faire sonner l'extinction des feux pour permettre de faire la cuisine et de se chauffer. Vers onze heures du soir, Ali-Bouri, avec 200 ou 300 Toucouleurs, essaya de pénétrer dans le carré qu'il attaqua par une des faces sans voitures.

« Aux premières balles qui tombèrent au milieu du carré, tous nos feux furent éteints; les petits postes que l'ennemi avait pu éviter rentrèrent et nous pûmes riposter par une centaine de coups de fusil; les ennemis n'étaient indiqués que par les coups de fusil qu'ils tiraient sur nous; quelques-uns vinrent bousculer la face du carré, et le lieutenant Morin reçut un grand coup de sabre qui lui tailla la figure. Je fis renforcer la face attaquée par l'infanterie de marine, et tout rentra bientôt dans le silence. Trois ennemis seulement, Toucouleurs du Rora, furent tués; ils tombèrent près de notre première ligne de faisceaux. Cette échauffourée de nuit nous coûta trois blessés; personne ne le fut grièvement. Le lendemain, je levai le camp à deux heures pour revenir camper avec tout le butin à Amoudallaï, et nous rentrâmes le 5 janvier à Nioro.

« *Après la victoire*. — Cette fois, je crois que la toute-puissance d'Ahmadou est vaincue; dès le début de l'action, Ahmadou s'est sauvé vers le Nord; tout me porte à croire qu'il est entré dans le désert entre Katia et Korigué, mais je n'ai pu savoir s'il va se diriger vers le Fouta pour aller retrouver Abdoul-Boubakar comme le lui conseillait Ali-Bouri, ou s'il essayera de gagner le Macina.

« Son armée est en fuite dans toutes les directions.

« La dispersion a été complète. Seydou-Dieyla, secrétaire et conseiller intime, s'est perdu et n'a pu suivre Ahmadou ; Diaminatou, la grande favorite dont Ahmadou ne s'est jamais séparé, est dans le même cas. Les soumissions sont arrivées nombreuses aujourd'hui ; les plus intimes partisans d'Ahmadou et les plus influents se sont présentés eux-mêmes. Les Toucouleurs, les Peulhs, les Saracolets du Kaarta, du Kaarta Biné, du Dianghirté, etc., sont venus faire leur soumission. Les hommes de Ségou, les anciens sofas de Mantaga, de Koniakary et d'Ahmadou sont venus par groupes. Je crois ces soumissions sincères, car, d'après ce qu'on me dit aujourd'hui, les pertes de l'ennemi dans les trois derniers combats auraient été considérables et bien supérieures à ce que je déclarais dans mes rapports. Nous avions déjà toutes les autres provinces ; si les derniers soumis nous sont fidèles, le pays peut être regardé comme pacifié. Mes conditions semblent être acceptées avec satisfaction. Je ne laisse de Toucouleurs que dans le Kingui, où ils se grouperont dans des villages au sud et à l'ouest de Nioro, les uns avec une partie des Boundoukés, sous les ordres de Malick Samba, fils de Samba Toumane, ancien chef de Somson-Tata ; les autres libres de nommer un almamy que j'aurais à agréer. Les Wolofs doivent se grouper à Nioro même, ainsi que les Saracolets, les Maures et les Bambaras. Le Kaarta Biné et le Dianghirté seront rendus au vieux Dama, chef des Manassi.

« Ahmadou allait manquer de poudre ; une vingtaine de tonnes peut-être sont ici en magasin. Tous ses papiers ont été retrouvés chez Seydou-Dieyla ; les lettres d'Abdoul sont nombreuses. Je n'ai pu encore les faire traduire. Des caravanes de gomme me sont annoncées et les Maures de Tichit et de Oualata installés ici vont les chercher avec des saufs-conduits que je leur donne. Je devrai rester encore quelque temps à

Nioro. Je ne m'attendais pas au dernier effort tenté par les Toucouleurs. Il est dû surtout à Ali-Bouri, qui semble notre pire ennemi et pourra peut-être encore essayer quelques coups de main sur nous s'il n'est pas en fuite avec Ahmadou, comme je le crois ; mais je pense quand même arriver à ramener bientôt l'ordre et la sécurité. »

Dernières résistances. — Le commandant Ruault, après les combats de Youri, avait été chargé par le colonel Archinard de poursuivre les fuyards, avec deux compagnies de tirailleurs, un détachement d'infanterie de marine, et trois pièces de 80 centimètres. Il rejoignit un parti de 1500 Toucouleurs environ, à Abandi-Ougoula dans le Kani-Arémé, à cinq jours à l'ouest de Nioro, c'est-à-dire dans la région qu'avait traversée la colonne pour venir de Koniakary à Nioro.

Les Toucouleurs, s'enfuyant du Kaarta, cherchaient, on le voit, à se réfugier dans le Fouta sénégalais, où Abdoul-Boubakar faisait cause commune avec eux, mais où opérait la colonne du colonel Dodds.

Les Toucouleurs, après une courte résistance, mirent bas les armes, laissant entre nos mains 700 à 800 prisonniers, un millier de bœufs, 500 moutons, une centaine de chevaux, etc. Nous eûmes quatre tirailleurs auxiliaires légèrement blessés.

Le colonel Archinard ajoutait, dans le télégramme où il rendait compte de cette affaire, qu'il ne croyait plus se trouver en présence d'éléments sérieux de résistance dans le Kaarta. Ahmadou, malheureusement, grâce à la lâcheté des auxiliaires qui devaient lui couper la retraite à Katia et qui s'enfuirent à la première apparition des talibés de l'almamy, avait pu s'enfuir dans le désert. On l'a signalé, le 10 janvier, à Bir Tally, au nord de Nioro.

Il paraissait n'être accompagné que de 200 ou 300 cavaliers ; il avait perdu tous ses biens et tous ses approvisionnements.

Depuis, on croit qu'il est parvenu à gagner le Macina, où, selon les prévisions de M. le capitaine Monteil, il s'efforcera probablement de renverser et de remplacer son frère Mounirou.

Sur le Niger. — Tandis que le colonel Archinard poursuivait ces brillantes opérations dans le Kaarta, la situation ne laissait pas d'être assez grave sur le Niger. Cinq ou six mille hommes, dirigés par des sofas de Samory, résistaient dans le tata fortifié de Kinian, aux efforts combinés de Tieba, fama du Kénédougou, et de Bodian, fama installé par nous à Ségou. Plusieurs officiers, quelques tirailleurs et un canon avaient été envoyés au secours des assiégeants. Mais, d'autre part, le Baninko se révoltait et les sofas de Samory cherchaient à étendre le mouvement. Cela pouvait devenir un gros danger.

Aussi le colonel Archinard se mit-il immédiatement en marche vers le Niger, laissant à la garde de Nioro une compagnie de tirailleurs, cinq pièces de canon avec leurs approvisionnements et une vingtaine de spahis. Une partie de la colonne du Kaarta rentra à Kayes, l'autre, sous les ordres du commandant supérieur lui-même arriva le 7 février à Guigué, le 13 à Banamba. Le 18 elle atteignait Nyamina sur le Niger.

Kinian n'était pas encore pris et les fanatiques du Ségou et du Baninko profitaient de ce que les princes étaient retenus devant cette place pour se révolter. La situation de nos résidents devenait assez dangereuse. Déjà l'enseigne de vaisseau Hourst, ayant voulu barrer la route aux insurgés sur le Mayel Balével, avait dû combattre puis s'enfermer dans un des tatas de Dienna, à la tête de quelques tirailleurs. Les révoltés, au nombre de seize cents environ, occupaient les trois autres tatas.

Dès que la colonne fut arrivée en vue de Dienna, les tatas ennemis furent environnés et, par les quatre brèches ouvertes, les tirailleurs, enlevés par leurs officiers, montèrent à l'assaut. L'affaire fut chaude. Les Bambaras du Baninko sont des chasseurs émérites et se servent bien de leur fusil;

beaucoup n'ont que des arcs et des flèches mais qui, entre leurs mains, deviennent des armes redoutables. Chargés par nos cavaliers, les fuyards s'aplatissaient sur le sol et leur décochaient, dans le dos, des flèches qui manquaient rarement leur but. Quatre officiers furent blessés, légèrement d'ailleurs, par ces habiles archers.

Au bout de cinq heures de lutte, les indigènes qui n'avaient pas été tués s'enfuirent, sabrés par les spahis et par les auxiliaires. Ils avaient perdu six cents hommes. De notre côté, nous avions cent dix blessés, dont neuf officiers. Ceux-ci, disposant d'un trop petit nombre d'hommes, avaient dû, en effet, payer de leur personne pour les enlever.

Parmi les blessés étaient le capitaine Briquelot, le lieutenant Marchand, le sous-lieutenant Charbonnié, le sous-lieutenant Mangin, le capitaine Klobb, les lieutenants Sansarric, Baudot et Orsat.

Quelques jours après la prise de Dienna, le 8 mars, Kinian succombait sous les efforts de Tieba et de Bodian. Ainsi était déjouée la tactique de Samory qui, sans se compromettre ouvertement, avait cependant profité de la campagne de Nioro pour nous susciter des difficultés sur le Niger. Justement, lors de la prise du camp d'Ahmadou, le commandant supérieur avait saisi des pièces qui, disait-il, ne laissaient aucun doute sur les intentions de Samory et sur ses menées. Une lettre de Samory adressée à Ahmadou, disait : « Nous devons nous allier avec le Fouta et être d'accord. J'ai entendu dire que les Français avaient dévasté une partie de ton pays, cela m'a fait de la peine. Si tu veux faire quelque chose, dis-le à Aguibou qui me le dira et je serai avec toi. Réponds le plus vite possible. » Aussi le colonel Archinard crut-il nécessaire de prévenir, par une marche rapide et une action énergique, les mouvements préparés au sud de Siguiri. Dienna et Kinian pris, il dirigea une colonne volante sur Kankan, qui fut occupé sans coup férir. Peu après, nos troupes trouvèrent devant elles le gros de l'armée de Samory. Elles le culbutèrent et entrèrent sans coup férir à Bissandougou; capitale des États de l'almamy. Samory, pour protéger sa fuite, avait dû faire donner sa garde personnelle, armée de fusils à tir rapide. Ces engagements coûtèrent la vie au lieutenant Orsat, déjà blessé à Dienna.

Le commandant supérieur laissa à Kankan deux compagnies avec quatre canons et reprit la route de Siguiri.

On a beaucoup reproché au colonel Archinard cette campagne contre Samory, suivant de si près la campagne entre Ahmadou. J'avais, je dois le dire, les mêmes préventions, mais lorsque j'ai été mieux informé, il ne m'a pas paru que la guerre contre Samory fût si facile à éviter. Ce qu'on pouvait justement contester c'était l'opportunité des expéditions de Ségou et de Nioro. Mais dès qu'elles étaient décidées, les autres opérations étaient à prévoir. En effet, tandis que la colonne se dirigeait vers Nioro, que Tieba, Bodian et le capitaine Quiquandon étaient immobilisés devant Kinian, le Baninko se soulevait et Samory se préparait à passer le Niger. Le résident de Ségou et le lieutenant Hourst étaient menacés à la fois; ce dernier se trouvait même dans une position critique. Les marches rapides de la colonne, vraiment remarquables au point de vue militaire, ont tout sauvé.

Ce qu'on peut discuter, je le répète, c'est le point de départ. Mais une fois le plan admis, l'exécution est assurément au-dessus de toute critique et si le colonel Archinard est blâmé, ce ne sera point par ceux qui ont étudié de près les dernières campagnes. En revanche, c'est ici le lieu de regretter une fois de plus le système du commandement biennal. Si l'on veut continuer la marche en avant, dont je demeure partisan, il faut au moins assurer les derrières, les bases d'opérations et pour cela il n'est qu'un moyen efficace, c'est la mise en valeur des territoires compris entre le Niger et la côte. Mais quel commandant supérieur aura assez d'esprit d'abnégation pour se consacrer à cette œuvre de paix, qui ne le couvrira point d'une gloire éclatante?

En France, nous souffrons toujours du défaut d'informations rapides et précises : on s'attend à certaines choses, annoncées à l'avance; celles-ci, on les accepte, mais s'il se produit le moindre incident inopiné, de quelque gravité, immédiatement l'opinion s'affole et se prononce sans attendre d'être informée.

Après la prise de Ségou, tous les Français qui s'intéressent aux questions d'Afrique s'attendaient à la campagne de Nioro. Aussi les rapides succès du colonel Archinard ont-ils été fort admirés. Mais la campagne était finie; nul ne s'attendait à voir recommencer une nouvelle action militaire. Et voici qu'on apprend la prise de Dienna, l'occupation de Kankan? A quoi songe donc le colonel Archinard? L'habileté et l'énergie de sa campagne disparaissent; on ne songe qu'à lui reprocher de « faire la guerre ». Devait-il laisser prendre M. Hourst et le docteur Grall et Samory se porter au secours de Kinian?

J'ai reçu du Soudan des renseignements précis sur l'œuvre du colonel Archinard. Je déclare qu'elle est des plus remarquables. Je souhaite que le rapport adressé par le commandant supérieur au commandant du cercle de Nioro soit publié. On jugera si le colonel n'est point en même temps qu'un habile et énergique soldat, un administrateur de mérite.

Mais ce qui est particulièrement digne d'être signalé, c'est la méthode employée par le colonel Archinard pour maintenir dans le devoir les populations nouvellement placées sous notre protectorat; il a employé là une méthode dont on pourra, je crois, tirer grand profit : elle consiste à installer au pouvoir, des chefs qui nous soient absolument dévoués, aux lieu et place de nos ennemis renversés.

A Ségou, en 1890, le colonel Archinard avait remplacé Ahmadou en fuite par le fama Bodian. A Nioro, il a employé cette année la même tactique. De plus, le Ségou étant véritablement trop étendu pour un seul prince noir, le colonel

Archinard a eu la pensée de le diviser en deux et de placer les territoires de la rive gauche et trois provinces de la rive droite, sous le commandement d'un nouveau roi, avec Sansanding pour capitale.

La chose difficile était de trouver un personnage assez intelligent, assez instruit, assez dévoué à nos intérêts pour qu'on pût lui confier le nouveau royaume; pour qu'il pût travailler d'une façon utile à l'extension de notre influence et au développement de notre commerce. Le colonel Archinard songea à Mademba, qui depuis 1880 est mêlé à toutes les affaires politiques du Soudan et qui depuis la mort d'Alassane en avait été presque uniquement chargé par le colonel Gallieni.

L'année dernière, les événements de Ségou avaient achevé de faire de Mademba l'un des principaux instruments de notre domination sur le Niger. Il a rempli, soit comme envoyé, soit comme chef de troupes auxiliaires, des missions de la plus haute importance. Né à Saint-Louis et Toucouleur du Fouta, Mademba connaît aujourd'hui dans leurs moindres détails les intrigues des diverses races, des diverses familles, la situation respective de tous les partis et de tous les personnages du Fouta, du Kaarta, du Ségou et du Macina. Durant deux années il a donné l'hospitalité à Mounirou, roi actuel de ce dernier pays. Mademba est un homme actif, instruit, encore jeune. Pendant plus d'un an, de 1870 à 1871, il a été commandant et administrateur du cercle de Betel dans le Bas-Fleuve.

La conquête du Kaarta a permis de faire de Mademba un souverain qui sera immédiatement accepté par les noirs. Après la fuite d'Ahmadou, tous les captifs, guerriers, les sofas de Kolimodi (ex-chef de Koniakary) de Mantaga, de Bassirou et d'Ahmadou vinrent trouver le commandant supérieur et lui demander un nouveau maître. Il ne faut pas trop s'étonner de cette versatilité : presque tous sont des Bambaras servant à la façon des anciens mercenaires. Le colonel

Archinard les donna à Mademba, comme il avait donné ceux de Ségou à Bodian, qui, l'an d'après, guerroyait à leur tête. C'est là une bonne armée de quelques centaines de guerriers de profession, qui, dans la main d'un chef, peuvent rendre des services, tandis que si on les eût dispersés ils eussent rempli le pays de bandes de malandrins.

L'homme était donc choisi. Mais avant d'en faire un roi, il y avait une formalité à remplir. Mademba exerçait en effet les fonctions de contrôleur des postes et télégraphes. Il voulait bien accepter la couronne, mais il tenait à conserver son titre et ses droits à la retraite. Le commandant supérieur sollicita donc sa mise hors cadres, avec solde entière. Voilà du moins un monarque qui ne se laisse point éblouir par les honneurs.

Cette histoire d'un contrôleur des télégraphes nommé roi a beaucoup amusé ceux qui l'ont connue. Je ne vois pas d'inconvénient à cette gaieté, mais je trouve en même temps l'idée du colonel Archinard fort sage et je crois qu'elle réussira. Elle avait d'ailleurs été déjà appliquée avec succès par le général Faidherbe dans le Diander avec Omar Diop et dans le Oualo avec Jamba Dieu.

Avant de terminer ce chapitre consacré à Mademba et qui me semble doublement intéressant et par le côté anecdotique et parce qu'il fait saisir sur le fait l'un des côtés les plus curieux de notre politique au Soudan, je tiens à citer la lettre d'investiture adressée à Mademba par le colonel Archinard :

« Le 7 mars 1891.

« *Le commandant supérieur du Soudan français*
  à Monsieur Mademba.

« Monsieur,

« Au nom de la France, que je représente ici et sauf approbation du ministère des colonies, je vous donne par cette présente la suzeraineté :

« 1° Sur les territoires de la rive gauche du Niger qui font actuellement partie de Ségou et ne sont pas compris dans le cercle de Bammako (nomenclature des villages frontières sera établie par le résident de Ségou);

« 2° Sur ceux du Sarrau ;

« 3° Sur ceux du Monimpé ;

« 4° Sur les villes de Sansanding et de Sokolo.

« Vous avez pris, vis-à-vis de moi, et par conséquent vis-à-vis de la France l'engagement de gouverner ces provinces comme les noirs aiment à être gouvernés, mais avec un esprit de justice, d'humanité, de désintéressement qui place le bonheur des peuples au-dessus des satisfactions personnelles de ceux qui gouvernent.

« Les envoyés de ces provinces et le chef guerrier de la rive gauche du Niger ont semblé voir avec plaisir que je les mettais sous votre domination. Toutes ces populations espèrent voir venir avec vous et l'appui de la France, une ère de paix et de richesses fermée pour elles depuis bien longtemps.

« Confiant dans votre passé et dans le dévouement que vous avez montré jusqu'à ce jour à la France, j'ai mis entre vos mains les ressources dont j'ai pu disposer après la soumission du Kaarta et vous commandez déjà une puissante armée à laquelle vont s'ajouter les contingents fournis par les pays de la rive gauche du Niger.

« Vous prenez l'engagement de travailler de toutes vos forces au développement dans les pays noirs de l'influence française, de nos idées de civilisation et de notre commerce. En retour de la puissance, des ressources et de l'appui qui vous sont donnés, vous prenez aussi l'engagement de reconnaître toujours la suzeraineté de la France sur les pays que vous commanderez et d'entretenir en vivres du pays (viande, mil, riz, sel, lait, poisson, etc.), les garnisons que la France pourrait avoir intérêt à entretenir sur les territoires qui relèveront de vous, de faire élever et maintenir en bon état les constructions qui seraient nécessaires au logement de ces garnisons, de fournir les courriers nécessaires au service postal, enfin, de remettre chaque année au commandant supérieur du Soudan français vingt bons chevaux propres à un service de guerre.

« A ces conditions, toutes les redevances que vous fourniront les provinces et les villes vous restent acquises et la convention passée l'année dernière avec la ville de Sansanding devient nulle.

« Reconnaissant la suzeraineté de la France, vous ne devez signer aucun traité et n'engager aucune guerre sans l'assentiment du commandant supérieur du Soudan français, vous ne devez donner votre confiance qu'à des gens dont les sentiments d'affection à la France vous seront connus.

« Le gros obstacle qui se présente en ce moment au progrès de l'influence française est l'hostilité des habitants musulmans du Macina (Peuhls et Toucouleurs).

« Vous êtes placé à Sansanding en sentinelle avancée du côté du Macina; vous chercherez à vous faire des partisans à Diém et à Dia, a obtenir du Monimpé, qui est pourtant indépendant mais qui paye des redevances au Macina, de s'affranchir complètement; vous ferez tous vos efforts pour développer et perfectionner les forces dont vous disposez afin qu'elles soient un appoint sérieux pour nous, si la lutte contre le Macina est nécessaire un jour.

« Vous prenez dès maintenant l'engagement, si un jour vous régnez sur le Macina, de renoncer aux provinces bambaras sur la rive gauche du Niger qui pourraient relever alors directement de la France. Vos efforts devront toujours être tournés vers l'est et le nord dans l'intérieur de la boucle du Niger.

« Vous devrez être prudent dans votre politique et ne pas vous mettre dans l'obligation de soutenir une guerre pour laquelle nous ne pourrions vous seconder. Vous savez que le Soudan est bien vaste et que le commandant supérieur seul peut juger de l'opportunité d'agir d'un côté plutôt que d'un autre.

« La redevance de vingt chevaux que vous avez consentie ne sera exigible qu'à partir du moment où vous serez installé dans le Macina.

« Le résident de Ségou représente dans ces régions la France ; c'est donc avec lui que vous serez tout d'abord en relations et que vous devrez chercher à vous conformer à la ligne de conduite qu'il croira devoir vous indiquer. Il doit être à Ségou comme l'âme de trois grandes puissances qui doivent se prêter mutuellement appui dans l'intérêt de la France, le Macina... l'empire de Tiéba et le royaume de Ségou.

« Il doit servir de trait d'union entre elles et faire concorder leurs efforts.

« Son action est trop importante pour que le résident de Ségou, ne soit pas toujours, comme cette année, choisi parmi les meilleurs officiers qui auront mérité toute la confiance du commandant supérieur. Mais, en cas de divergence d'opinion, vous avez toujours recours auprès du commandant supérieur lui-même.

« Vous devez éviter, par-dessus tout, le désaccord avec le fama Bodian et Tiéba. Toute hostilité, toute rivalité, toute démarche faite à votre avantage et au détriment de l'un d'eux serait une transgression à la loi qui vous est d'abord imposée de faire passer les intérêts de la France avant les vôtres mêmes.

« D'une façon générale, les populations doivent être laissées libres d'aller habiter où bon leur semble. Il est du devoir, cependant, de ceux qui gouvernent, de s'opposer à l'émigration hors de leurs États de gens qui n'y ont pas, ni eux, ni leurs parents, été amenés de force, mais qui peuvent être regardés comme originaires de ces États. Aucune action ne doit venir de vous ou des vôtres ayant pour but de grossir le nombre de vos administrés au détriment de Tiéba ou de Bodian.

« Le résident de Ségou peut seul, dans ce cas, faire une enquête et prononcer.

« Vous aurez sur les Somonos et Bosos établis chez vous, les mêmes droits que sur les autres populations qui vous sont soumises, mais le résident de Ségou aura à prendre des arrêtés auxquels vous devrez vous conformer s'il arrivait que des Somonos ou des Bosos ayant un même chef soient établis les uns sur votre territoire, les autres sur celui de Ségou.

« Vous ferez rendre la justice entre indigènes quels qu'ils soient sous la réserve que les jugements pourront être, par l'intermédiaire du résident de Ségou, soumis au commandant du cercle auquel appartient une des parties intéressées, si l'une de ces parties relève de nos cercles.

« S'il y avait divergence entre vos jugements et celui du commandant du cercle, l'affaire serait envoyée au commandant supérieur.

« Vous n'aurez aucun droit de justice sur les Européens qui pourront s'établir, voyager ou commercer dans vos États. Si vos sujets avaient quelque dommage à subir de leurs actions, vous devriez cependant prendre les précautions nécessaires pour que le résident du Ségou puisse intervenir en temps utile.

« Il ne m'appartient pas de parler des ayants droit à votre succession, le gouvernement français pouvant prononcer sans mon intermédiaire en temps utile, mais je fais des vœux pour que le gouvernement vous accorde le pouvoir transmissible de père en fils avec agrément spécial pour chacun de vos descendants qui serait appelé à vous succéder.

« Je fais des vœux pour que l'un ou plusieurs de vos fils soient envoyés en France afin de pouvoir vous succéder plus tard, en faisant toujours progresser nos idées de civilisation et je demanderai au gouvernement de vous venir en aide pour cela, s'il en est besoin. »

J'ai dit plus haut mon opinion sur l'œuvre du colonel Archinard. Elle est favorable. On peut discuter le plan d'ensemble de ses campagnes. Je n'oserais pas dire qu'il était le meilleur qu'on pût adopter. Mais il faut louer sans réserve la façon dont le commandant supérieur l'a exécuté, son activité, son énergie, sa prodigieuse force morale. Qu'on songe que durant toute la campagne sur le Niger, le colonel Archinard était porté sur une civière, terrassé matériellement par la maladie, mais poursuivant son dessein avec une ténacité extraordinaire, sans souci de son existence.....

Pour être tout à fait juste, je dois dire que la situation qui attend le successeur et le camarade du colonel Archinard le colonel Humbert, est grave et difficile. Samory, loin de se reconnaître vaincu, fait de grands préparatifs pour recommencer la lutte. Il a acheté à Sierra-Leone, aux traitants anglais, des armes perfectionnées et il prétend nous chasser du Niger. Il paraît douteux qu'on puisse traiter avec lui et éviter une nouvelle lutte qui devra nécessairement être décisive. Eût-il la plus grande envie de négocier que le colonel Humbert ne trouvera vraisemblablement pas Samory disposé à entrer dans cette voie. Cependant n'a-t-on pas le devoir de l'essayer ?

En tout cas, quoi que les circonstances décident, si le colonel Humbert résout d'une manière ou de l'autre la question Samory, il me permettra de le convier à ouvrir ensuite l'ère de la paix et du repeuplement des territoires dépeuplés par la barbarie des grands chefs indigènes. C'est à mon sens l'œuvre la plus glorieuse et la plus utile que l'on puisse actuellement entreprendre au Soudan.

*
* *

L'aspect général de notre conquête du Soudan se dégage, je pense, assez nettement des pages qui précèdent.

Depuis dix ans la marche en avant se poursuit suivant la ligne qui joint Saint-Louis du Sénégal à Ségou-Sikoro et dont le prolongement atteindra prochainement, il faut l'espérer, Say sur le Niger, que la convention passée en 1890 avec l'Angleterre a placée dans le rayonnement de notre influence et qui sert en même temps de limite à cette influence. De cette nouvelle base d'opérations future, nous repartirons pour la pénétration vers le Tchad, au nord de l'empire du Sokoto, placé dans la zone d'influence anglaise. Comme ils l'ont fait dans le passé, les commandants supérieurs du Soudan lanceront, en avant du gros de leurs forces et sur les flancs, des éclaireurs qui prépareront ou élargiront notre action.

En même temps, des essais de pénétration isolés de la côte vers l'intérieur se poursuivront, par les Rivières du Sud, la côte d'Ivoire et le Dahomey, de façon à réunir dans un seul tenant toutes nos possessions du Nord-Ouest africain.

Cette œuvre d'ensemble, que j'ai particulièrement étudiée est conduite, je dois le constater en toute indépendance, avec décision et clairvoyance par M. Étienne et par ses principaux collaborateurs, MM. Haussmann et Jean-Louis Deloncle. Je ne crois pas que jamais ministre français ait fait preuve d'un tel discernement, ait mieux compris l'importance des questions africaines et apporté plus d'activité à les résoudre au profit de l'influence française, en favorisant, à côté de la puissante action officielle, les initiatives des particuliers.

Mais quoi! dira-t-on, que sont les maigres ressources des particuliers à côté du prodigieux effort réalisé par les commandants supérieurs du Soudan, avec les ressources de l'État?

L'EXTENSION DU SOUDAN FRANÇAIS

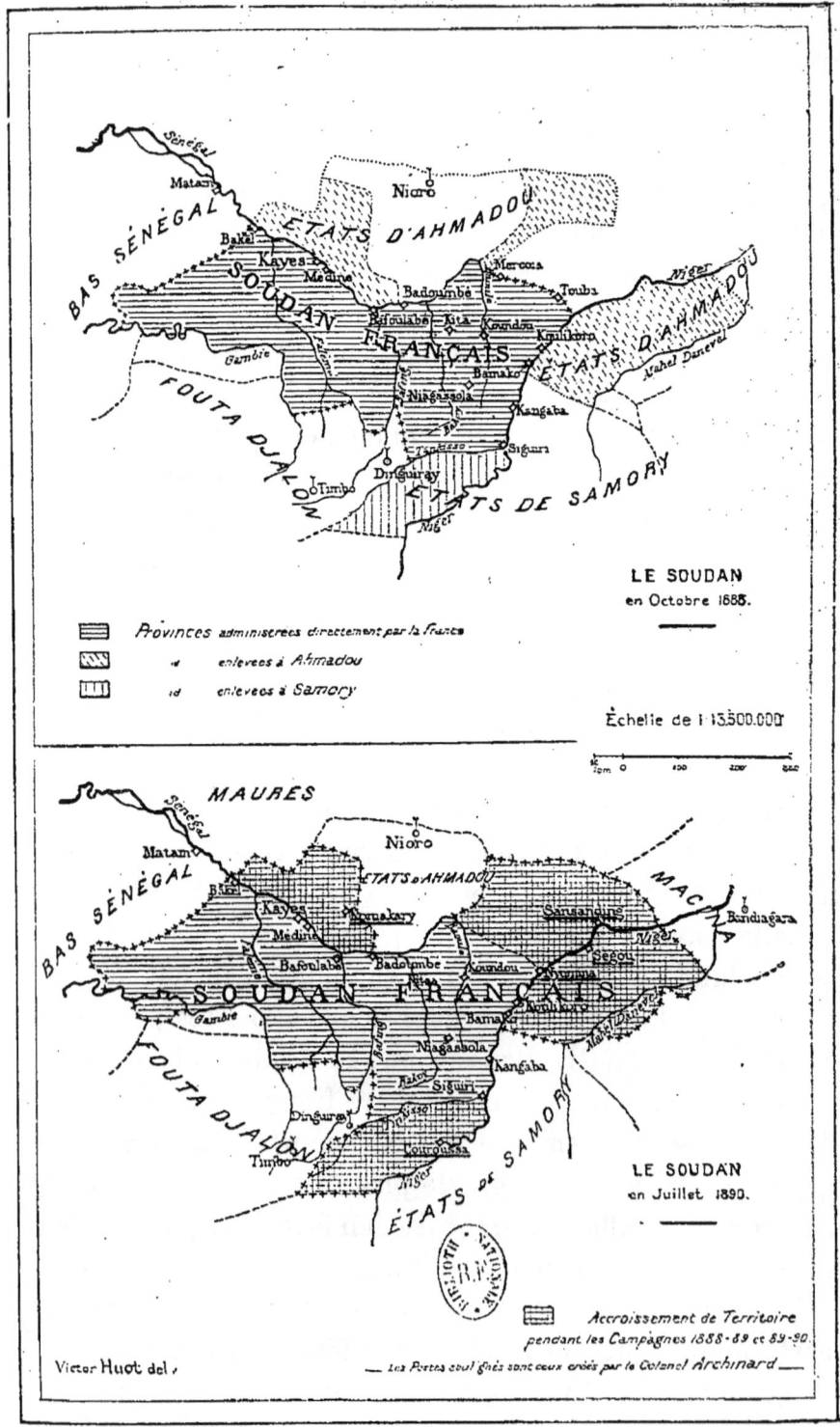

(De juillet 1890 à juillet 1891, notre domaine a encore été considérablement agrandi par l'occupation d'une partie des États de Samory et l'établissement définitif de notre protectorat sur le Dinguiray.)

Eh bien, j'affirme qu'au Soudan, tout comme au Congo, l'initiative des particuliers est loin d'être un appoint négligeable.

Elle peut d'abord exercer une action morale, faire connaître au pays l'importance qu'il y a à laisser — au moins pendant quelques années, fût-ce au prix de nouvelles dépenses — les commandants supérieurs poursuivre énergiquement l'œuvre de pénétration et de solide établissement.

Elle peut ensuite, même sans ressources énormes, précéder ou seconder l'intervention officielle sur les points où l'urgence est la plus grande, organiser par exemple des expéditions en bateau de Ségou-Sikoro, vers Say, par le Niger, sillonner l'arrière-pays des enclaves étrangères, Sierra-Leone, Liberia, Accra, Togo et faciliter ainsi la limitation définitive de ces enclaves.

Voilà ce que l'initiative privée peut — au point de vue politique — et cela d'autant plus efficacement que l'échec ou la mésaventure d'un particulier ne saurait avoir de conséquences générales, tandis que l'échec d'une colonne militaire, par exemple, risque toujours d'engager le pays tout entier dans des entreprises d'une haute gravité.

Et je ne parle là que de l'action politique immédiate en vue de l'extension de notre empire africain et du partage du continent noir. Si j'envisageais au contraire la consolidation des parties déjà acquises de cet empire, par le commerce, par l'industrie, par l'agriculture, je démontrerais aisément que les efforts de l'initiative privée, surtout coordonnés sous la forme de l'association et appuyés sur des capitaux, peuvent transformer en quelques années notre domaine africain et en faire une source durable de richesse et de puissance pour le pays.

Mais comment mettre en mouvement ces initiatives particulières? Comment organiser à l'avant-garde de notre pénétration soudanienne des expéditions du genre de celles de

Paul Crampel et de Mizon? Où trouver les ressources nécessaires, en observant, durant la période de préparatifs, la discrétion qui est l'une des principales conditions du succès? Voilà ce que je me demandais au point où j'en étais arrivé, en novembre 1890.

Je songeai alors de nouveau qu'un Comité composé de personnes d'un désintéressement évident, appartenant à tous les partis, à tous les milieux, pourrait obtenir les résultats qui étaient au-dessus de la portée de ma bonne volonté, et contribuer de la manière la plus efficace à l'extension, à l'affermissement définitif et au développement du domaine africain de la France.

LE COMITÉ DE L'AFRIQUE FRANÇAISE

C'est alors que dans une réunion composée de la plupart des souscripteurs des expéditions Crampel et Mizon, un Comité fut fondé, qui résuma son programme dans la courte note suivante :

Nous assistons à un spectacle unique dans l'histoire : le partage réel d'un continent à peine connu par certaines nations civilisées de l'Europe.

Dans ce partage, la France a droit à la plus large part, en raison de l'abandon qu'elle a consenti aux autres nations de ses droits sur l'Afrique orientale et des efforts qu'elle a faits pour le développement de ses possessions de l'Algérie-Tunisie, du Sénégal et du Congo.

Déjà la convention anglo-française consacre l'union à travers le Sahara, du Sénégal et de l'Algérie. Le même document nous donne pied au nord du lac Tchad, que nous allons atteindre du Congo, par le Baghirmi. Il faut que l'extension de notre influence à ce dernier pays consacre l'union, à travers le Soudan, du Congo français, du Sénégal et de l'Algérie-Tunisie.

Un certain nombre de personnes comprenant, dès la fin de 1889, la nécessité d'une action immédiate, en vue de la réalisation de ce plan, ont organisé à leurs frais l'expédition Paul Crampel, dont le but est d'explorer la région comprise entre le Congo et le lac Tchad et d'y conclure des traités, puis de revenir, s'il se peut, par le Nord. Les mêmes personnes ont favorisé d'autres expéditions. Elles ont pu ainsi servir la cause de l'influence française sans engager les ressources ou la responsabilité de l'État.

De telles initiatives paraissent de plus en plus nécessaires aujourd'hui où il s'agit d'acquérir dans l'Afrique centrale les droits du premier occupant, et de développer ensuite notre commerce dans les régions placées sous l'influence française, comme le sont dès maintenant les pays compris dans la boucle du Niger.

C'est pourquoi les souscripteurs des expéditions africaines en cours ont résolu de former un Comité qui, sous le nom de « Comité de l'Afrique française » s'efforcera, par tous les moyens en son pouvoir, de développer l'influence et le commerce français dans l'Afrique de l'Ouest, du Centre et du Nord.

Il va sans dire que le but du Comité, constitué dans une pensée purement patriotique, en dehors de tous les partis, est absolument désintéressé et étranger à toute préoccupation d'affaires.

Après quelques adjonctions, le Comité était composé de la façon suivante :

MM.

Le prince D'ARENBERG, député ;
AYNARD, député de Lyon ;
Le capitaine BINGER ;
BORGNIS-DESBORDES, général de division d'artillerie de marine ;
BOUTMY, membre de l'Institut ;
CARON, lieutenant de vaisseau ;
F. CROUAN, vice-président de la chambre de commerce de Nantes ;
Le général DERRÉCAGAIX, chef du service géographique au ministère de la guerre ;
FÉLIX FAURE, député du Havre ;
Le général DE GALLIFFET ;
GAUTHIOT, secrétaire général de la Société de géographie commerciale ;
Le comte GREFFULHE, député ;
GUICHARD, sénateur ;
ADRIEN HÉBRARD, sénateur ;
J. DE KERJÉGU, député ;
Le capitaine LE CHATELIER ;
PAUL LEROY-BEAULIEU, membre de l'Institut ;
LOREAU, député ;
MARINONI ;
MASQUERAY, doyen de l'École supérieure des lettres d'Alger ;
MILNE-EDWARDS, membre de l'Institut ;
MORILLOT, député ;
Le marquis DE MOUSTIER, député ;

MM.
Georges Patinot ;
H. Percher ;
Léon Permezel, membre de la chambre de commerce de Lyon, membre du Conseil supérieur du commerce ;
Henry Pereire, ingénieur ;
Georges Picot, membre de l'Institut ;
Joseph Reinach, député ;

MM.
J. Charles Roux, député de Marseille ;
Siegfried, député du Havre ;
Armand Templier ;
Le vice-amiral Vignes, chef d'état-major général du ministre de la marine ;
Le vicomte E. Melchior de Vogüé, membre de l'Académie française.

Le Comité nommait le bureau suivant :

Président : M. le prince d'Arenberg ;
Vice-présidents : MM. Siegfried ;
       Melchior de Vogüé ;
Secrétaire général : M. H. Percher (Harry Alis) ;
Trésorier : M. Armand Templier ;
Trésorier adjoint : M. Georges Patinot.

Et il adoptait ce très simple règlement :

I

Le Comité de l'Afrique française se compose de membres titulaires et de membres correspondants.

Les membres titulaires résident à Paris et ont seuls voix délibérative. Les membres correspondants résident en province ou dans les colonies, ou même à l'étranger ; ils peuvent siéger au Comité lors de leur passage à Paris.

Les uns et les autres doivent être de nationalité française.

II

Pour être membre titulaire ou membre correspondant du Comité, il faut :
1° Être présenté par le bureau du Comité ;
2° Réunir au moins les deux tiers des voix du Comité.

III

Le Comité a pour auxiliaires des souscripteurs. Est souscripteur et a droit au service du *Bulletin* toute personne qui verse pendant l'année une cotisation quelconque.

IV

Le Comité se compose d'un président, de deux vice-présidents, d'un secrétaire général, d'un trésorier et d'un trésorier adjoint, nommés pour trois ans par le Comité, mais dont le mandat est toujours renouvelable.

V

Le Comité se divise entre les commissions suivantes :
Commission administrative composée des membres du bureau ;
Commission d'exploration nommée par le Comité ; enfin *quatre commissions d'études* pour la mise en valeur des territoires français, savoir :
Commission de l'Algérie-Tunisie ;
— du Soudan français ;
— du Congo français ;
— de Madagascar, des Comores et d'Obock.
Chacun des membres du Comité peut à son choix faire partie d'une ou plusieurs commissions d'études. Chacune des commissions d'études choisit son président et son secrétaire.

VI

Le Comité de l'Afrique française se réunit au moins une fois le deuxième jeudi de chaque mois, et plus souvent si le bureau le juge nécessaire. Il statue sur les propositions des diverses commissions et de son bureau.

Comme on le voit, tout, dans cette organisation est aussi simple que possible. Les frais sont extrêmement réduits, de façon que presque toutes les ressources puissent être consacrées aux entreprises africaines d'utilité pratique.

C'est là en effet, l'objet précis du Comité. Avant lui des associations fort intéressantes et fort utiles, la Société de géographie, la Société de géographie commerciale, d'autres encore rendaient indirectement de grands services au pays : mais leur organisation même ne se prêtait point à l'action énergique spécialement nécessaire en Afrique, et elles ne disposent pas d'ailleurs des ressources indispensables pour travailler à la réalisation du plan d'expansion dont j'ai tracé les grandes lignes au cours de ce volume.

Dès sa constitution, le Comité de l'Afrique française a pu,

grâce à de généreux concours, disposer de ressources assez considérables. Il avait d'ailleurs ce bonheur d'avoir agi pour ainsi dire avant d'exister, puisque ses fondateurs sont les souscripteurs des expéditions en cours.

Cependant, il ne s'est point autorisé de ce passé pour faire appel au grand public : fidèle à son programme d'action, il a préféré en commencer l'exécution avec les seules ressources dont il disposait dès le début. C'est aujourd'hui chose faite et c'est en s'autorisant de l'œuvre déjà accomplie que le Comité a pu faire appel, pour son œuvre patriotique, au concours de tous les Français.

L'EXPÉDITION DYBOWSKI

La situation de la région comprise entre l'Oubanghi et le Tchad devait appeler, en premier lieu l'attention du Comité. C'est dans cette contrée que Paul Crampel doit se trouver à l'heure actuelle. Mais d'une part, il ignore vraisemblablement ce qui s'est passé en Europe depuis son départ, notamment le traité anglo-français et, si les courriers envoyés à sa poursuite ne le rejoignent point, peut-être persistera-t-il dans son dessein de revenir par le Nord. D'autre part, qu'est-ce que cette petite mission, perdue au milieu de ces régions inconnues? Ce sont des contrées trois ou quatre fois grandes comme la France, qu'il s'agit de reconnaître et de placer sous notre influence. Pour arriver à ce résultat, il y faut exercer une action persévérante, continue.

Le Comité de l'Afrique française décida d'organiser une nouvelle expédition qui suivrait exactement le même chemin que Crampel, tâcherait de le rejoindre et de se placer sous ses ordres, et, en tout cas, ferait acte d'occupation effective dans la vallée du Chari. Un programme précis, proposé le 16 décembre 1890 — quinze jours après la création du Comité — par la commission d'exploration, était aussitôt adopté par le comité. M. Jean Dybowski, maître de conférences à l'École d'agriculture de Grignon était choisi pour diriger l'expédition.

Il eût été, à mon avis, difficile de faire un meilleur choix.

Durant la période des préparatifs qui ont été menés avec toute la discrétion nécessaire, j'ai pu connaître et apprécier M. Dybowski. Il a toutes les qualités d'un véritable explorateur. C'est en même temps un esprit distingué et sérieux. Il a du reste fait ses preuves, au moins au point de vue scientifique, au cours des deux petites explorations qu'il a conduites sur la lisière du Sahara septentrional. Les résultats de ses recherches ont été signalés avec éloge à l'Académie des sciences. En dehors du but politique, qui est son premier objectif, M. Jean Dybowski peut donc rendre de grands services au point de vue scientifique : ses connaissances en histoire naturelle, notamment, seront particulièrement précieuses, dans un pays dont les ressources sont encore presque complètement ignorées.

Deux seconds ont été adjoints à M. Dybowski : M. Brunache, administrateur adjoint dans la province de Constantine, dont la collaboration est comme celle du chef de mission entièrement gratuite, sera plus spécialement chargé du campement et de la caravane; M. Bigrel, commis des contributions indirectes à Quimper, ancien sous-officier d'infanterie de marine ayant fait campagne sur le Haut-Fleuve, au Soudan, commandera l'escorte. Enfin, la maison Daumas, qui possède des établissements dans le Congo français et dans l'État indépendant, doit adjoindre au moins un de ses agents à la mission Dybowski pour faire, à ses risques et périls des essais commerciaux au Nord de l'Oubanghi.

Je dois déclarer ici que l'entreprise privée si bien conduite, au moins durant sa période préparatoire, par le Comité de l'Afrique française a reçu le plus bienveillant concours de presque tous les ministres, corps constitués ou particuliers qui ont été mis au courant de l'œuvre patriotique qu'elle allait accomplir. Je suis heureux de pouvoir rendre ici hommage au sous-secrétariat d'État des colonies, aux ministères des affaires étrangères, de l'agriculture, de l'instruction publique, de la guerre, de la marine, des finances, au gouvernement général de l'Algérie, au Muséum, à la Société de géographie commerciale, à la Société d'encouragement pour le commerce français d'exportation, à la maison Daumas, qui ont mis tant d'empressement à concourir à la réussite de l'expédition Dybowski.

M. DYBOWSKI.

C'est le 1er décembre 1890 que le comité de l'Afrique française était définitivement fondé. Le 16 il décidait en principe la nouvelle expédition dans le bassin du Chari. Le 20 février M. Bigrel s'embarquait à Bordeaux pour aller à l'avance recruter des laptots au Sénégal.

M. Dybowski s'embarquait lui-même le 10 mars. Nous craignions fort que le court espace de temps laissé à M. Bigrel ne lui eût pas permis de remplir son office et que la mission ne fût, comme celle de Crampel, arrêtée un mois au Sénégal. Heureusement, il n'en a rien été : en arrivant à Dakar le 21 mars, M. Dybowski y a trouvé quarante-deux laptots recrutés par son second.

A l'heure où j'écris ces lignes (juin 1891), après avoir reçu un excellent accueil de M. de Brazza, la mission est arrivée à Loango d'où elle s'est mise en marche vers Brazzaville. Dans quatre mois, elle sera au coude nord de l'Oubanghi, prête à rejoindre Crampel et à planter notre drapeau sur les rives du Chari.

La mission Dybowski se compose de :

MM. Jean Dybowski, commandant;
    Brunache, premier officier, chef de caravane;
    Bigrel, second officier, chef d'escorte;
    Chalot, préparateur d'histoire naturelle;

Quarante-deux laptots sénégalais, armés de fusils à tir rapide.

Elle recrutera chemin faisant tous les porteurs qui lui seront nécessaires.

La mission Dybowski, à peu près égale en force à la mission Crampel, est beaucoup mieux approvisionnée en matériel, en vivres et en marchandises. Ses instructions — cela va sans dire, puisque c'est la tradition française — lui prescrivent de ne recourir aux armes qu'à la dernière extrémité, de ne jamais rien prendre de force aux indigènes, de tout payer, au contraire, exactement en marchandises. A ce dernier point de vue, d'ailleurs, la présence de commerçants auprès de la mission en accentuera encore le caractère pacifique.

Pour le succès de cette entreprise patriotique, le Comité de l'Afrique française a dépensé jusqu'à son dernier sou. Il a fait largement son devoir. C'est maintenant à tous ceux qui s'intéressent à l'avenir de l'Afrique française de faire le leur et de lui prêter leur concours.

En Allemagne, en Angleterre, on s'est beaucoup ému, dans ces derniers temps, de nos entreprises vers le Tchad. Des missions ont été organisées pour devancer Crampel. Malgré l'appui officiel qui leur a été donné, elles ont toutes échoué, l'Anglais Mac Intosh au Bornou, les Allemands Morgen et Zintgraf dans l'Adamaoua. D'autres se préparent. Mais elles sont fort en retard et tout permet d'espérer d'une part que Crampel conservera son avance, d'autre part que notre gouvernement saura revendiquer les droits que lui confère l'initiative de nos nationaux.

Encore faut-il pour cela que l'opinion se prononce et qu'elle comprenne — comme les Allemands et les Anglais l'ont enfin compris — qu'il s'agit d'étendre notre influence sur l'une des plus belles régions du monde.

MISSIONS SUR LA COTE D'IVOIRE

Au cours des études qui précèdent, j'ai été amené à signaler les diverses entreprises que l'initiative privée pourrait et devrait poursuivre sur la côte occidentale d'Afrique. L'une des plus intéressantes est assurément celle qui concerne la côte entre Grand-Bassam et le Rio Cavally — et la partie de l'intérieur correspondante. Le Comité de l'Afrique française a eu à s'occuper successivement de trois voyages intéressants entrepris dans cette région, et dont le plan avait été préparé par M. le capitaine Binger et l'exécution facilitée par M. le capitaine Le Chatelier, deux membres du Comité qui lui rendent de précieux services par leur expérience, leur connaissance des choses d'Afrique et leur activité désintéressée.

Les expéditions, dans l'ordre où elles sont parties, sont les suivantes :

MM. Armand et de Tavernost;
Quiquerez et de Segonzac;
Arago.

Tous ces jeunes gens sont des officiers de cavalerie à qui pèse sans doute un peu la vie monotone du temps de paix. Des congés réguliers leur ont permis d'aller là-bas servir la France d'une manière plus active et plus dangereuse, et, ce qu'il y a de plus admirable, c'est qu'ils l'ont fait de leur propre initiative et presque entièrement à leurs frais.

Ils avaient pour mission de remonter les rivières : Lahou,

Rio Fresco, Rio Pongo, Rio Cavally, dont l'embouchure seule est connue.

On a eu bientôt des nouvelles de la première mission : les journaux ont en effet publié, dans le courant de mars, les nouvelles suivantes :

« MM. Armand et de Tavernost, ont entrepris de remonter le Lahou et de pénétrer dans l'intérieur. Ils se sont trouvés arrêtés, ces jours-ci, par le manque de vivres et par la nécessité de recruter un nouvel interprète. Tandis que M. de Tavernost demeurait au point qu'il avait atteint sur le Lahou, M. Armand redescendait à la côte. Là, il a été requis, par le résident français, de lui prêter main-forte pour sévir contre un village qui était entré en hostilités contre les protégés français. M. Armand, à la tête de vingt-cinq hommes, a pris le village d'assaut : l'ennemi a eu vingt-sept tués et quarante-deux blessés. M. Armand est ensuite reparti pour rejoindre son compagnon dans l'intérieur. »

Malheureusement, à la suite de l'assassinat de deux commerçants français, MM. Voituret et Papillon, les jeunes officiers durent revenir à la côte, où ils se retrouvèrent avec MM. Quiquerez, de Segonzac et Arago.

Bientôt, ils repartirent tous les cinq, remplis de courage et d'espoir. Hélas, l'un d'eux — celui qui semblait le plus résistant de tous — M. Quiquerez devait être, peu de temps après, emporté en quelques heures par un accès de fièvre algide. Il a, en tout cas, accompli son œuvre et, dans le cœur de tous ceux qui s'intéressent à l'expansion de la France en Afrique, son souvenir ne périra point....

Voici, à grands traits, le récit qui a été fait au retour de M. de Segonzac :

Parti du Lahou avec son camarade, ils avaient d'abord suivi la côte, jusqu'au Rio Cavally, accueillis favorablement dans certains villages, à coups de fusil dans d'autres. Partout ils surmontèrent les difficultés, évitant tout acte de violence et obtenant finalement des traités qui confirmaient nos droits antérieurs. On sait que la partie de côte située entre le Rio San Pedro et le Rio Cavally nous est contestée par les Libériens, à l'instigation des Anglais.

La mission remonta en pirogue, pendant quatre jours, le Rio Cavally. Un jour un chef, sur le conseil d'un missionnaire anglais, les arrêta.

« Que venez-vous faire, leur dit-il, sur le territoire de la libre Amérique? Si vous voulez aller plus loin, en reconnaissance géographique, déposez vos armes. »

On était en plein pays cannibale. Se désarmer, c'était aller à une mort presque certaine. MM. Quiquerez et de Segonzac rebroussèrent chemin, revinrent à la côte et remontèrent le Rio San Pedro qui, contrairement à ce qu'on pensait, est plus important que le Rio Cavally.

Durant neuf jours de marche en pirogue, ils ne furent pas inquiétés. Tout à coup, ils se trouvèrent en présence d'une chute infranchissable. Tandis que M. Quiquerez redescendait chercher les bagages, M. de Segonzac avança encore sept jours à pied, à travers la brousse, sans rien rencontrer. Un jour, les vivres lui manquèrent complètement. Il revint alors sur ses pas. Arrivé à la chute, il trouva M. Quiquerez, qui avait été le jour précédent (21 mai) attaqué sur la rivière par des Pahins, armés de fusils à pierre. Les Pahins sont une peuplade jusqu'alors inconnue, qui porte sur le visage les trois cicatrices caractéristiques des Bambaras.

La pirogue ne pouvant franchir le rapide, on descendit à terre et on se fraya péniblement un chemin à travers la brousse, en portant la pirogue. Puis, arrivé au-dessus de la chute, on s'embarqua de nouveau. Six tirailleurs commandés par un sergent avaient fait au préalable une reconnaissance dans la brousse et n'avaient rien rencontré.

A peine les membres de la mission étaient-ils au milieu de la rivière, que les rives se couvraient de guerriers Pahins, peints en guerre, et qu'un feu roulant commençait contre l'embarcation. Les indigènes sont aussitôt affolés. Les quatre Kroumen et les deux boys engagés dans le bas de la rivière se jettent à l'eau éperdument. Arrivés au bord, tous les six sont foudroyés, à bout portant, par le feu des Pahins.

Vainement MM. Quiquerez et de Segonzac s'efforcent de calmer les onze tirailleurs et les onze laptots qui leur restaient et auxquels le feu mal dirigé des indigènes ne causait pas grand mal. Ils abandonnent les pagaies, se jettent sur leurs armes et commencent à tirer à tort et à travers. Deux des laptots sont tués. Pendant ce temps, la pirogue, sans direction, dérive vers les chutes. Finalement, l'embarcation, les 400 kilos de bagages et les vingt hommes sont précipités dans le gouffre…

Quand M. de Segonzac revint à lui, une heure plus tard, il était sur la rive droite, soigné par son ordonnance, le corps meurtri, une légère entorse à un pied, le bras cassé. Il apercevait sur l'autre bord son compagnon, guère mieux portant, qui pleurait de rage et de désespoir en présence de ce désastre causé par la stupidité des auxiliaires.

L'ordonnance de M. de Segonzac le transporta tant bien que mal sur l'autre bord, à la nage. La situation était effroyable : les deux jeunes officiers se trouvaient là sans armes, au bord de l'abîme où gisaient tous leurs bagages, par six ou sept mètres de fond. Il pleuvait à torrents. Pourquoi les Pahins, qui les avaient attaqués cent mètres plus haut, ne les ont-ils pas massacrés? Cela demeure encore inexplicable. Le sergent indigène, terrifié à la pensée d'être tué, coupé en morceaux et mangé par les cannibales, voulait se suicider….

Toutes les tentatives faites pour retrouver une partie des bagages furent sans résultat. A onze heures du soir, M. Quiquerez était pris d'un accès de fièvre algide et emporté en trois heures, heureusement sans s'être vu mourir. M. de Segonzac demeurait seul, sans armes, grièvement blessé.

A l'aide de son couteau de poche, il faisait creuser une fosse dans le sable et ensevelissait son camarade.

Il lui restait bien peu d'espoir de se sauver lui-même….

La pirogue fut remise à flot et les survivants de la mission redescendirent au fil de l'eau, bien lentement, échouant çà et là, évitant de séjourner dans les villages hostiles. Cette cruelle descente prit cinq jours. A la barre, la pirogue faillit encore chavirer.

Le seul objet qu'on eût pu sauver était le sac de M. de Segonzac. Il contenait de l'étoffe de soie : par une cruelle ironie, c'est avec une voile de soie rouge et bleue improvisée que la frêle embarcation s'aventura sur la mer. A quatre milles au large, elle était rencontrée par le vapeur anglais *Oil-Rivers*, et M. de Segonzac se hissait tant bien que mal à bord, où des soins lui étaient aussitôt donnés. Il était sauvé.

CONCLUSIONS

Du train dont vont les choses, on peut prévoir qu'avant que dix années se soient écoulées, l'Afrique entière sera partagée entre les diverses puissances européennes qui ont tourné de ce côté leur activité.

Dans cette course aux conquêtes la Grande-Bretagne a été, comme toujours, la plus ardente : elle tient la région nord-est des grands lacs, le Natal, le Cap ; elle arrache aux Portugais le Matebeleland et le Machonaland ; elle nous a supplantés au Niger et s'arrondit à Sierra-Leone. Elle éprouve une répugnance extrême à quitter l'Égypte. Il faut lui rendre cette justice qu'elle n'est pas lente à mettre en exploitation les territoires envahis ; il n'y a guère qu'au Soudan oriental que sa domination soit purement nominale.

L'Allemagne, si récemment colonisatrice, semble vouloir regagner le temps perdu : en quelques années, elle s'est taillé trois empires : sur la côte orientale, au Damaraland ; et, à Cameroun, elle enfonce à Togo un coin redoutable dans nos possessions.

Le Portugal défend vaillamment les restes encore grandioses de sa prédominance passée ; les Belges ont fondé le Congo indépendant. Il n'est pas jusqu'à l'Italie qui, péniblement implantée en Abyssinie, ne rêve des conquêtes plus voisines de la métropole.

Et nous, pendant ce temps, qu'avons-nous fait ?

Nous n'avons pas reculé, certes, mais il n'est pas une des puissances que je viens d'énumérer qui n'ait tenté des efforts plus considérables que les nôtres.

Nous étions prédominants en Abyssinie ; nous l'avons laissée prendre aux Italiens. Nos missionnaires avaient les établissements les plus considérables dans la région des lacs ; ce sont les Allemands et les Anglais qui ont bénéficié de leur action civilisatrice. L'Égypte, arrosée de notre sang, fécondée par nos capitaux, tirée de la nuit historique par nos savants, l'Égypte sous la dure main britannique se détache chaque jour davantage de la France. Enfin — et c'est la blessure qui me saigne le plus au cœur, nous avons renouvelé à l'embouchure du Niger l'abandon des Grandes-Indes : quel empire nous aurions aujourd'hui si l'aide efficace du gouvernement, venant au bon moment, nous eût, à l'aide de sacrifices peu considérables, assuré le magnifique domaine qui s'étend de l'Algérie au golfe de Bénin !

Mais les regrets sont stériles. Ne songeons que pour en tirer leçon à ces déboires et rendons justice aux efforts qui ont été faits.

La Tunisie, province admirable, est venue étendre à l'est le prolongement africain de la France. Aux portes de l'Abyssinie abandonnée, notre drapeau flotte encore à Obock, et je sais de bonne source que si le gouvernement hésite sur l'extension à donner à nos possessions de la baie de Tadjourah, le commerce français, lui, n'a pas renoncé à la lutte.

Deux conventions récentes ont placé plus étroitement Madagascar sous notre protectorat. L'influence française s'implante là avec cette lenteur, mais aussi avec cette solidité qui a été la caractéristique de nos colonisations anciennes.

Des voyageurs diversement récompensés par la destinée, le marquis de Compiègne, Alfred Marche, Ballay, Mizon, M. de Brazza, nous ont conquis une autre province entre le Congo et la côte. Enfin il faut saluer, pour terminer cette énumération, tous les vaillants de la science, de l'armée ou du commerce, qui sont tombés entre le Niger et le Sénégal, ou qui survivent après avoir travaillé, chacun à leur manière, à fonder ce vaste ensemble de possessions que je désignerai sous le nom de Soudan français. Combien peu de nous savent quelles luttes sanglantes, acharnées, ont été livrées depuis trente années dans ces régions à l'islamisme barbare des Toucouleurs et des Peuhls !

Voici donc quel est le présent en Afrique, ou plutôt le passé, car, au temps où nous vivons, chaque jour amène de profonds changements.

Quel sera l'avenir ?

L'avenir sera selon ce que chaque peuple aura mérité. Aide-toi, le ciel t'aidera. Ah ! comme la France songeait peu à s'aider en Afrique, il y a seulement quelques années ! On luttait certes là-bas dans les terres inconnues, on mourait au besoin pour la France. Mais toutes ces énergies, tous ces dévouements n'avaient aucune cohésion, ne recevaient aucune direction d'ensemble. Oh ! je n'en blâme point le gouvernement, car, chez nous, le véritable gouvernement c'est l'opinion, et, il faut bien le dire, l'opinion n'était rien moins que favorable aux entreprises coloniales.

Et cependant quel plan d'action à la fois grandiose et logique nous était tracé par le succès même de nos efforts précédents ! L'Algérie-Tunisie tend à se prolonger au sud vers le Tchad ; le Sénégal, devenu le Soudan français, s'étend peu à peu à l'est vers le Tchad ; le Congo français, longeant au nord l'Oubanghi, remonte vers le Tchad. Il semble donc que toutes nos aspirations convergent vers le grand lac de l'Afrique centrale, dont l'existence si longtemps douteuse est encore à demi ensevelie dans les brumes du mystère. Si l'on pouvait un jour joindre nos trois possessions sur les rives de ce lac, on aurait fondé, dans une sorte de prolongement de la France, l'un des plus vastes empires qui soient au monde et réservé, durant des siècles, un champ d'action à l'activité de nos nationaux. Quel rêve magnifique !

Quelques personnes âgées sont portées à sourire lorsqu'on parle de l'activité de nos nationaux. Eh bien, c'est que ces personnes sont demeurées étrangères à l'évolution profonde qui s'opère autour d'elles; elles n'ont pas vu se développer le goût des voyages ; elles n'ont pas surtout réfléchi à la grande quantité de jeunes gens qui se sont subitement trouvés déclassés par la diffusion de l'instruction. Les situations, dans notre vieille France, n'ont pas augmenté dans la même proportion que les candidats pour les occuper. Un grand nombre de gens se trouvent donc sans emploi, et comme ils répugnent à des métiers qu'ils jugent au-dessous de leurs facultés, ils peuvent devenir un danger dans l'État. Il faut ouvrir toutes grandes les portes de l'Afrique à leur activité.

Ils iront volontiers, car la vie libre de là-bas, si dure qu'elle soit, n'est pas à leurs yeux aussi humiliante que le prolétariat ou la misère. Il est permis d'insister sur un autre point : dans la lutte économique qui s'engagera fatalement entre le nouveau monde et l'ancien, nous serions vaincus d'avance si, pour contre-balancer le poids de nos charges militaires, les Américains n'avaient leurs politiciens. De toutes les matières premières que l'Amérique nous fournit, une seule paraît indispensable, c'est le coton. Or, il pousse naturellement dans toute la région du Tchad, et je pense bien qu'en s'emparant de la région du Bas-Niger et de la Bénoué, les hommes d'État anglais ont surtout visé le grand empire du coton de l'avenir....

J'ai dit que l'opinion était chez nous la souveraine maîtresse. Il faut donc que l'opinion se prononce pour la constitution de notre empire africain et qu'elle oblige nos gouvernants et nos législateurs à l'effort immédiatement nécessaire.

Il n'y a pas une minute à perdre, puisque chaque heure qui passe est mise à profit par nos concurrents.

Organisons des troupes coloniales. Peu importe qu'elles soient ou non parfaites. Le principal est qu'elles existent immédiatement et que le fils du paysan ne soit plus, par la conscription, envoyé là-bas périr de fièvre et de nostalgie.

Décidons le principe des chartes. Si l'on veut encourager les initiatives, il faut bien donner des avantages aux hommes et aux capitaux, en compensation des risques qu'on leur fait courir. Que donne-t-on d'ailleurs? Des territoires qui sans cela demeureraient improductifs et que les sociétés restitueront au bout de quelques années en état d'exploitation.

Obligeons le gouvernement à faire occuper le Touat et le Tidikelt.

Développons énergiquement notre empire du Soudan et arrêtons l'extension des enclaves étrangères.

Favorisons partout le libre jeu du commerce.

Étendons notre influence d'abord, notre domination ensuite, de l'Oubanghi jusqu'au Tchad.

Tout cela n'ira pas sans sacrifices budgétaires, mais ils sont minimes en somme et surtout ils seront essentiellement temporaires, puisque dans dix ans tout sera partagé et qu'il n'y aura plus rien à conquérir. Nous aurons ensuite des siècles pour mettre en valeur nos conquêtes et nous enrichir par leur exploitation.

Voilà ce que peuvent faire les citoyens par la seule expression de leurs vœux, de leur opinion.

Que si certains d'entre eux désirent intervenir d'une manière encore plus efficace et plus active, *qu'ils apportent leur concours au Comité de l'Afrique française.* L'œuvre si rapidement accomplie par celui-ci répond de ce qu'il saura faire dans l'avenir.

Alors que les Allemands de Cameroun, disposant des énormes subventions annuelles de l'État (1), et de l'appui moral et matériel des milliers de membres de la Société coloniale, n'ont pu réussir à pénétrer dans l'Adamaoua et à

---

(1) Sur le budget de 1889-90 on a dépensé pour les explorations de Cameroun : Zintgraff 77 000 marks ; capitaine Kund 116 000 marks. Le dernier crédit voté est, nous l'avons dit, de deux millions.

nous couper la route du Tchad, l'initiative généreuse de quelques particuliers appartenant à tous les partis, aura peut-être suffi à assurer à la France la possession d'une des plus fertiles régions du monde.

Et si l'on veut me permettre de terminer par un mot personnel, je dirai que je considérerai comme l'éternel honneur de ma vie de m'être fait le champion, modeste assurément, mais énergique et persévérant, d'une cause dont les générations qui viennent apprécieront la grandeur!

DOCUMENTS ANNEXES

PROTOCOLE DU 24 DÉCEMBRE 1885

Réglant la situation respective de la France et de l'Allemagne dans l'Afrique occidentale.

Rivières du Sud.

Le gouvernement de S. M. l'Empereur d'Allemagne renonce à tous droits ou prétentions qu'il pourrait faire valoir sur les territoires situés entre le Rio Nunez et la Mellacorée, notamment sur le Koba et le Kabitaï, et reconnaît la souveraineté de la France sur ces territoires.

Congo.

Le gouvernement de S. M. l'Empereur d'Allemagne renonce, en faveur de la France, à tous les droits de souveraineté ou de protectorat sur tous les territoires qui ont été acquis au sud de la rivière Kampo par des sujets de l'Empire allemand et qui ont été placés sous le protectorat de S. M. l'Empereur d'Allemagne. Il s'engage à s'abstenir de toute action politique au sud d'une ligne suivant ladite rivière depuis son embouchure jusqu'au point où elle rencontre le méridien situé par 7° 40′ longitude est de Paris (10° de longitude est de Greenwich) et, à partir de ce point, le parallèle prolongé jusqu'à sa rencontre avec le méridien situé par 12°40′ de longitude est de Paris (15° de longitude est de Greenwich.)

Le gouvernement de la République française renonce à tous les droits et à toutes les prétentions qu'il pourrait faire valoir sur des territoires situés au nord de la même ligne, et il s'engage à s'abstenir de toute action politique au nord de cette ligne.

[Un dernier article dit qu'on ne devra pas porter atteinte, sur les eaux de la rivière Kampo, à la liberté du commerce et de la navigation des ressortissants de chacun des gouvernements signataires.]

Convention du 12 mai 1886 (ratifiée le 31 août 1887) délimitant les possessions françaises et portugaises dans l'Afrique occidentale :

Rivières du Sud.

Art. Premier. — En Guinée, la frontière qui séparera les possessions françaises des possessions portugaises suivra, conformément au tracé indiqué sur la carte n° 1 annexée à la présente convention :

Au nord, une ligne qui, partant du cap Roxo, se tiendra, autant que possible, d'après les indications des terrains, à égale distance des rivières Casamance (Casamança) et San Domingo de Cacheu (São Domingo de Cocheu) jusqu'à l'intersection du méridien 17°30' de longitude ouest de Paris avec le parallèle 12°40' de latitude nord. Entre ce point et le 16° de longitude ouest de Paris, la frontière se confondra avec le parallèle 12°40' de latitude nord.

A l'est, la frontière suivra le méridien de 16° ouest depuis le parallèle 12°40' de latitude nord, jusqu'au parallèle 11°40' de latitude nord.

Au sud, la frontière suivra une ligne qui partira de l'embouchure de la rivière Cajet, située entre l'île Catack (qui sera au Portugal et l'île Tristão (qui sera à la France) et se tenant autant que possible, suivant les indications du terrain, à égale distance du Rio Componi (Tabati) et du Rio Cassini, puis de la branche septentrionale du Rio Componi (Tabati) et de la branche méridionale du Rio Cassini (Marigot de Kakoudo), d'abord, et du Rio Grande ensuite, viendra aboutir au point d'intersection du méridien 16° de longitude ouest et du parallèle 11°40' de latitude nord.

Appartiendront au Portugal, toutes les îles comprises entre le méridien du cap Roxo, la côte et la limite sud formée par une ligne qui suivra le thalweg de la rivière Cajet et se dirigera ensuite au sud-ouest à travers la passe des Pilotes, pour gagner le 10°40' latitude nord, avec lequel elle se confondra jusqu'au méridien du cap Roxo.

Art. II. — S. M. le Roi de Portugal et des Algarves reconnaît le protectorat de la France sur les territoires du Fouta-Diallon, tel qu'il a été établi par les traités passés en 1881 entre le gouvernement de la République française et les almamys du Fouta-Diallon.

Le gouvernement de la République française, de son côté, s'engage à ne pas chercher à exercer son influence dans les limites attribuées à la Guinée portugaise par l'article premier de la présente Convention. Il s'engage en outre à ne pas modifier le traitement accordé, de tout temps, aux sujets portugais, par les almamys du Fouta-Diallon.

Congo français.

Art. III. — Dans la région du Congo, la frontière des possessions portugaises et françaises suivra, conformément au tracé indiqué sur

LE SOUDAN FRANÇAIS

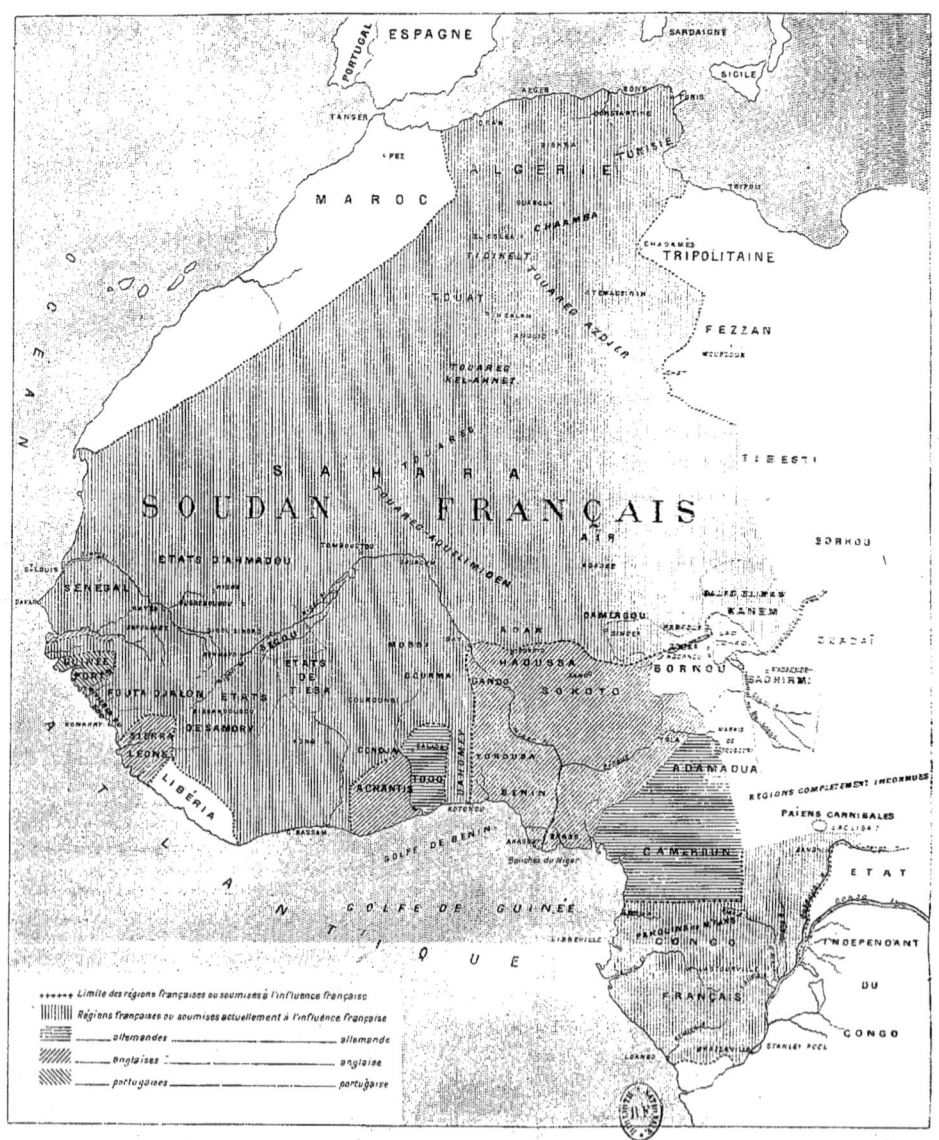

la carte n° 2, annexée à la présente Convention, une ligne qui, partant de la pointe de Chamba, située au confluent de la Lœma ou Louisa-Loango et de la Lubinda, se tiendra, autant que possible et d'après les indications du terrain, à égale distance de ces deux rivières, et à partir de la source la plus septentrionale de la rivière Luali, suivra la ligne de faîte qui sépare les bassins de la Lœma ou Louisa-Loango et du Chiloango, jusqu'au 10°30′ de longitude est de Paris puis se confondra avec ce méridien jusqu'à sa rencontre avec le Chiloango, qui sert en cet endroit de frontière entre les possessions portugaises et l'État libre du Congo.

Chacune des hautes parties contractantes s'engage à n'élever à la pointe de Chamba aucune construction de nature à mettre obstacle à la navigation.

Dans l'estuaire compris entre la pointe de Chamba et la mer, le thalweg servira de ligne de démarcation politique aux possessions des hautes parties contractantes.

ART. IV. — Le gouvernement de la République française reconnaît à S. M. Très Fidèle, le droit d'exercer son influence souveraine et civilisatrice dans les territoires qui séparent les possessions portugaises d'Angola et de Mozambique, sous réserve des droits précédemment acquis par d'autres puissances et s'engage, pour sa part, à s'y abstenir de toute occupation.

ART. V. — Les citoyens français dans les possessions portugaises sur la côte occidentale d'Afrique et les sujets portugais dans les possessions françaises sur la même côte, seront respectivement, en ce qui concerne la protection des personnes et des propriétés, traités sur un pied d'égalité avec les sujets et les citoyens de l'autre puissance contractante. Chacune des parties contractantes jouira, dans lesdites possessions, pour la navigation et le commerce, du régime de la nation la plus favorisée.

CONVENTION DU 29 AVRIL 1887

Entre la France et l'État indépendant du Congo.

Cette Convention confirme à la France le droit de préemption sur cet État, au cas où celui-ci voudrait réaliser ses territoires. Elle ajoute :

« Depuis son confluent avec le Congo, le thalweg de l'Oubanghi formera la frontière jusqu'à son intersection avec le 4ᵉ parallèle Nord.

« L'État indépendant du Congo s'engage, vis-à-vis du gouvernement

« Le gouvernement de la République française s'engage de son côté à n'exercer aucune action politique sur la rive gauche de l'Oubanghi, au nord du même parallèle, le thalweg formant, dans les deux cas, la séparation.

« En aucun cas, la frontière septentrionale de l'État du Congo ne descendra au-dessous du 4ᵉ parallèle nord, limite qui lui est déjà reconnue par l'article 5 de la Convention du 5 février 1885. »

ARRANGEMENT DU 10 AOUT 1889

Ratifié le 12 mars 1890, concernant la délimitation des possessions françaises et anglaises de l'Afrique occidentale.

Sénégal et Rivières du Sud.

En Sénégambie, la ligne frontière entre les possessions françaises et anglaises sera établie dans les conditions suivantes :

1° Au nord de la Gambie (rive droite) le tracé partira de Jinnak-Creek pour suivre le parallèle qui, passant en ce point de la côte (environ 13° 36′ nord), coupe la Gambie dans le grand coude qu'elle fait vers le nord, en face d'une petite île située à l'entrée de Sarmi-Creek, dans le pays de Niamena.

A partir de ce point, la ligne frontière suivra la rivière jusqu'à Yarbatenda, à une distance de 10 kilomètres du fleuve.

2° Au sud (rive gauche) le tracé partira de la rivière San Pedro, suivra la rive gauche jusqu'au 13°10′ de latitude nord. La frontière sera établie ensuite, par le parallèle qui, partant de ce point, va jusqu'à Sandeng (fin de Vintang-Creek, carte anglaise).

Le tracé remontera alors dans la direction de la Gambie, en suivant le méridien qui passe par Sandeng jusqu'à une distance de 10 kilomètres du fleuve.

La frontière suivra ensuite la rive gauche du fleuve, à une même distance de 10 kilomètres, jusqu'à et y compris Yarbatenda.

Art. 2. — Au nord de Sierra-Leone, conformément aux indications du traité de 1882, la ligne de démarcation, après avoir séparé le bassin de la Mellacorée de celui de la Grande-Scarcie, passera entre le Bennah et le Tambakka, laissant le Talla à l'Angleterre, le Tamisso à la France, s'approchera du 10° latitude nord en comprenant le pays des Houbbous dans la zone française, et le Soulimaniah avec Falaba dans la zone anglaise.

Le tracé s'arrêtera à l'intersection du 13° degré de longitude ouest de Paris (10° 49' de Greenwich), carte française, et du 10° degré de latitude.

Annexes. — La ligne de démarcation prévue par l'article 2 de l'arrangement sera déterminée sur les lieux par les délégués français et anglais nommés à cet effet. Il est convenu que ces délégués, tenant compte des conclusions de la commission chargée de préparer l'entente dont il s'agit, rechercheront, d'un commun accord, les moyens d'assurer à la France une voie de communication entre la Mellacorée et le Soudan français au sud du Fouta-Diallon, sans préjudice à la possession par l'Angleterre de la route entre Kambia et Falaba qui se confondra, en principe, avec l'itinéraire suivi par Blyden en 1872 vers ce dernier point.

Gambie. — § 1ᵉʳ. — L'expression « Jinna-Creek » comme point de départ de la ligne frontière du nord de la Gambie, doit signifier le point de la terre ferme où débouche dans la mer la « Jinnack », ainsi que l'indique la carte anglaise qui porte le numéro 684.

§ 2. — L'expression (le tracé partira de « Jinna-Creek » pour suivre le parallèle qui, passant en ce point de la côte (environ 13°36' nord), « coupe la Gambie dans la grande courbe, etc. » doit signifier que le trajet de la frontière suivra le parallèle du milieu du chenal de l'embouchure du Jinnak (ainsi qu'elle est interprétée dans le § 1) jusqu'à ce qu'il arrive à un point éloigné de 10 kilomètres de la Gambie, comme il est dit ci-dessous, § 3.

§ 3. — « A partir de ce point, la ligne frontière suivra la rive droite jusqu'à Yarbatenda, à une distance de 10 kilomètres du fleuve », doit signifier que, du point où le parallèle de la crique Jinnak (comme il est dit ci-dessus) arrive à une distance de 10 kilomètres de la Gambie, la ligne frontière devra être tracée de telle sorte qu'elle se trouve toujours à une égale distance de 10 kilomètres des points les plus rapprochés du bord de la rivière.

Au sud de la Gambie. — § 4. — « Le tracé partira de l'embouchure de la rivière San Pedro, suivra la rive gauche jusqu'à 13°10' de latitude nord. » Dans le cas où il sera constaté que ni la rivière San Pedro ni aucune de ses branches ne rencontrent le parallèle 13°10' de latitude nord, la frontière suivra ce parallèle à partir du bord de la mer.

§ 5. — L'expression « jusqu'à Sandeng » doit être considérée comme comprenant Sandeng dans le territoire britannique, et dans le cas où ce parallèle (le 13°10' lat. nord) ne rencontrerait pas la crique Vintang, la ligne frontière s'arrêterait au méridien qui passe à 1 kilomètre dans l'est de Sandeng, ou si le parallèle 13°10' nord rencontrait la crique Vintang au-dessous de Sandeng, l'expression serait considérée comme signifiant que la frontière doit suivre la rive gauche de la crique, depuis le point où ce parallèle 13°10' nord la rencontre jusqu'au méridien passant à 1 kilomètre dans l'est de Sandeng.

§ 6. — « Y compris Yarbatenda » doit signifier que la ligne limite sera tracée autour et au delà de Yarbatenda, avec un rayon de 10 kilomètres, à partir du centre de la ville, et dans le cas où un cercle ainsi tracé couperait la boucle de la rivière à l'est de Yarbatenda, la ligne frontière du point où le cercle coupe la rivière suivrait la rive la plus rapprochée, jusqu'à la rencontre d'une nouvelle intersection de la rivière.

§ 7. — La carte anglaise « 1 D. Map. n° 684 » a servi à rédiger cette partie des frontières.

Sierra-Leonne. — § 1er. « Conformément aux indications du traité de 1882, la ligne de démarcation, après avoir séparé le bassin de la Mellacorée de celui de la Grande-Scarcie », doit signifier : en conformité avec l'article premier de la convention de 1882 qui dit : « Ladite ligne de démarcation sera tracée de façon à assurer à la France le contrôle complet de la rivière Mellacorée, et à la Grande-Bretagne le contrôle complet des rivières Scarcies. Le point Mahela et le comptoir de ce nom, ainsi que la communication par les eaux adjacentes, appartiendront à la nation à laquelle, d'après ladite enquête, la possession en aura été reconnue nécessaire pour le contrôle de la rivière Mellacorée ou des rivières Scarcies, suivant le cas. S'il est constaté que la communication par eau à Mahela s'ouvre aussi bien sur la rivière Mellacorée que sur la rivière Scarcie, ladite ligne de démarcation partira sur la côte du milieu du cours d'eau qui se jette dans la mer à Mahela, et sera continuée de manière à attribuer à la France la communication avec la rivière Mellacorée, et à la Grande-Bretagne la communication avec la rivière Scarcie. »

§ 2. — L'expression « la ligne de démarcation... passera entre le Bennah et le Tambakka » sera comprise littéralement en tant qu'elle s'accordera avec la convention citée plus haut, afin d'assurer le contrôle complet de la Mellacorée à la France, et celui de la rivière Scarcie à la Grande-Bretagne.

Au cas où il se trouverait que le Bennah ou Banna s'étend dans le bassin de la rivière Grande-Scarcie, cette convention serait modifiée de manière que la rive droite de la Grande-Scarcie forme elle-même la limite sur cette partie de son cours.

§ 3. — La carte consultée est la carte des établissements français du Sénégal, par M. Monteil (1886).

L'ARRANGEMENT ANGLO-FRANÇAIS

Relatif à l'Afrique centrale.

Voici le texte des deux déclarations échangées entre le gouvernement de la République française et le gouvernement anglais au sujet de l'Afrique centrale :

DÉCLARATION DU GOUVERNEMENT FRANÇAIS.

Le soussigné, dûment autorisé par le gouvernement de la République française, fait la déclaration suivante :

Conformément à la demande qui lui a été faite par le gouvernement de Sa Majesté Britannique, le gouvernement de la République française consent à modifier l'arrangement du 10 mars 1862, en ce qui touche le sultan de Zanzibar. En conséquence, il s'engage à reconnaître le protectorat britannique sur les îles de Zanzibar et de Pemba, aussitôt qu'il lui aura été notifié.

Dans les territoires dont il s'agit, les missionnaires des deux pays jouiront d'une complète protection. La tolérance religieuse, la liberté pour tous les cultes et pour l'enseignement religieux sont garanties.

Il est bien entendu que l'établissement de ce protectorat ne peut pas porter atteinte aux droits et immunités dont jouissent les citoyens français dans les territoires dont il s'agit.

Signé : WADDINGTON.

Londres, le 5 août 1890.

DÉCLARATION DU GOUVERNEMENT ANGLAIS.

Le soussigné, dûment autorisé par le gouvernement de Sa Majesté Britannique, fait la déclaration suivante :

1. Le gouvernement de Sa Majesté Britannique reconnaît le protectorat de la France sur l'île de Madagascar, avec ses conséquences, notamment en ce qui touche les exequatur des consuls et agents britanniques, qui devront être demandés par l'intermédiaire du résident général français.

Dans l'île de Madagascar, les missionnaires des deux pays jouiront d'une complète protection. La tolérance religieuse, la liberté pour tous les cultes et pour l'enseignement religieux sont garanties.

Il est bien entendu que l'établissement de ce protectorat ne peut porter atteinte aux droits et immunités dont jouissent les nationaux anglais dans cette île.

2. Le gouvernement de Sa Majesté Britannique reconnaît la zone d'influence de la France au sud de ses possessions méditerranéennes, jusqu'à une ligne de Saï sur le Niger à Barrua sur le lac Tchad, tracée de façon à comprendre dans la zone d'action de la Compagnie du Niger tout ce qui appartient équitablement au royaume de Sokoto, la ligne restant à déterminer par des commissaires à désigner.

Le gouvernement de Sa Majesté Britannique s'engage à nommer immédiatement deux commissaires, qui se réuniront à Paris avec deux commissaires nommés par le gouvernement de la République française dans le but de fixer les détails de la ligne ci-dessus indiquée. Mais il est expressément entendu que, quand même les travaux des commissaires n'aboutiraient pas à une entente complète sur tous les détails de la ligne, l'accord n'en subsisterait pas moins entre les deux gouvernements sur le tracé général ci-dessus indiqué.

Les commissaires auront également pour mission de déterminer les zones d'influence respectives des deux pays dans la région qui s'étend à l'ouest et au sud du moyen et du haut Niger.

Signé : SALISBURY.

Londres, le 5 août 1890.

LA LIBERTÉ DE NAVIGATION

ET DE COMMERCE SUR LE NIGER ET L'INCIDENT MIZON.

A la suite des incidents qui sont racontés plus haut, M. François Deloncle, député, posait, le 6 novembre 1890, une question à M. le ministre des affaires étrangères au sujet des entraves apportées à la navigation et au commerce par la Royal Niger Company.

M. Ribot répondait : « Il n'est pas douteux que l'Acte général de la Conférence de Berlin consacre la liberté pleine et entière de la navigation du Niger, et s'il y a lieu, nous prierons l'Angleterre de le rappeler à la Compagnie du Niger ».

A ce moment, des négociations furent engagées entre les cabinets de Londres et de Paris. Le public, n'en connaissant pas encore le résultat, M. le prince d'Arenberg, député, a posé le 22 janvier 1891 une nouvelle question à M. le ministre des affaires étrangères.

Voici, d'après le *Journal officiel*, le compte rendu *in extenso* de cette partie de la séance.

M. le Président. La parole est à M. d'Arenberg, pour adresser à M. le ministre des affaires étrangères, qui l'accepte, une question sur l'interprétation de l'Acte de Berlin de 1885, en ce qui touche la liberté de navigation et de commerce sur le Niger et ses affluents.

M. le prince d'Arenberg. Messieurs, le 6 novembre dernier, notre honorable collègue M. Deloncle interrogeait M. le ministre des affaires étrangères et lui demandait s'il était intervenu pour faire respecter par les autorités du Niger la liberté commerciale garantie par l'Acte de Berlin de 1885. M. le ministre lui répondait qu'il prendrait des mesures en conséquence et qu'au besoin il prierait le gouvernement anglais de rappeler à la Compagnie royale du Niger la clause du traité qui avait été violée.

Le fait qui avait motivé l'intervention diplomatique était le suivant. Je le rappellerai brièvement.

Au mois d'octobre, M. Mizon avait été envoyé par un syndicat de commerçants français dans le nord du Congo. Il emportait avec lui un certain nombre de ballots de marchandises; il était chargé de faire du commerce le long de la route, de rapporter, en quelque sorte, un catalogue de ce qu'on peut vendre et acquérir dans ces contrées.

M. Mizon prit la route qui lui semblait la plus courte et qu'il croyait, sur la foi des traités, être la plus sûre. Il n'avait pas quitté l'embouchure du Niger de quelques journées, que son bâtiment était assailli par des indigènes; il recevait deux blessures graves, et l'un de ses compagnons avait le bras coupé. Ce n'est qu'à force de bravoure et d'énergie qu'il parvint à repousser les assaillants. Puis, arrivèrent les agents de la Compagnie anglaise. Ils emmenèrent l'expédition dans un de leurs comptoirs et soignèrent les blessés, mais ils prévinrent en même temps M. Mizon que s'il voulait continuer sa route il devait en demander la permission aux agents de la Compagnie.

Voici la lettre qui lui fut adressée par l'agent général :

« Monsieur, j'ai l'honneur de porter à votre connaissance que les instructions reçues du conseil de la Compagnie à Londres portent qu'il serait contraire aux lois et règlements de la Compagnie de vous laisser pénétrer sans son consentement dans les territoires du Niger.

« Je dois aussi vous dire que la navigation de la rivière est libre, mais que, si vous n'êtes pas muni de l'autorisation en question, il me sera impossible de vous laisser toucher terre à aucun endroit dans les territoires. »

Vous voyez, messieurs, la théorie. On dit aux voyageurs : « Si vous voulez passer, il vous faut demander l'autorisation à la Compagnie; elle vous l'accordera si c'est son bon plaisir. Si vous ne la demandez pas, vous pouvez continuer, mais nous vous prévenons que vous ne pouvez faire votre commerce qu'au milieu de la rivière, avec défense expresse d'approcher des bords, et si vous avez le malheur d'accoster à l'une des rives, il y a beaucoup de chances pour que vous soyez assassinés. »

C'est une manière comme une autre d'entendre la liberté commerciale ! (*Rires approbatifs.*)

Il serait beaucoup plus loyal et beaucoup plus franc de dire : « Nous fermons complètement la route. » En effet, le faible tonnage des bateaux et la force du courant rendent indispensable un ravitaillement fréquent pour prendre du charbon ou du bois.

Sur quoi donc s'appuie la Compagnie royale du Niger pour afficher des prétentions aussi exorbitantes? J'ai sous les yeux l'Acte de Berlin de 1885, et, à chaque ligne, en quelque sorte, je trouve les garanties les plus précises, les plus formelles, assurant la liberté de la navigation à tous les commerçants, de quelque pays qu'ils soient.

Voici l'article 26 :

« La navigation du Niger, sans exception d'aucun des embranchements ni issues de ce fleuve, est et demeurera entièrement libre pour les navires marchands... Dans l'exercice de cette navigation les sujets et les pavillons de toutes les nations seront traités, sous tous les rapports, sur le pied d'une parfaite égalité....

« Art. 27. — La navigation du Niger ne pourra être assujettie à aucune entrave....

« Art. 28. — Les affluents du Niger seront à tous égards soumis au même régime que le fleuve dont ils sont tributaires.

« Art. 30. — Les règlements que la Grande-Bretagne établira pour la sûreté et le contrôle de la navigation seront conçus de manière à faciliter autant que possible la circulation des navires marchands. »

Vous le voyez, messieurs, lorsque j'ai dit que dans presque tous ses articles l'Acte de Berlin assurait la liberté absolue de la navigation du Niger, je n'avais pas exagéré.

Je me suis procuré un autre document qui vous démontrera que si la Compagnie du Niger a excédé ses droits, la Grande-Bretagne, en tous cas, a la possibilité...

M. le comte de Lanjuinais. Et le devoir !

M. le prince d'Arenberg... et le devoir d'imposer sa volonté. (*Très bien !*)

Dans la charte octroyée par le gouvernement anglais se trouve l'article suivant :

« Art. 5. — Si à une époque quelconque notre secrétaire d'État juge bon d'être d'un avis différent de celui de la Compagnie, ou de s'opposer à telle ou telle manière d'agir ou à tel acte de ladite Compagnie à l'égard d'une puissance étrangère et de faire à la Compagnie une suggestion fondée sur ce dissentiment ou sur cette opposition, la Compagnie conformera ses actes à cette suggestion. »

Ainsi, non seulement il est établi que l'Acte de Berlin confirme la liberté absolue du commerce de toutes les puissances, mais la charte même octroyée par le gouvernement anglais confirme et rappelle les engagements qui ont été pris au sujet de cette liberté commerciale.

M. Le Cour. Il ne peut pas en être autrement.

M. le prince d'Arenberg. La Compagnie, je le sais, répondra : Nous avons acquis tous les territoires qui s'étendent le long du fleuve ; nous avons établi des comptoirs nombreux, et toutes les peuplades de ces contrées sont abritées par notre pavillon.

Mais, je vous le demande, les arrangements d'une Compagnie, quels qu'ils soient, peuvent-ils infirmer un contrat signé par toutes les puissances ? Cette Compagnie peut-elle déchirer brutalement un traité, comme elle vient de le faire ?

Cette question a une certaine importance. (*Très bien ! très bien !*)

M. Le Cour. C'est l'avenir de toute notre colonie africaine.

M. le prince d'Arenberg. Alors que les peuples de l'Europe tout entière ont les yeux tournés vers l'Afrique; alors que, chaque jour, partent des explorateurs et des commerçants français qui se dirigent vers ces contrées en poursuivant un but commercial, je vous demande s'il est admissible qu'une Compagnie privée puisse, de sa propre autorité, fermer une des routes les plus courtes qui vont au centre de l'Afrique. (*Très bien! très bien!*)

Dans l'Acte de Berlin, que je rappelais tout à l'heure, il a été surtout question, pour cette partie de l'Afrique, du bassin du Congo et de celui du Niger.

Les Anglais réclament très haut la liberté dans le bassin du Congo; mais, si les théories de la Compagnie royale du Niger étaient admises, qui empêcherait l'État indépendant du Congo de les admettre aussi à son tour? Et alors, tout d'un coup, seraient interrompus les échanges avec les contrées les plus importantes et les plus productives de l'Afrique. (*C'est vrai! très bien!*) Le jour où l'on interdira le commerce et le négoce, on arrêtera la civilisation elle-même, parce que la civilisation n'a pas d'auxiliaire plus puissant que le commerce. (*Très bien!*)

Je suis certain que M. le ministre des affaires étrangères, dans sa vigilance, a déjà étudié cette question, et je lui demande de vouloir bien fournir des explications qui me paraissent indispensables, car elles intéressent tous les explorateurs, et tous les commerçants. (*Applaudissements.*)

M. le président. La parole est à M. le ministre des affaires étrangères.

M. Ribot, *ministre des affaires étrangères.* Messieurs, la question que M. le prince d'Arenberg a bien voulu m'adresser est, en effet, très sérieuse et tout à fait digne de l'intérêt de la Chambre.

L'Acte de Berlin a établi, dans les termes les plus précis, la liberté de navigation du Niger, et la Chambre sait que, déjà en 1888, des difficultés se sont élevées entre l'Allemagne et l'Angleterre à propos de l'exécution de l'article 26 de ce traité.

La Chambre connaît aussi l'incident malheureux qui s'est produit à très peu de distance du siège de la Compagnie anglaise du Niger, et dont le lieutenant de vaisseau M. Mizon, qui conduisait une expédition commerciale n'ayant aucun caractère officiel, a été la victime.

Des indigènes ont attaqué le canot à vapeur que montait cet officier; ce dernier a été blessé et quelques hommes de l'équipage ont été grièvement atteints.

A ce moment, nous avons demandé des explications au cabinet anglais, qui ne peut pas décliner la responsabilité des actes émanant de la Compagnie du Niger; car, comme l'a très bien fait observer l'honorable M. d'Arenberg, il possède les moyens et a, par conséquent, le devoir d'assurer l'exécution complète de l'Acte de Berlin.

J'ai donc eu l'honneur d'écrire à l'ambassadeur d'Angleterre pour lui expliquer les prétentions, à notre avis insoutenables, qu'on prêtait à la Compagnie du Niger et lui demander l'intervention du cabinet anglais.

Voici ce que j'écrivais :

« L'agent de la « Royal Niger Company » aurait déclaré qu'il était disposé à faciliter le voyage de M. Mizon, si la demande en était faite par la voie diplomatique; mais la Compagnie soutiendrait en même temps que les rives du Niger et de la Bénoué étant sa propriété, il n'est pas permis dans son autorisation d'y accoster et de s'y ravitailler en vivres et en combustible, ce qui aboutirait à l'interdiction de la navigation elle-même.

« Cette prétention est évidemment en contradiction avec les dispositions de l'Acte général de Berlin qui a proclamé la liberté de navigation sur le Niger et ses affluents. Elle assurerait à la Compagnie un véritable monopole et nous ne pouvons croire que le gouvernement de la Reine y donne son assentiment. » (*Très bien ! très bien !*)

L'ambassadeur a été chargé par son gouvernement de m'écrire ce qui suit :

« En réponse aux arguments mis en avant dans la note de Votre Excellence relativement à la liberté de la navigation du Niger, je suis en outre chargé d'assurer à Votre Excellence que cette liberté sera respectée, mais que, sur le territoire de la Compagnie du Niger, de même que sur ceux de toutes les puissances riveraines bordant des cours d'eau sur lesquels on jouit de la liberté de la navigation, les règlements locaux pour le maintien de la paix et de l'ordre doivent nécessairement être observés par les voyageurs communiquant avec le rivage. »

Nous avons alors demandé quelques éclaircissements sur ces règlements locaux, et nous avons fait toutes réserves en tant que ces règlements ne seraient pas absolument conformes à la lettre et à l'esprit de l'Acte de Berlin. Le gouvernement anglais nous a donné acte de nos réserves et il a immédiatement envoyé l'ordre à l'agent de la Compagnie du Niger de laisser passer librement le lieutenant Mizon.

Cet ordre a été exécuté.

Nous n'avons pas de nouvelles plus récentes ; mais M. le prince d'Arenberg reconnaîtra que le gouvernement français a fait tout ce qu'il devait faire et que nous n'avons pas, quant à présent, à réclamer autre chose du gouvernement britannique. (*Applaudissements*).

M. le président. La parole est à M. d'Arenberg.

M. le prince d'Arenberg. Je remercie M. le ministre des affaires étrangères des explications qu'il a bien voulu apporter à cette tribune.

Il ne m'est venu en aucune façon à l'esprit de critiquer en quoi que ce soit ce qui a été fait. J'étais bien certain d'avance que M. le ministre nous donnerait des explications très satisfaisantes.

Seulement il était indispensable pour l'avenir de maintenir le droit absolu pour tous les commerçants français d'avoir la libre et entière navigation sur le Niger et sur ses affluents. (*Très bien ! très bien !* à droite.)

TABLE DES MATIÈRES

Paul Crampel... 8
Au pays des M'Fans... 9
Nouveaux projets... 69
Le Targui Ischekkad ag Rhali..................................... 73
De Bordeaux à Brazzaville.. 95
Sur l'Oubanghi... 101
Le lieutenant Mizon.. 119
Le traité anglo-allemand... 119
Au Tchad par le Niger et la Bénoué............................... 122
Sur le Niger... 129
Extraits des lettres du capitaine Monteil........................ 165
Extraits des lettres du capitaine Ménard......................... 177
Vues d'ensemble.. 179
Le sud de l'Algérie-Tunisie...................................... 180
L'expédition du Touat et du Tidikelt............................. 183
Congo français... 191
Sénégal et Soudan.. 213
Conclusions.. 257
Le Comité de l'Afrique française................................. 259
L'expédition Dybowski.. 265
Missions sur la côte d'Ivoire.................................... 271
Documents annexes.. 279
La liberté de navigation... 287

Librairie HACHETTE et Cie, 79, Boulevard Saint-Germain, PARIS

EXTRAIT DU CATALOGUE

VOYAGES A 10 FRANCS LE VOLUME

Blunt (Lady) : *Voyage en Arabie.* Pèlerinage au Nedged. Ouvrage traduit de l'anglais par Derôme. 1 vol. avec 60 gravures dessinées d'après les aquarelles de l'auteur....... 10 fr.

Cameron (Le commandant) : *A travers l'Afrique*, voyage de Zanzibar à Benguela. Ouvrage trad. de l'anglais par Mme H. Loreau ; 2e édit. 1 vol. avec 139 gravures, 1 carte et 4 facsimilés........................ 10 fr.

Dixon (Hepworth) : *La Russie libre.* Ouvrage traduit de l'anglais par Émile Jonveaux. 1 vol. avec avec 75 gravures et 1 carte. 10 fr.

Faidherbe (Le général) : *Le Sénégal* : La France dans l'Afrique occidentale. 1 vol. avec 26 gravures et 5 cartes ou plans........... 10 fr.

Livingstone (D.) : *Explorations dans l'intérieur de l'Afrique australe de 1840 à 1856.* Ouvrage traduit de l'anglais par Mme H. Loreau ; 3e édition. 1 vol. avec 45 gravures et 2 cartes............................ 10 fr.

Livingstone (D. et C.) : *Exploration du Zambèze et de ses affluents*, et découvertes des lacs Chiroua et Nyassa (1858-1864). Ouvrage traduit de l'anglais par Mme H. Loreau ; 2e édit. 1 vol. avec 47 gravures et 4 cartes.... 10 fr.

Livingstone (D.) : *Dernier journal*, relatant ses explorations et découvertes de 1866 à 1873, suivi du récit de ses derniers moments. Ouvrage traduit par Mme H. Loreau. 2 vol. avec 60 grav. et 4 cartes........................ 20 fr.

Long (Le commandant de) : *Voyage de la Jeannette*, journal de l'expédition, édité par les soins de la veuve de l'auteur, Mme Emma de Long, et traduit de l'anglais par Frédéric Bernard. 1 vol. avec 61 gravures et 10 cartes........................ 10 fr.

Milton et Cheadle : *Voyage de l'Atlantique au Pacifique*, à travers le Canada, les montagnes Rocheuses et la Colombie anglaise. Ouvrage traduit de l'anglais par J. Belin-de-Launay. 1 volume avec 22 gravures et 2 cartes........................ 10 fr.

Nachtigal (Dr) : *Sahara et Soudan.* Ouvrage traduit de l'allemand par J. Gourdault. Tome 1er : Tripolitaine, Fezzan, Tibesti, Kanem, Borkou et Bornou. 1 vol. avec 99 gravures et 1 carte..... 10 fr. Tome II. En préparation.

Nares (Le capitaine) : *Un voyage à la mer polaire*, sur les navires l'*Alerte* et la *Découverte* (1875 à 1876). Ouvrage trad. de l'anglais par Frédéric Bernard. 1 vol. avec 62 gravures et 2 cartes...................... 10 fr.

Palgrave (W.) : *Une année de voyage dans l'Arabie centrale* (1862-1863). Ouvrage traduit de l'anglais par E. Jonveaux. 2 vol. avec 1 carte et 4 plans.................. 10 fr.

Prjévalski (N.) : *Mongolie et pays des Tangoutes.* Voyage de trois années dans l'Asie centrale. Ouvrage trad. du russe par G. Du Laurens. 1 vol. avec 42 gravures et 4 cartes. 10 fr.

Schweinfurth (Dr) : *Au cœur de l'Afrique* (1866-1871). Voyages et découvertes dans les régions inexplorées de l'Afrique centrale. Ouvrage traduit sur les éditions anglaise et allemande, par Mme H. Loreau. 2 vol. avec 139 grav. et 2 cartes.............. 20 fr.

Speke (Le capitaine) : *Les sources du Nil.* Ouvrage traduit de l'anglais par E. Forgues ; 3e édit. 1 vol. avec 3 cartes et 78 gr. d'après les dessins du capitaine Grant........ 10 fr.

Stanley (H.) : *Comment j'ai retrouvé Livingstone*; voyages, aventures et découvertes dans le centre de l'Afrique. Ouvrage traduit de l'anglais par Mme H. Loreau. 3e édit. 1 vol. avec 60 gr. et 6 cartes................ 10 fr.

Taine (H.), de l'Académie française : *Voyage aux Pyrénées*, 3e édit. 1 vol. tiré sur papier teinté, avec 358 gr. d'après Gustave Doré. 10 fr.

Thomson (J.) : *Dix ans de voyages dans la Chine et l'Indo-Chine.* Ouvrage traduit de l'anglais par A. Talandier et H. Vattemare. 1 vol. avec 128 gravures...................... 10 fr.

Vambéry : *Voyages d'un faux derviche dans l'Asie centrale*, de Téhéran à Khiva, Bokhara, et Samarkand, par le grand désert turcoman. Ouvrage traduit de l'anglais par E. Forgues ; 2e édition. 1 vol. avec 34 gr. et 1 carte. 10 fr.

Whymper (F.) : *Voyages et aventures dans l'Alaska.* Ouvrage traduit de l'anglais par E. Jonveaux. 1 vol. avec 67 gr. et 1 c. 10 fr.

VOYAGES A PRIX DIVERS

Payer (Le lieutenant) : *L'expédition du Tegetthoff*, voyage de découvertes aux 80e-83e degrés de latitude nord. Ouvrage traduit de l'allemand par G. Gourdault. 1 vol. avec 68 gravures et 2 cartes.................. 18 fr.

Serpa Pinto (Le major) : *Comment j'ai traversé l'Afrique*, depuis l'Atlantique jusqu'à l'océan Indien, à travers des régions inconnues. Ouvrage traduit par J. Belin-de-Launay. 2 vol. avec 160 grav. et 15 cartes............ 20 fr.

Garnier (F.) : *Voyage d'exploration en Indo-Chine*, effectué par une commission française présidée par le capitaine de frégate Doudart de Lagrée. Relation empruntée au journal le *Tour du Monde*, revue et annotée par Léon Garnier. 1 vol. avec 211 grav. et 2 cart........ 15 fr.

Lumholtz : *Au pays des Cannibales.* Voyage d'exploration chez les indigènes de l'Australie orientale, traduit du norvégien par V. et W. Molard. 1 vol. in-8, contenant 150 gravures et 2 cartes, broché.................. 15 fr.

Nordenskiold : *Voyage de la Vega autour de l'Asie et de l'Europe*, accompagné d'un résumé des voyages précédemment effectués le long des côtes septentrionales de l'ancien continent. Ouvrage traduit du suédois par MM. Ch. Rabot et Ch. Lallemand. 3 vol. avec 293 gravures sur bois, 9 gravures sur acier et 18 cartes.......................... 30 fr.

Piassetsky (P.) : *Voyage à travers la Mongolie et la Chine.* Ouvrage traduit du russe par Kuscinski. 1 vol. avec 90 gravures et 1 carte........................... 15 fr.

Stanley (H.) : *Dans les ténèbres de l'Afrique.* Relation de la dernière expédition de H. Stanley à la délivrance d'Emin-Pacha, gouverneur de l'Equatoria. 2 vol. avec 150 gravures sur bois et 3 cartes, brochés, 30 fr. ; reliés, 38 fr.

Thomson (C.) : *Les abîmes de la mer.* Récits des croisières du *Porc-Epic* et de l'*Eclair* en 1868, 1869 et 1870. Ouvrage traduit de l'anglais par le Dr Lortet. 1 vol. avec 94 gravures. 15 fr.

www.ingramcontent.com/pod-product-compliance
Lightning Source LLC
Chambersburg PA
CBHW071504160426
43196CB00010B/1414